옮긴이 김재현

서울대학교 및 대학원에서 종교학과 졸업
총회신학대학원, 하버드대학 대학원(신학) 졸업,
프린스턴신학대학에서 박사학위
현재 KIAST Theological Journal 편집장 및 한국고등신학연구원 원장

옮긴이 신광은

침례신학대학교 신학대학원과 대학원(M.Div. Th.M.)졸업,
동대학 동대학원 박사과정 Ph.D 수료
현재, 열음터교회 담임목사
저서, 『메가처치 논박』(정연)
　　　『자끄 엘륄 입문』(대장간)
　　　　『사회선교 한걸음』(뉴스엔조이) 공저

도서출판 대장간은
쇠를 달구어 연장을 만들듯이
생각을 다듬어 기독교 가치관을
바르게 세우는 곳입니다.

대장간이란 이름에는
사라져가는 복음의 능력을 되살리고,
낡은 것을 새롭게 풀무질하며, 잘못된 것을
바로 세우겠다는 의지가 담겨져 있습니다.

도서출판 대장간은
새로운 사회, 즉 예수사회(교회)를 건설하려는
꿈을 가진 도구로서 예수 사회를 구성하는
공동체의 한 지체입니다.

www.daejanggan.org

Copyright ⓒ1981 Jacques Ellul and Canadian Broadcasting Corporation
Preface to the first edition Copyright ⓒ 1981 by Willem H. Vanderburg
Preface to the second edition and appendices Copyright ⓒ 2004 by Willem H. Vanderburg
Published by arrangement with House of Anansi Press, Toronto, Canada.

Korean Copyrightⓒ2010 Daejanggan Publisher. in Daejeon, South Korea.

세계적으로 사고하고
지역적으로 행동하라
자끄 엘륄이 말하는 그의 삶과 작품

지은이	자끄 엘륄 Jacque Ellul
엮은이	빌렘 반더버그 Willem H. Vanderburg
옮긴이	김재현, 신광은
발행일	2010년 2월 16일
초판2쇄	2013년 12월 30일
펴낸이	배용하
책임편집	박민서
등록	제364-2008-000013호
펴낸곳	도서출판 대장간
	www.daejanggan.org
	대전광역시 동구 삼성동 대동천좌안8길 49
	전화 (042) 673-7424 전송 (042) 623-1424
박은곳	경원인쇄
ISBN	978-89-7071-173-7

이 책은 저작권법에 의해 보호를 받는 출판물입니다.
기록된 형태의 허락 없이는 무단 전재와 복제를 금합니다.

 값 10,000원

Jacques Ellul
자끄 엘륄이 말하는 그의 삶과 작품

세계적으로 사고하고
지역적으로 행동하라

빌렘 반더버그 편집
김재현_신광은 옮김

PERSPECTIVES
ON OUR AGE
JACQUES ELLUL
SPEAKS ON HIS LIFE
AND WORK

EDITED BY WILLEM H. VANDERBURG

REVISED EDITION

세계적으로 사고하고
지역적으로 행동하라

차 례,

편집자서문	10
초판서문	12
개정판서문	18
삶에 대한 회고	27
우리 시대에 대한 이해	65
현재와 미래	99
신앙인가 종교인가	133
부록1. 기술에 대한 일반적 오해 바로잡기	171
부록2. 총정리	199
엘륄의 저서	236

편집자 서문

이 책은 대장간에서 『우리시대의 모습』이라는 제목으로 1995년 출판하여 자끄 엘륄의 삶과 작품에 대한 전반적인 소개를 하는 입문서 역할을 하며 꾸준히 독자들의 사랑을 받았다. 엘륄 자신이 말한 그의 삶과 연구에 대한 자전적 이야기로 유일한 책이기도 하다.

그러나, 자끄 엘륄에 대한 연구가 확산되고 한국교회, 더 정확하게 말하면 이 땅의 그리스도인들이 보여준 부정적인 측면을 개선할 대안으로 엘륄의 연구 방법과 그의 삶이 부각되면서, 한국에서 처음으로 자끄 엘륄을 소개했던 대장간출판사에서 시작한 것이 「자끄 엘륄 총서 발간」이었다.

이 과정은 예기치 못한 방향으로 일들이 진행되었다. 그동안 엘륄의 저작에 대한 번역은 불어가 아닌 영어를 중역한 것이 대부분이었다. 따라서 대부분 저작권의 보호를 받지 못하는 열악한 상태의 출판물들이었다. 때문에 불어의 특성과 엘륄이 끌고가는 문장의 특징들이 많은 부분 오역으로 잘못 전해지기도 했다. 여러 어려움으로 좌절할 수도 있었지만 일관되게 운동으로서의 엘륄을 지향하며 중심을 잃지 않고 기도했다. 마음만은 전세계적이었지만 여러 부대낌은 지극히 지역적인 문제였다. 그렇지만 오히려 여러 번의 실망을 통해서 하나님이 인도하신 길의 끝에는 엘륄에 대한 열정과 운동에 뜻을 가진 훌륭한 동지들이 있었다. 자끄 엘륄 총서를 향한 거침없는 걸음을 할 수 있었던 것은 함께 걷고 있는 분들과, 또 어딘가에서 믿음의 실천가로 살기 원하며, 하나님에 대한 소망을 품고 기도를 그치지 않는 그리스도인들이 기다리고 있을 것이라는 믿음이 그 원동력이었다.

이 책은 2004년에 개정판이 발행되었고, 두 편의 부록이 70여쪽 추가되었는데 그 내용이 난해했으나, 엘륄연구의 근간인 기술의 개념과 엘륄의 사회학적인 글과 신학적 글사이의 이해를 돕는 유용하면서도 핵심적인 글이었다. 이 과정에서 국내에서 몇 안되는 자끄엘륄 연구자인 신광은목사를 통해 부록을 번역하게 된 일은 출판사로서 행운이었다. 신목사님은 부록을 번역을 하는 과정에서 친절하게 독자의 이해를 돕기위해서 역주를 다는 수고를 마다 않았다. 짧은 요약으로 그 깊이를 느끼는데 다소 불충분하다는 느낌이 있지만 엘륄과 함께 호흡하고자 하는 독자에게, 엘륄이 스스로 말한 그의 삶과 작품에 대한 이야기는 유익을 끼치기에는 부족함이 없으리라 생각한다.

"세계적으로 사고하고, 지역적으로 행동하라"는 엘륄의 말이 왜곡되는 일이 없기를 바라며, 한편으로는 이 땅에서 더 가치있는 열매가 맺히기를 기도하는 심정으로 우리말 세목으로 삼았다.

배용하
도서출판 대장간 대표

초판 서문

대학원에서 응용과학 분야를 연구하면서, 나는 묘한 모순에 사로잡히게 되었다. 그것은 내가 하는 연구의 가치에 대해서 내가 인식했던 것과, 실제로 그 연구의 적용 결과로 광범위하게 출현하게 된 세계의 모습 사이에서 생겨난 모순이었다. 우리가 확실하게 참여해 왔던 여러 연구, 곧 수없이 많은 고도로 전문화된 연구 노력은 여러 수단사회가 자신의 존립을 위해서 활용하는 것들에 있어서 큰 진보를 이루었다. 그것들은 일을 좀 더 잘, 그리고 좀 더 효율적으로 처리할 수 있도록 도와주기 때문에 그저 좋게만 보였다. 하지만, 우리는 매일같이 쏟아지는 엄청난 양의, 과학과 기술의 여러 가지 좋기도 하고 나쁘기도 한 혼란스러운 축복 소식에 압사당할 지경이다. 분명히 뭔가 예상치 못했던 일이 일어난 것이다. 수많은 고도로 전문화된 연구 노력의 결과가 우리의 실존을 위해 의도된 새롭고 개선된 수단들과 뒤섞여서 우리 문명의 조직 안으로 짜여 들어오면서 말이다. 그러나 과학자들은 우리로 하여금 이러한 과정들에 대해서 이해할 수 있도록 해 주는 훈련을 받지 못하였다. 그것들에 대해서 고려를 하든 적응하든 알아서 하도록 그냥 내버려 둔다. 그러한 기이한 역효과들에 대한 표준적인 설명들, 곧 우리는 그저 가치중립적 수단들을 만들어 낼 뿐이라거나 문제가 생긴 이유는 사회가 그것을 나쁘게 활용했기 때문이라는 등의 설명은 전혀 나를 만족하게 하지 못했다.

그래서 나는 과학과 기술이 과거와 현재 문명에 영향을 미친 방식에 대해서 쓴 글들을 읽으면서 답을 찾으려고 노력했다. 나는 곧 이러한 작업 중 많은 것이 방법적 다양성을 심각하게 결여하고 있다는 사실을 발견했다. 이는 아주 간단한 비유를 통해서 설명할 수 있을 것 같다. 만일 우리가 물의 속성을 연구하기 원한다면, 우리는 물을 구성하는 기본 성분에 대한 것보다 더 많은 것을 알아야 한다. 물은 단순히 산소와 수소가 합쳐진 것이라고 할 수 없다. 그들 성분이 결합하면서 새로운 뭔가가 출현했기 때문이다. 정상적인 조건에서, 수소와 산소는 기체다. 하지만, 물은 전혀 다른 속성을 지닌 액체다. 우리는 이것을 다음과 같이 말할 수도 있다. 전체는 부분의 합보다 크다고. 그런데 과학과 기술의 상호작용에 대해서, 또 그것들이 새로운 실재와 구조를 만들어 내면서 사회 속에 미치는 방식에 대해서 고려할 때, 그 원리는 완전히 잊히고 만다.

과학과 기술이 현대 사회의 거의 모든 국면을 지속적으로 새롭게 형성해 가고 있다는 사실에 대해서는 다들 인정한다. 하지만, 여러 분야의 학문은 그것이 작용하는 역할에 대해서는 거의 관심을 기울이지 않는다. 이들 학문 분야의 고도의 전문성이 그들로 하여금 현재 출현하는 거대하고 새로운 구조를 보지 못하게 한다. 나의 연구는 자끄 엘륄의 작품으로 나를 인도했다. 그는 기술에 대한 개념을 통해서 바로 이 문제를 다루고자 했던 사람이다.

역사를 통해서 인간 사회는 자신들의 경험 속에서 "전체"wholes의 의미에 도달하기 위해 여러 가지 개념들을 만들어 왔다. 인간의 실존이 많은 부분 자연과 불가분의 관계로 연결되어 있었던 선사시대의 사람들은 환경이 단순히 구성물과 현상들 즉각적 체험의 수준에서 관찰될 수 있는 것들과 분리되어 서로 아무런 상관관계도 없는 것들의 집합일 뿐이라고 생각하지 않았다. 바꾸어 말하면, 어느 집단의 사람도 단순히 바위나 나무, 호수, 산, 구름, 새 등이 그저 존재한다고 생각한 적이 없었다. 인간은 항상 과학과 종교를 통해서 이 세계가 본질적으로 속성을 가졌으며 어떠한 구조로 되어 있다고 확언해왔던 것이다.

오늘날 우리는 거대한 인위적 세계 속에 살고 있지만 별다른 차이는 없다. 우리는 즉각적 경험의 차원에 살고 있지 않다. 그래서 국가, 경제, 과학, 기술, 그리고 산업과 같은 개념들이 우리의 세계를 이해할 수 있도록 만들어졌다. 그러나 1950년대 이후에 새로운 수많은 현상이 생겨나고 있다. 여기서부터 실재의 이해를 위해 고안된 우리의 개념들이 과연 적합한지에 대한 의문이 제기되고 있다. 만일 이러한 새로운 현상들이 새로운 구조의 출현을 가리킨다면, 당연히 지금 우리의 세계를 이해하려면 새로운 개념들이 요구될 것이다.

새로운 개념들을 만드는 일은 상당히 위험스러운 모험이다. 너무 멀리 가버리면, 우리는 이데올로기를 만들어 낼 것이며 그로인해 우리는 우리 자신으로부터 소외되고 말 것이다. 하지만, 충분히 나아가지 못한다면 즉각적 체험을 조금 넘어선 수준 정도에 이르게 될 것이며, 우리의 현대 문명의 힘과 깊은 구조를 이해하지 못하고 말 것이다. 어떠한 경우든 간에, 우리가 직면한 도전들을 적절하고 다루지 못하게 될 것이다. 그래서 우리는 항상 우리의 이론과 개념들을 지속적으로 시험해 봐야 한다.

기술technique이라는 개념을 만들어 냄으로써, 자끄 엘륄은 우리 시대를 이해하는 데에 매우 중요한 공헌을 했다. 내 생각에 엘륄의 이 개념은 마치 19세기 때 자본이라는 개념이 그러했듯이 우리 시대를 이해하는 핵심 개념이 될 것이다. 우리 세계는 엘륄이 기술적 의도technical intention라고 부르는 것으로부터 출현했다. 기술적 의도는 어떤 일을 가장 잘해 낼 수 있는 최상의 단 하나의 방법에 우리 문명이 전념하게 된 것이다. 여기에는 모델을 활용하여 존재할 수 있는 인간 행위를 연구하는 것이나 그 결과를 활용하게 하는 것 등도 포함된다. 어떠한 조건에서 모델이 최적의 방식으로 기능을 하는지를 결정함으로써, 우리는 그것이 최대한 효율적이 될 수 있도록 그 행위를 재구성해 나아갈 수 있다.

현대 사회의 거의 모든 영역에서 그러한 식으로 행동하는 수단이 바로 엘륄이 기술이라고 부르는 것이다. 이들 기술은 점차 상호의존적인 것이 되었으며 그리하여 먼저 하나의 '현상'을 구성하기 시작했다. 그리고는 이제 하나의 '체계'system를 이루게 되었다. 기술은 테크놀로지보다 훨씬 더 넓은 의미다. 테크놀로지는 기술의 한 가지일 뿐이다. 기술이 현대 사회에 파급되어 감에 따라, 그것들은 근본적인 변화를 겪으며, 완전히 새로운 문명으로 우리를 이끌고 있다. 자신의 저서에서, 엘륄은 이러한 문명의 여러 양상을 연구했다. 그리하여 그는 가장 효율적인 우리 실존의 수단을 고안해 내려고 우리가 집중all-in하고 있는 전면적 시도들을 보여주었다. 하지만, 그에 비하면 다른 사상가들은 극히 일부분의 측면들에 대해서만 주목할 뿐이다. 자연이 소위 원시사회에 수많은 다양한 도전을 선물했던 것처럼 오늘날 우리의 새로운 환경도 그러한 일을 하고 있다. 엘륄이 지적한 대로, 그것 중 하나는 기술이 인간의 자유에 위협을 가하는 것이다. 하지만, 우리는 이러한 식으로 우리의 삶의 방식에 대해서 근본적인 비판을 제기하는 내용을 쉽게 받아들이려고 하지 않는다. 이는 우리의 실존이 이미 도저히 헤어나올 수 없을 만큼 기술에 사로잡혀 버렸기 때문이다. 우리 문명의 깊은 구조를 관통하는 것은 우리 실존의 뿌리를 드러내는 것인데, 우리는 거의 본능적으로 자신을 방어하고자 이런 일이 피하려고 하는 것이다. 하지만, 만일 우리가 진정으로 우리 시대를 이해하기 원한다면 이는 결코 피할 수 있는 일이 아니다. 우리는 궁극적 믿음, 정치적 신념, 종교, 그리고 신앙에 대한 문제들을 설명해야 할 것이다. 엘륄은 그러한 물음들과 난점들, 그리고 자신의 신앙과 관련해서 자기 자신 삶의 이야기를 들려줌으로써 그러한 일을 했다. 우리 세기의 인간 동료로서 우리는 그의 말 속에서 우리 자신의 문제와 갈등에 대해서 뭔가를 깨달을 수 있을 것이다.

엘륄의 사회학적 저서의 번역자들은 프랑스어 떼끄니끄technique를 기술technique로, 그리고 신학적 저서에서는 테크놀로지technology로 번역하는 경향이 있다. 나는 두 가지 이유에서 앞의 것이 더 낫다고 믿는다. 이는 첫째로, 전자의 방식으로 하는 번역은 독자로 하여금 엘륄이 기술이라는 말을 통해서 의미하고자 했던 바가 기술의 한 가지인 테크놀로지와는 많은 차이가 있는 개념이라는 사실을 상기시켜 준다. 둘째로, 우리가 특정 기술에 대해서 말할 때, 테크놀로지라는 말은 종종 적합하지 못할 때가 있다. 우리는 조직적 기술이나 P.R.public relation의 기술 등이 무엇인지에 대해서 잘 알고 있다. 하지만, 조직적 테크놀로지, 혹은 P.R.의 테크놀로지에 대해서는 아는 바가 없다. 하지만, 이 책의 역자는 엘륄의 신학적 저서의 번역가들에 의해서 형성된 경향을 따르기를 더 좋아한다는 사실을 독자는 염두에 둘 필요가 있다.

글을 맺으면서, 이 책이 어떻게 출판이 될 수 있었는지에 대해서 한 마디 해야 할 것 같다. 1979년 봄, 나는 캐나다 방송국의 「아이디어」Ideas 시리즈에서 자끄 엘륄의 삶과 작품들을 다룰 라디오 방송을 준비하기 위해 나를 찾아온 모리스 울프Morris Wlofe를 만났다. 내가 주로 해야 할 일은 프로그램을 계획하고, 엘륄과 인터뷰를 하며 자료를 대본으로 바꾸는 일을 돕는 것들이었다. 첫 번째 임무는 너무 어려웠다. 이는 엘륄의 저서가 너무 많고 복잡해서 그런 것만은 아니었다. 내가 4년 반 동안 박사후post doctoral work 과정을 통해서 엘륄에 대해서 알게 되었던 대로 청중들에게 그 사람을 알려주고 싶었다. 사실 이 기간에 두 가족은 우리들의 인생에서 정말 너무도 많은 것을 함께 나눌 수 있었다. 그러한 계획에 기초해서 나는 여러 가지 질문 목록들을 작성했는데 이것이 그 시리즈의 처음 4회분 방송의 기초가 되었다.

그 프로그램은 1979년 가을에 방송되었고 1980년에 다시 재방송되었다. 청취자들의 반응은 대단히 고무적이었다. 그리고는 본래 인터뷰 내용을 책으로 출판하기로 결정이 내려졌다. 엘륄은 네 개 대담의 대본을 원고로 고치는 일을 도와주었다. 그러면서 이 책을 위해서 내가 요구한 대로 몇 가지 요점들에 대해서 더 정교하게 다듬어 주었는데, 이렇게 해서 이 책이 나올 수 있었다.

나는 이 책이 출판될 수 있도록 도움을 준 자끄 엘륄과 이베뜨 엘륄Yvette Ellul에게 감사를 드리고 싶다. 또한, 나는 인터뷰를 하는 데 많은 도움과 여러 가지 조언을 했으며 함께 「아이디어」Ideas 프로그램 제작에 다방면으로 참여할 수 있었던 점에 대해서 모리스 울프Morris Wolfe에게도 고마움을 전하고 싶다. 또한, 제작자인 베니 루흐트Bernie Lucht에게도 감사를 드려야 할 것 같다. 그는 우리가 첫 번째 라디오 프로그램 작업을 하는 데 있어서 많은 인내심을 발휘했으며 여러 가지 도움도 주었다. 또 번역을 편집하는 중에 많은 격려를 해 준 CBC의 캐롤린 다즈Carolyn Dodds에게도 감사드린다.

토론토에서
1981. 1

개정판 서문

자끄 엘륄의 삶과 작품을 소개하는 이 책을 세상에 내어놓은지 벌써 30년이 넘었다. 그 뒤 세계는 엄청나게 발전했다. 그러한 세계의 발전 및 초판 서론에 대해서 독자들이 보여준 많은 반응을 수렴하여 몇 가지 내용을 추가하게 되었는데, 이것이 독자 여러분께 많은 도움이 되기를 바란다.

20세기 끝 무렵에 서 있으면서, 나는 자본이라는 개념이 19세기를 이해하는데 도움을 주었던 것처럼, 기술이라는 개념이 20세기를 이해하는 데에 중요한 역할을 하게 될 것이라고 믿고 있다. 지난 몇십 년간 일어났던 사건들은 엘륄이 기술에 대해서 다루었던 그의 첫 번째 책에서 예견한 것들을 광범위하게 확증해 주었다. 불어로 이 작품은 『라 떼끄니끄』*La Technique*라는 제목이 붙여졌는데, 「세기의 도박」*L'enjeu du siécle*이라는 부제가 함께 달려서 출판되었다. 영어로는 *The Technological Society*라는 이름으로 번역 출간되었다. 엘륄의 해석과 예측은 내가 예기치 못할 정도로 빠른 속도로 입증되었다. 가장 최근에 일어난 세계적 사건들조차 그의 개념, 곧 기술, 생활환경으로서의 기술, 그리고 체계로서의 기술이라는 개념으로 모두 설명할 수 있다.

엘륄은 이러한 일련의 사건들이 일어나는 과정 중에 인간이 결정적으로 개입함으로써 자신의 예언이 틀렸다고 증명되기를 더 원했다.

여기서 개입이라 함은 기술의 영향으로 말미암아 초래된 결과들이 아니라 가치와 열망에 근거하여 이루어지는 개입을 말한다. 결국, 기술 발전이 앞으로도 계속될 것인데, 이와 더불어 그것의 발전경로를 변경하는 일은 점점 더 힘들어지게 되었으며, 아울러 기술의 부정적 결과는 점점 더 심각하고 광범위하게 퍼져 나가게 되었다.

이러한 상황으로 말미암아, 나는 엘륄이 평생을 두고 추구했던 삶의 방식인 "세계적으로 사고하고 지역적으로 행동하라"를 이 책의 제목으로 삼는 것에 동의할 수 없었다. 이 표현은 수많은 운동과 조직의 표어가 되었지만, 그들은 사실 엘륄이 의미하고자 했던 바를 완전히 공허하게 만들어 버렸다. 그는 자신의 시대에서 인간을 위협하고 해를 가하고 있었던 많은 힘에 대해서 관심을 뒀던 최초의, 그리고 최고의 행동가여기에서 행동가란 진정한 의미에서의 행동가를 말한다였다. 그의 많은 저작보통 그는 작업을 시작한 처음 2시간 동안 그 모든 것을 준비한다은 당시 무슨 일이 일어나고 있는가, 그리고 그것이 인간 사회와 삶에 어떠한 의미가 있는지에 대해서 자신이 이해한 내용을 나누려는 목적을 가지고 쓰였다. 그리하여 그는 그 중간에 끼어들어 조금이라도 덜 해로운 쪽으로 방향을 바꾸는 데 이바지하기를 희망했다.

이러한 일은 개별 분과의 학문 안의 범위에서는 수행할 수 없다는 사실을 기억해야 할 것이다. 자신의 발견들을 과학적으로scientifically 통합할 수 있는 과학 중의 과학science of the sciences은 없어서, 과학과는 조화를 이루면서도 과학의 한계 내에 갇히지 않은 새로운 차원의 접근법이 필요하다. 이러한 해석은 실험을 통해 검증될 수도 없으며, 사회과학이나 인문학에서 종종 활용하는 계량計量적 방법론을 통해서도 확증할 수 없다. 엘륄에 따르면 우리가 할 수 있는 것은 세상 속에 우리 자신을 참여시키는 것이다. 이러한 참여는 지금 일어나는 일들에 대한 가장 최상의 해석이 삶을 유지하기 위해서 무엇을 해야 할지를 보여주는 대로 이루어져야 할 것이다. 만일 이제부터 일어날 일련의 사태가 이러한 통찰을 따라서 기대했던 바대로 이루어진다면, 나중에 일어날 일들은 간단한 방법으로도 쉽게 확인할 수 있으며, 당신은 계속해 나아갈 수 있을 것이다. 하지만, 반대로 일련의 사태들이 당신의 통찰과 모순되는 것처럼 보일 때에는 상황을 심각하게 재고해보아야 할 것이다.

이 모든 것 가운데서 우리가 기억해야 할 사실은, 우리는 어쩔 수 없이 시간과 장소, 문화에 속한 사람들이라는 점이다. 즉 기술은 '저 밖에' 존재하는 것이 아니라 우리 모두의 안에 존재한다는 사실이다. 나는 아직도 그때를 생생하게 기억하고 있다. 『기술 혹은 시대의 쟁점』의 한 장chapter을 읽고, 다시 절반을 읽고 나서, 나는 그때까지 공학으로 박사 과정을 이수하던 학생으로서의 나의 정신이 작동하는 방식에 대해서 썼던 글 중에서 그 책이 가장 탁월한 설명이었다고 느끼며 큰 충격을 받았다. 문제는 '외부'에 있는 것만큼이나 '내부'에 존재한다. 나는 환경의 위기를 가져왔으며, 성장의 한계를 향해 우리를 몰아치는 방법과 접근들은 근본적으로 수정되어야 한다고 주장했는데, 이 때문에 교수 가운데서 급진주의자로 여겨졌다. 이것은 참 황당한 일이 아닐 수 없다. 또한 나와는 국가와 문화가 다른 한 명의 사회학자요 역사가가 내 정신의 작동 방식에 대해서와 이 모든 것의 결과가 무엇이 될 것인지에 대해서 얼마나 잘 알고 있는지를 보며 놀라움을 금할 길이 없었다. 세계적으로 생각하는 것은 우리가 당연시해 왔으며, 천부적인 것들로 간주했던 많은 것이 실상은 우리 인간의 시간, 장소, 그리고 문화적 영향의 반영물일 뿐이라는 사실을 분명히 드러낼 수가 있다.

엘륄의 많은 저서와 논문들은 하나나 혹은 몇 개의 학문 분야를 넘어선다. 그리하여 기술과 함께하는 인간 여정의 이야기를 만들어내는 데 매우 적합한 '퍼즐 조각들'을 이룬다. 이 이야기는 우리 시대의 삶의 다양한 측면들, 곧 과학적, 기술적, 경제적, 사회적, 정치적, 법적, 도덕적, 종교적, 미학적 측면들을 하나로 통합하는데, 그리하여 이는 그것들의 경험되고 살아졌던 방식과 유사하다. 막스 베버Max Weber가 합리성을 테크놀로지보다 더 큰 현상으로 보았던 것만큼이나 기술 현상도 테크놀로지를 포괄한다. 하지만, 기술 현상은 테크놀로지로 제한하는 것과는 거리가 멀다. 불어에는 영어로 테크놀로지technology에 정확히 상응하는 단어가 없다. 그래서 불어에서 '떼끄놀로지' technologie 하면 보다 심층적이고 근본적인 어떤 것에 대한 특별한 표현으로 여겨진다. 자본이 19세기 소위 자본주의 사회의 '조직화의 원리'organizing principle였던 것처럼, 기술은 20세기 후반의 후기 산업적postindustrial 정보화 사회information society에서 '시스템'으로 작동하는 조직화의 원리이다. 기술은 전적으로 새로운 생활환경을 창조해냈는데, 이 새로운 환경은 자신을 개인과 사회 사이에, 그리고 사회와 자연 사이에 위치시켰다. 우리의 우선적 생활환경으로서, 그 기술 환경은 인간 의식과 문화에 지대한 영향을 끼치는데, 이는 선사시대와 19세기까지 역사시대에 자연이 그러했던 것만큼이나 크게 영향을 미친다. 기술은 우리의 언어, 가치, 도덕, 그리고 미적 표현 전반에 영향을 미쳤으며, 아울러서 새로운 신화와 세속적 성스러움을 창조해냈다. 이러한 의미에서 기술은 우리 시대의 '문화적 유전자DNA'의 구성요인으로 여겨질 수도 있을 것이다. 만일 이를 다른 식으로 보겠다면, 사람들이 기술을 창조하고 발전시킴에 따라, 동시에 기술도 사람들에게 영향을 미친다는 사실을 인식하는 것이다. 역사적·사회학적 관점으로 보자면, 만일 후자의 영향이 전자보다 크다고 할 경우 물화物化의 조건은 소외의 조건 위에 덧입혀지게 되는 셈이다. 이는 우리의 자유의 여지를 박탈하게 되는데 이러한 자유는 어떤 일련의 사건들이 발생할 때 우리가 그 과정 중에 개입하기 위해서 결정적으로 필요한 것이다. 이러한 상황은 엘륄에 대한 그릇된 평가를 불러 일으켰는데, 그것은 기술이 때때로 인간 생활과 사회로부터의 자율성의 수단이라는 것이다. 내가 추측하기로 그것은 프랑스어 떼끄니끄technique를 영어 테크놀로지technology로 번역하는 것이 적절하지 않음으로써 생겨난 문제라고 판단했으므로 나는 개정판에서 그에 대한 적절한 교정을 시도해 봤다.

엘륄의 생애와 저서는 또 한 가지 이유에서 중요하다. 젊은 지식인으로서의 그의 삶이 하나님의 개입에 의해서 완전히 뒤집혔다는 것이다. 그의 죽음 이후, 그 개입 사건에 대해서 썼던 원고—그가 이 글을 썼다는 것에 대해서는 나도 아는 사실이다—를 그가 죽기 전에 파기해 버렸음이 사실로 밝혀지고 있다. 엘륄은 20세기에 칼 마르크스Karl Marx의 저서들 때문에 이루어진 일들을 보고 경악했다. 그것은 바로 인간 역사에 대한 '총체적' total 설명이 전체주의totalitarian 체제의 기초로 변모했다는 것이다. 그래서 나는 엘륄이 사후에 크리스천 우파에 의해서 자신의 작품들이 난자당할 것을 두려워했으리라 추측하는 것이다. 이 책에서 엘륄이 설명하듯이, 조직화한 프로테스탄티즘이나 가톨릭주의 중 어느 것도 엘륄이 다음의 사실을 깨닫는 데 별 도움이 되지 못했다. 이는 유대교와 기독교가 기술 체계 한 가운데서 무엇을 할 수 있는지에 대한 깨달음을 말하는 것이다. 많은 독자가 그의 '사회학적' 저서들과 '신학적' 저서 간의 상호작용을 파악하는 데 어려움을 느끼고 있다는 사실을 나는 아주 잘 알고 있다.

그래서 개정판에서 나는 두 개의 부록을 덧붙였는데, 이는 독자들로 하여금 기술의 개념에 대한, 그리고 엘륄의 사회학적 글과 신학적 글 사이의 관계에 대한 통상적인 오해에 빠지지 않도록 도우려는 목적이 있다. 나는 기술을 이해하는 방식을 세계를 해석하고 그 속에서 살아가는 방식이라는 관점으로 설명하였다. 그런데 오늘날 기술은 문화 기반적 접근─과거에 모든 인간 집단과 사회가 이것에 의해서 살아왔다─을 포함하면서도 동시에 이를 초월하고 있다. 두 번째 논문은 엘륄의 저서들이 서로 상호작용하는 방식에 대해서 다루었다. 지난 25년간 이들 두 편의 글을 가지고 공학, 사회학, 환경공학 전공의 학생들을 가르쳐봤던 경험에 비추어보건대, 나는 이 두 편의 글이 독자 여러분의 이해를 방해하는 여러 가지 통상적인 편견과 해석상의 문제를 통과할 수 있도록 도와줄 것이라고 믿는다. 엘륄은 비관론자도 기술파괴주의자technology basher도 아니다. 당신은 당신 거실벽의 온도조절 장치가 당신이 원하는 쾌적한 적정 온도를 맞추려고 쉴 새 없이 난방 시스템을 점검하는 것을 보고 그 온도 조절장치를 비난하겠는가? 그러한 점검이 없다면, 난방 시스템을 통제하는 것은 불가능할 것이다. 마찬가지로 인간의 가치와 열망의 관점에서 지속적으로 기술을 평가하지 않는다면 기술 발전의 과정 속에 개입해 들어가는 것은 불가능하다. 만일 이들 가치와 열망이 기술 자체의 산물이 아니라면 말이다. 모든 형태의 비판을 무조건 비관주의자, 혹은 기술 파괴자로 낙인을 찍는 행위는 과학과 기술에 대한 일체의 도전을 금하는 현대적 금기의 산물이 아닌가 싶다. 현대의 문화는 과학과 기술에 엄청나게 높은 가치를 부여함으로써 그것들은 이제 인간 생활과 사회에 중심 역할을 감당하고 있다. 만일 이것들 외의 다른 어떠한 가치 있는 것도 생각할 수 없는 상황이라면, 우리는 세속적 성스러움의 현존 가운데 들어와 있는 것이다. 그리고 이것은 결과적으로 궁극적 가치가 부여된 이 창조물을 통제하고 지배하는 데 있어서 곤란을 겪게 된다. 현대 사회에서 기술에 도전하기 원하는 사람은 누구든지 옛날의 이단자와 같은 취급을 받게 될 것이다. 세속적 우상숭배의 문제에 대해서 생각할 때 우리는 엘륄 저서의 사회학적, 신학적 부분들 간의 관계를 이해하는 데 도움을 얻을 수 있다.

   나는 개정판이 독자들로 하여금 엘륄의 글에 더 깊이 천착할 수 있도록 촉매제가 되며 동시에 탐구를 위한 준비물이 될 것이라고 믿는다.

토론토에서 빌렘 반더버그

2004. 1

하나, 삶에 대한 회고

세계적으로 사고하고 지역적으로 행동하라.
세계적으로 사고함으로써
모든 현상을 분석할 수 있다.
그러나 행동은 지역적일 수밖에 없고
정직하고 진실되게 기초적인 단계에서
이루어질 수밖에 없다.

삶에 대한 회고

내 생애의 매우 이른 시기에 가장 중요하고 결정적인 요소 중의 하나는, 꽤 가난한 가정에서 자라났다는 사실이다. 나는 여러 면에서 진정한 가난을 경험했기 때문에, 비참한 환경에 처한 가족의 생활과 그로 말미암아 생기는 모든 교육상의 문제들, 아주 어렸을 때에도 일해야만 하는 어려움에 대해서 잘 알고 있다. 나는 15세 때부터 내 생계를 꾸려나가야 했으며, 나 자신과 때로는 가족의 생활비를 벌면서 학업을 계속하지 않으면 안 되었다.

나는 1912년 1월 6일 보르도Bordeaux에서 태어났다. 그러나 내 가족은 그 지방의 토박이가 아니었다. 보르도에서 태어난 내 어머니는 프랑스인이었으나 아버지는 완전한 외국인이었다. 할머니는 상류 귀족에 속한 세르비아인이었고 할아버지는 이탈리아인이었다. 이러한 집안 배경은 나에 대해서 많은 것을 암시해 주고 있다. 어린 시절

내내 막대한 부를 누리고 매우 안락한 삶에 익숙했던 세르비아 귀족이 프랑스로 건너오고 나서 극도로 궁핍한 여생을 보냈다는 것이 무엇을 의미하는지 사람들은 잘 알지 못할 것이다.

외아들이었던 나는, 나를 매우 사랑하는 부모님과 함께 살았는데, 두 분이 나를 사랑하는 방식은 완전히 달랐다. 아버지는 귀족생활을 하는 사람들이 가지는 독특한 사고방식을 가지고 계셨기 때문에 나에게 매우 냉정하셨다. 그러나 지극히 내성적인 성격을 가지고 계셨던 어머니는 나에게 매우 친밀하게 대하셨다.

나는 이 시절에 아버지가 부여한 규율들을 완전히 존중하기만 하면 굉장히 자유로웠다. 아버지께서는 집에 계시지 않으실 때는 내가 어떻게 지내고 무엇을 하는지는 전혀 신경을 쓰지 않으셨다. 어머니는 나에게 대단한 자유를 주셨는데, 그것은 내게 무관심했기 때문이 아니라 자유가 얼마나 유익한 것인지를 확신하고 계셨기 때문이었다. 그 당시에는 오락거리가 거의 없었기 때문에, 내가 다녔던 고등학교와 보르도 항구의 부두나 갑판 같은 곳이 내가 시간을 보내면서 놀 수 있는 유일한 곳이었다. 나는 방학 때는 물론 모든 여가를 선원들과 항만 노동자들 주위에서 보냈는데, 그것은 매우 교육적인 환경이었다고 생각된다. 물론 조금 위험하기는 했지만, 나에게는 아무 일도 일어나지 않았다.

내가 후에 프랑스 개혁교회에서 행한 역할을 생각하고, 사람들은 내가 어떠한 종류의 신앙교육을 받았는지에 대해서 많은 관심을 뒀다. 나는 어린 시절에는 전혀 신앙교육을 받지 못했다고 말할 수 있다. 매우 지적이고 문화적이었던 내 아버지는 완벽한 의미에서 철저한 볼떼르주의자였기 때문에, 나는 아무런 신앙교육도 받지 못한 것이다. 다시 말해서 그는 종교와 관련이 있는 것에 대해서는 철저하게 비판적이었고, 종교는 단지 신화에 불과하며 아이들에게나 어울리는 거인 이야기나 요정 이야기 같은 것일 뿐이라고 확신하고 계셨다.

동시에 그는 철저한 자유주의자였다. 그는 자신의 아들에게조차 강요할 권리가 없다고 느낄 정도였다. 아버지는 내가 종교적 가르침을 받는 것을 원하지 않으셨으나, 그럼에도 내가 기독교에 대하여 얼마간의 지식을 갖는 것에 대해서는 반대하지 않으셨다. 아버지의 종교적 배경은 그리스 정교였다. 물론 보르도에는 그리스 정교회가 없었기 때문에 그는 어떤 종류의 종교적 교류도 가질 수 없었다.

하지만, 나의 어머니는 신앙심 깊은 그리스도인이었다. 그러나 남편에게 충실했고 아버지의 소망을 존중했기 때문에 어머니는 나에게 기독교에 관해서는 어떤 것도 말해주지 않으셨다. 어머니는 기독교에 그렇게나 깊이 헌신적이었지만 교회에는 가지 않으셨다. 어머니가 그리스도인이었다는 것을 밝힌 것은, 나중에 내가 몇 가지 질문을 하기 시작했을 때였다. 그러므로 나는 신앙적인 양육을 받았다고는 할 수 없다. 우리 집에는 성서가 단 한 권뿐이었는데, 그것은 여러 번역본 중 하나였다. 우리는 가난했고 또한 내가 마음대로 사용할 서재가 없었기 때문에, 나는 책을 가까이 할 기회가 거의 없었다. 이러한 결핍은 나의 어린 시절과 교육에 큰 영향력을 끼쳤으며 가난한 학생들의 상황을 이해하는데 도움을 주었다. 비록 똑같이 지적인 환경에서 살아온 사람이라 하더라도, 자신이 마음대로 사용할 수 있는 가족 서재를 가진 사람과 결코 한 권의 책도 소유해 본 적이 없는 사람 사이에는 참으로 엄청난 차이가 있는 것이다. 내가 가진 모든 책은 나 자신이 산 것들이다. 나는 가끔 친구들에게 빗대어 말했듯이, 나는 고등학교에서 배운 것 외에는 다른 아무것도 알지 못했다.

예를 들면, 나는 프랑스 문학에 대해선 정규 교과과정에 나오는 것 외에는 아는 것이 거의 없었다. 그러나 몇몇 친구들이 푸르스트 Proust나 지드 Gide에 관하여 이야기하는 것을 들었을 때, 나는 심지어 그 이름조차도 알지 못했다. 나는 그들이 누구이며 무엇을 하는 사람인지조차도 알지 못했다. 지금까지 그 누구도 내 앞에서 그들에 대해 말해 주지 않았던 것이다. 이러한 사실은 한 젊은이의 교육에서 매우 중요한 부분이다.

그러나 다른 가족 구성원의 재능은 타고난 것이었다. 어머니는 예술가, 즉 화가였다. 어머니는 그리기와 색칠하기를 가르쳤는데 그것이 집안의 적절한 생계 수단이었다. 나는 어머니가 매우 훌륭한 화가였다고 믿는다. 만일 어머니가 작품을 전시할 기회가 있었다면 틀림없이 성공했으리라 생각한다. 그러므로 나는 상당히 예술적인 분위기에서 자라났다고 할 수 있다. 그러나 그것은 단지 시각 예술 중 한 분야에 불과했을 뿐이다.

나는 음악은 결코 들어본 적이 없었다. 내가 음악회에 처음으로 참석했던 것은 틀림없이 23세나 24세 때였을 것이다. 나는 음악교육을 받지 못했기 때문에 처음에는 아무것도 이해할 수 없었다. 나는 시각적으로 교육받아 왔다. 나는 형태와 색상에 익숙해 있었고, 그림은 상당히 이해하는 편이었다.

나는 고등학교에서 두각을 나타내었기 때문에 계속해서 더 높은 고등교육을 받게 되었다. 나는 이 과정에서 어머니의 특성의 일면을 지적할 수 있다. 내가 고등학교를 마치는 시험을 치렀을 때, 큰 사업을 하는 부유한 사람들이 나의 어머니에게 와서 말했다.

"보세요. 우리는 당신의 아들이 고등학교 최종시험을 치렀다는 것을 알고 있습니다. 그리고 우리는 그에게 일자리를 마련해 주고 싶어요. 그것은 그에게 아주 좋을 것입니다."

나의 어머니는 그들에게 대답했다.

"결코, 그럴 수 없어요. 그는 훌륭한 지적인 자질이 있습니다. 그리고 그는 더욱더 높은 교육을 받아야 해요. 글쎄요. 그는 공부를 계속할 것입니다. 우리는 그가 공부하는 데 있어서 우리가 해야 할 모든 것을 할 예정입니다."

부모님은 자신들이 할 수 있는 모든 것을 했고, 나 역시 마찬가지로 열심히 공부했다. 전공을 선택하는 일에 관해서 말하자면, 나는 수학은 잘하지 못했다. 그리고 문학 역시 별 진전이 없었다. 나는 법학을 공부하면 전문직을 얻을 수 있을 것 같았으며 법학은 다른 전공과목에 비해 비교적 시간이 적게 걸리는 분야였기 때문에 법학을 선택하게 되었다. 그래서 나는 법학부에 들어갔고 법의 역사와 제도들에 관해 공부하기 시작했다. 나는 박사 학위 논문에서 고대 로마의 매매제도를 다루었다. 본질적으로 이것은 자식들을 팔 수 있는 가장의 권리였다. 나는 1937년에 논문을 발표했고, 1943년에는 교수 자격증을 취득했다.

법학부에 다니는 동안 나는 마르크스 사상에 접하게 되었다. 이것은 상당히 우연하게 이루어졌다. 1930년에 정치경제학 교수 중의 한 명이 마르크스의 경제학 강의를 몇 개 개설하여 수업을 진행하고 있었다. 그는 나의 관심을 유발했고 나는 도서관에서 『자본론』이란 책을 사서 읽게 되었다. 나는 마르크스에 빠져들었고 갑자기 전혀 예기치도 못했던 완전히 새로운 어떤 것을 발견한 것처럼 느꼈다. 이는 분명히 『자본론』이 나의 경험들과 직접적으로 관계있었기 때문이었다. 물론 나는 그것이 후에 일어난 많은 사건에서 큰 도움이 되었다고 믿는다.

아버지는 1929년 공황의 한 희생자였다. 그는 일자리를 잃었다. 그래서 우리 가족은 어머니가 그림 그리기 교습으로 벌어온 것과 내가 직장에서 벌어온 돈에 의존해서 살았다. 실업은 어떠한 보조도 받을 수 없고, 어떠한 희망도 품을 수 없으며, 어떤 곳으로부터도 도움을 받을 수 없다는 것을 깨달았다. 그리고 정부의 의료 혜택이 없고 의사나 약사에게 지급할 돈도 없는 상태에서 아프다는 것이 무엇을 의미하는지를 잘 알게 되었다.

나는 날마다 아버지가 일자리를 구하려고 동분서주하신 것을 기억하고 있다. 나는 아버지와 같이 재능이 있는 사람이 실직한다는 것, 그리고 혹시나 무슨 일자리라도 있을까 해서 이 회사에서 저 회사로 이 공장에서 저 공장으로 왔다갔다 하지만 어디서나 거절을 당한다는 사실은 확실히 놀랄 만하며 도저히 믿기지 않는 불의라고 생각했다. 그것은 내가 도저히 이해할 수 없는 불의였다.

나는 이런 일이 있고 난 후 1930년에 마르크스를 발견했다. 나는 「자본론」을 읽고 모든 것을 이해했다고 느꼈다. 왜 아버지께서 실직했으며, 왜 우리가 궁핍한지를 마침내 알았다고 느꼈다. 그러한 사실은 17세 아마도 18세의 소년에게는 자신이 사는 사회에 대한 엄청난 계시였다. 「자본론」은 내가 몰두해 있던 노동자 계급의 상황과 내가 이미 언급했던 보르도 항구에서의 일들을 잘 설명해 주었다. 그러므로 나에게 있어서, 마르크스는 이 세상의 현실에 대한 하나의 놀라운 발견이었는데, 그 당시에는 이 세상을 자본주의자들의 세계라고 저주하는 사람들이 아직은 거의 없었다. 나는 엄청난 기쁨을 가지고 마르크스 사상에 빠져들었다. 나는 마침내 유일한 설명을 발견하였다고 생각했다. 나는 마르크스 사상에 점차 친숙해짐에 따라,

그의 사상이 단지 경제적인 체계나 자본주의 체계에 대한 심오한 설명만이 아니라는 것을 발견했다. 그것은 인류, 사회, 그리고 역사에 대한 하나의 총체적인 전망이었다. 나는 전혀 철학적이지 않아서 어떠한 신조나 종교 또는 철학도 추종하지 않았기 때문에, 마르크스로부터 매우 만족스러운 것을 발견할 수 있었던 것이다.

정치에서 중요한 일들이 1930년에 일어났다는 것을 잊어서는 안 된다. 파시즘이 이탈리아에서 강력하게 전개되었고, 나치즘은 독일에서 시작되고 있었다. 물론 나는 법학부에 다니고 있었으므로 이러한 쟁점들에 대해 어느 정도 알고 있었지만, 프랑스는 아직 완전히 분쟁에 휩싸이지 않았기 때문에 그러한 정보는 외국으로부터 입수하지 않으면 알 수 없었다. 하지만, 이 모든 것에도 불구하고, 나는 마르크스에게서 당시의 상황을 이해할 수 있는 가능성을 발견하였다. 나는 내가 법학부에서 배우고 있던 것들에 대한 보다 깊은 통찰력을 얻었다고 느꼈다. 나는 정치학과 헌법을 배우고 있었다. 그러나 그 모든 것은 내가 마르크스로부터 배운 것들에 비해서는 다소 편협한 것처럼 느껴졌다.

그러므로 나는 자연스럽게 마르크스주의자로 자처하는 사람들과 접촉하게 되었다. 그들은 사회주의자들, 그것도 국제 프롤레타리아 연맹 프랑스 지부의 사회주의자들이었다. 나는 그 당시 주된 관심사가 '일을 정치적으로 만드는' 자들과 만나고 있다는 사실이 실망스럽기도 했다.

나는 또한 공산주의자들도 만났다. 사실 그 당시 프랑스에는 공산주의자인 학생들은 거의 없었다. 나는 공산주의자들이라고 알고 있었던 노동자들과 접촉하려고 노력했다. 그러나 아주 다른 이유 때문에 그들의 지도자들로부터 큰 실망을 느꼈다. 내가 마르크스에 대하여 이야기를 시작할 때마다, 그들은 내가 무엇인가 따분한 것에 관하여 이야기하는 것처럼 나를 바라보고는 자신들의 선전을 시작했다. 하지만, 나의 흥미를 끈 것은 마르크스의 사상이었다. 나는 계속해서 마르크스의 사상을 논하려고 시도했지만, 그들은 "마르크스는 우리 수준에서 논할 것이 아니다. 중요한 것은 당의 노선이다"라고 말했다. 그런데 그것은 나에게 전혀 맞지 않았다. 결과적으로 나는 사회당이나 공산당에 가입한 적이 전혀 없었다. 나는 그 주변에만 머물러 있었던 것이다. 이때는 수많은 프랑스 지식인들이 아직 공산당에 가입하지 않았던 시기였다. 그 당시의 지식인들은 거의 공산당에 속하지 않았다. 나는 주변에만 머물렀고, 1934년에서 시작하여 1936에서 1937까지 지속한 소위 '모스크바 공판' Moscow Trials 시기까지 오랫동안 그랬다.

'모스크바 공판'은 나로 하여금 공산주의자들이나 공산당과 완전히 결별하게 하였다. 소련 안에서 진행되고 있는 것을 이해하려면 특별히 지적이거나 각성하고 놀라울 만한 박식함은 필요 없다고 생각했다. 나는 니콜라이 부하린 Nicolai Bukharin 같이, 내가 깊이 존경했고 사상적으로 영향을 받은 사람들이 반역자였으며, 그들이 공산주의를 파괴하려고 했으며 심지어는 자본주의를 주장했다는 비난을 나는 수용할 수 없었다. 다시 말해서 나는 마르크스를 진지하게 받아들였고 공산주의식 혁명이 소련에서 발생했기 때문에, 이러한 혁명을 일으켰던 사람들이 거부되거나 저주 될 반역자라는 것을 믿을 수 없었던 것이다. 따라서 나는 어느 한 편이 거짓말을 하고 있고, 다른 한쪽은 오해를 받고 있다고 생각했다. 나는 레닌의 동료가 서로 속이거나 배반했을 것이라고는 믿을 수 없었기 때문에, 반역자는 스탈린 치하의 소련 정부임이 틀림없다고 생각했다.

이러한 기반 위에서 결론을 내리기란 매우 쉬웠다. 나는 사실상 공산주의를 공공연하게 부정하게 되었다. 나는, 공산주의는 하나의 전체주의적인 체계라는 것을 깨달았다. 이것은 마르크스주의 사상이 단순히 지적인 수준에서만 나에게 의미가 있었던 것이 아니었음을 보여준다. 말하자면 마르크스는 나에게 있어서 경험과 삶, 그리고 구체적인 현실로부터 도래해야 하는 것에 관한 하나의 지적인 공식을 제공해 주었다.

그것이 바로 변증법의 개념이었다. 사고와 현실 이해의 한 방법으로서, 변증법은 서구 세계에서 상당히 일반적이고 보편화하였다. 왜냐하면, 마르크스주의 사상의 영향과 헤겔주의 사상의 중요성이 재발견되었기 때문이었다. 아주 단순화시켜 말하자면, 변증법은 근본적으로 반反을 배척하지 않고 오히려 그 반反들을 포함하는 하나의 과정이라고 말할 수 있을 것이다. 이것을 "긍정과 부정이 결합한다. 또는 정과 반이 하나의 합으로 융합된다. 변증법은 무한한 순응성이 있으며 심오한 것이다"라고 말한다고 해도 지나치게 단순화시키는 것은 아니다.

이해하기 쉬운 한 가지 예를 들어보겠다. 삶과 죽음 사이에 명확하고 확실한 반대가 없다는 것을 우리는 매우 잘 안다. 궁극적으로 모든 살아 있는 유기체에는 그것을 보존하고 갱신하기 위해 작용하는 힘들과 그러한 유기체를 파괴하기 위해 작용하는 힘들이 동시에 공존해 있다. 그러므로 삶의 힘들과 죽음의 힘들 사이에는 평형 상태가 유지되고 있다. 사람과 유기체도 마찬가지이다. 이처럼 모든 역사적인 상황 속에는 긍정적인 면과 그에 대립하는 또는 모순되는 측면이 있다. 그러나 모순적인 면으로 긍정적인 측면을 완벽하게 제거할 수 없고, 또 긍정적인 면으로 모순되는 측면을 그렇게 할 수도 없다. 말하자면 흰색은 검은색의 반대라거나 그 어떤 것도 동시에 흰색과 검은색일 수 없다고 말하는 것과 같이, 논리적인 과정에서 흔히 볼 수 있는 배척이 여기서는 절대 일어나지 않는다. 논리적 사고에서는 두 가지가 상호 배척한다.

변증법적 사고는 모순을 역사의 전개로 보는 견해다. 그 결과는 혼동예를 들어, 흰색과 검은색은 회색을 만들어 낸다도 아니고 일상적인 의미에서의 합도 아니다. 여기에서는 두 개의 요소들을 서로서로 통합시켜 더는 모순되지 않는 새로운 역사적인 상황이 출현한다. 두 요소는 소멸하면서 근본적으로 새로운 상황을 만들어 내는 것이다.

이러한 과정은 우리로 하여금, 헤겔과 마르크스의 경우에서와같이 완전한 역사적 진화를 이해하도록 도와준다. 그러나 내가 중요하게 생각하는 것은 헤겔과 마르크스가 변증법을 발명한 것이 아니라는 점이다. 그렇다. 변증법은 이미 그리스인들이 사용하였던 것이다. 그러나 그리스인들의 변증법은 해결된 모순의 한 과정이 아니라 전혀 다른 어떤 것이었다.

그러나 헤겔에게 영감을 일으킨 것은 또 다른 유형의 변증법적 사고였다. 그것은 구약성서과 바울의 성서적 사고이다. 여기서 우리는 명확히 조화시킬 수 없는 확고한 두 요소의 모순을 보게 된다. 그러나 그러한 모순이 하나의 새로운 상황에서 끝난다는 것을 알게 된다. "당신은 은혜로 말미암아 구원을 받았습니다. 그러므로 당신의 행위로 당신의 구원을 위해 일하십시오."라는 바울의 주장에서 우리는 하나의 예를 볼 수 있다. 이것은 완전히 모순되는 것처럼 들린다. 한편으로 우리는 하나님의 은혜로 이미 구원받았다. 그러면 수고스럽게 일할 필요가 없다. 또 한편 우리는 행함으로 구원받으려고 일하도록 부름을 받았는데, 이것은 사람이 아직 구원을 받지 못했고, 하나님의 은혜로 구원받지 않는다는 것을 의미한다.

지금 바울은 한 문장에서 두 가지를 말하고 있다. 이것이 변증법적 사고이다. 일단 당신이 구원을 받았다면, 당신을 구원으로 이끌어 주는 하나의 과정 속으로 통합되었을 것인데, 그것들은 당신에게 이미 주어졌으나 당신이 보충하고 성취해야 하는 것, 어떻게든 당신이 수용하여 유용하게 사용해야만 하는 것이다.

그러나 이것들은 지적이고 계획적인 측면에서 이루어질 수는 없다. 그것들은 당신이 살아가는 과정에서 이루어질 것이다. 이러한 점들이야말로 이론적으로는 모순되지만, 현실적으로는 모순되지 않는 이유이다. 나는 내가 구원을 받았기 때문에 구원을 위해 필요한 행동을 할 수 있다. 내가 구원받지 않고 저주를 받았더라면 나는 나의 구원을 위해 행동할 수 없을 것이다. 그러므로 삶의 과정 속에서 이것들은 완전히 해결되었다.

같은 방법으로, 출애굽기에서는 하나님의 백성이 애굽으로부터 해방되었으나 다시 하나님의 통제 아래 놓이게 되었다는 것을 언급하고 있다. 이 두 가지 주제들은 서로 모순적인가? 하나님은 그의 백성을 다시 사로잡아 노예로 삼기 위해 해방시켰을까? 유대인들은 하나의 속박에서 벗어나 또 하나의 다른 속박으로 들어갔는가? 절대로 그렇지는 않다. 이 점에 대해서 성서는 자신의 백성을 해방시킨 하나님은 그 백성에 대한 주도권과 독립성을 가지고서 그들을 다스리시고 인도하신다고 말한다. 백성은 그들의 해방의 상태를 회복해야만 한다. 이스라엘 사람들이 하는 것은 바로 그것이다. 만일 우리가 하나님에 의해 자유롭게 되었다면, 우리의 미래를 위해 복된 일이다. 그러므로 우리는 자유를 누려야 함과 동시에 하나님의 다스리심과 경영하심을 수용해야만 한다.

이것을 지적으로 이해하기란 확실히 어렵다. 하지만, 그것은 구체적인 현실에서 경험할 수 있는 일이다. 그것은 칼 바르트에 의해 크게 제기되었던 문제이다. 한편에는 하나님의 자유가 있고, 또 다른 한편에는 하나님이 인간에게 주는 자유가 있다고 바르트는 말했다. 목표는 하나님의 자유 안에서 참 자유를 누리는 일이다. 그러므로 논리적으로는 두 요소는 조화될 수 없다. 그러나 변증법적으로는 두 요소가 조화될 수 있다.

내가 공산당에 반대하여 돌아선 것은, 내가 이해하고 있었던 것과 당시 공산주의자들의 행동 사이에 모순이 있었기 때문이었다. 나는 마르크스 사상과 그 사상을 주장하는 사람의 삶 사이에 일치성이 있어야 한다고 믿었다. 내가 공산당에서 발견하지 못한 것이 바로 이 점이다. 나는 소련에서 일어난 사건들을 경험하면서 공산주의와 완전히 결별했고, 공산당에 대한 거부와 완전한 단절은 스페인 내전에서 공산주의자가 저질렀던 행위를 보았을 때 확고해졌다. 공산당이 프랑코Franco에 대한 최고의 지지세력이었다고 말할 수도 있을 것이다. 공산주의자들이 무정부주의자들의 저항을 분쇄했기 때문에 프랑코는 전쟁에서 이겼다. 무정부주의자들에 대한 공산주의자들의 혐오는 프랑코에 대한 그들의 혐오보다 더 컸다. 그리고 같은 일이 2차 세계대전 때 프랑스 레지스땅스에서도 일어났다. 많은 프랑스인이, 공산당은 레지스땅스의 주요 정당이라고 말했다. 그러나 나는 공산주의자들이, 공산주의자가 되지 않는다고 해서 레지스땅스 거점들을 날려버린 것을 보았다. 우리 지역에서도, 1944년 3월 어떤 공산주의 지하단체가 단순히 드골주의자라는 이유 때문에 한 드골주의자 집단을 파괴하고 그 모든 구성원을 죽이는 것을 보았다.

그런 경험들 때문에 나는 다시는 공산주의자들의 말을 듣고 수용하고 믿을 필요가 없다고 느꼈다. 그들은 진정으로 마르크스와는 아무 상관이 없는 사람들이었다. 그리고 나의 경험은 정치적 투쟁에 연루된 자들의 경험이었을지도 모른다는 생각이 들었다. 1968년까지 공산주의자였다가, 자신들이 왜 공산주의자들이 되었던가를 이해하려고 노력하는 지성인들에 관해, 나는 단지 그들이 무슨 일이 일어나고 있는지를 보려 하지 않았다고 말하고 싶다.

그래서 나는 마르크스에게로 돌아왔다. 나는 공산주의자들과는 완전히 단절했지만, 의심할 바 없이 내 안에 혁명적인 경향을 불러일으킨 마르크스 사상은 버리지 않았다. 혁명이 공산주의자들에 의해 성취될 수는 없다는 점을 나는 알았고, 나치주의자들 역시 혁명을 성취할 수 없다는 것을 확신했다. 그러나 나는 내가 사는 세계가 무한히 지속할 수는 없다는 점도 깨달았다. 혁명의 이슈는 내가 젊었을 때 가졌던 중요한 과제였으며 그 점은 일생을 통해 나에게 중요한 과제로 남아 있었다. 다양한 역사적인 상황에서, 자신들을 발견한 사람들이 사회에서 혁명적인 기능을 수행한다는 것을 확신시켜 준 사람은 바로 마르크스였다. 그러나 우리는 그것이 정확하게 어떤 혁명인지를 이해해야 한다. 그리고 각각의 역사적 시기에서 우리는 변화해야 하고 재발견해야 한다. 이것이야말로 마르크스가 나에게 심어주었던 요소며 절대 변하지 않는 요소였다.

또 다른 요소는 현실의 중요성이었다. 그러나 내가 유물론을 말하는 것은 아니다. 마르크스는 우리를 둘러싼 구체적인 일들에 커다란 중요성을 부여했다. 지적이거나 영적인 지성인들도 이러한 현실들을 망각하는 경향이 있으며, 비록 그것이 궁극적으로는 숨길 수 없지만, 그 사람을 위장하려는 경향이 있다. 그러나 나는 마르크스의 영향 때문에, 나는 말을 할 때마다 내가 어떤 경제적 상황의 측면에서 말하고 있는지, 나의 이해관계는 무엇인지를 곧바로 자신에게 묻곤 한다.

마르크스로부터 받은 영향의 세 번째 요소는, 가난한 자들 편에 서려는 나의 결심이었다. 그러나 여기서 우리는 조심해야만 한다. 마르크스는 가난한 자들을 규정하는 일에 대해 매우 세심했다. 그에게 있어서, 프롤레타리아는 단순히 돈이 없어서 가난해진 자들이 아니었다. 한 가지 예로서, 마르크스는 돈이 없는 가난한 농부들에게는 별로 관심을 두지 않았던 사실에서 잘 나타난다. 마르크스에게 프롤레타리아란 인간의 조건에서 소외된 자들을 가리킨다. 진정한 프롤레타리아는 기계의 명령과 도시에서의 삶에 종속되고, 받아들일 수 없는 도시생활에서 뿌리 뽑힌 사람들이다.

프롤레타리아들은 자신들의 경제적인 상태 때문에 가정생활을 제대로 누릴 수 없어서 가족을 갖지도 못한다. 1848년의「공산당선언」에 나타난 진술과는 반대로, 그리고 일반적으로 아는 사실과는 달리, 마르크스는 가족제도에 반대하지 않았다. 그는 결혼하여 가정을 가졌으며 딸들을 시집보내기도 했던 좋은 아버지였다. 그러므로 마르크스는 가족제도 그 자체에 반대하지는 않았다.

그는 부르주아들이 가족을 하나의 특권으로 변화시킨 사실에 적대적이었던 것이다. 달리 말해 자본주의에서 수용 불가능한 요소는 가족이 존재한다는 사실이 아니라, 대다수의 사람은 정상적이고 행복한 삶을 영위하지 못하지만, 몇몇 사람들은 그러한 삶을 누릴 수 있다는 점이다. 마르크스의 이상은 사람이 하나의 가정만을 가져야 하며, 부모들은 행복하고 균형잡힌 아이들을 가진 부부라야 된다는 것이었다.

그러나 가난한 사람은 그러한 가정을 가질 수 없는 사람이다. 마르크스는 심리적, 사회적, 경제적 상황에서 인간 존재에 대해 완벽하게 분석하였다. 불쌍한 사람은 그러한 모든 영역에서 결핍된 사람이다. 그러므로 마르크스가 처음으로 나에게 가난한 사람들 편에 서도록 이끌어 주었다고 말할 때, 내가 필연적으로 돈이 없는 사람들 편에 서 있다는 말은 아니다. 오히려 문화적이고 사회적인 단계들이러한 단계들은 다양하다을 포함한 모든 측면에서 소외된 사람들 편에 서 있다는 말이다. 상류계층에 속하고 자격이 잘 갖춰진 프랑스 노동자들은, 비록 그들이 자본주의 체계에 종속되어 있다고 해도 가난하다고 주장하지는 않는다. 그들은 단순히 물질적인 이체점들뿐만 아니라 여러 면에서 상당히 많은 이점들을 소유하고 있다. 다른 한편 아주 종종 나이가 든 사람들은, 우리 사회와 같은 사회에서 철저하게 배제되어 있기 때문에, 비록 그들이 충분한 재산을 소유하고 있다 하더라도 가난하다고 말할 수 있을 것이다. 이것이야말로 내가 왜 배제된 사람들과 부적격자들, 그리고 주변에만 머무르는 사람들 편에 서야 했는지에 대한 이유이다. 바로 이것이 우리 사회와 같은 곳에서 내가 새로운 빈자貧者들을 계속해서 찾는 이유이다.

　마르크스가 나의 생애와 사상 체계에 많은 영향을 끼친 것은 사실이지만 종교적인 영역에서는 마르크스의 영향을 전혀 받지 않았다는 점을 강조하고 싶다. 나는 특히 종교와 신에 대해서는 마르크스의 영향을 전혀 받지 않았다. 그러한 주제들은 진정으로 나의 흥미를 끌지 못했다. 다른 한편으로 나는 교회에 전적으로 무관심했기 때문에, 기독교와 교회에 대한 마르크스의 엄청난 공격도 나에게는 영향을 미치지 못했다. 조금이라도 마르크스의 영향을 받았다고 한다면 가톨릭의 의식제도에 관한 정도가 전부였다. 나는 이미 가톨릭 교회의 금식이나 의식들에 관해 일종의 회의적인 견해가 있었고확실히 이러한 태도는 나의 아버지에 필적하는 것인데 매우 빈정대는 듯한 태도를 지니고 있었다.

나는 우리 집에 성서가 한 권 있었다고 말했다. 그래서 나는 성서 구절들과 본문들을 읽게 되었는데, 많은 것이 나의 흥미를 끌었고 심지어는 유혹했다고 말하고 싶다. 그러나 나는 신약보다는 구약의 이야기들과 예언서들에 더 흥미를 느꼈다. 심지어는 마르크스를 읽을 때도 예언자들의 사회적이고 정치적인 선언들을 생각하곤 했다.

나는 성서에 대해 질문을 했지만, 아버지는 대답해 주지 않았으며 어머니는 단순하고 기본적인 대답만을 나에게 해주셨다. 그러나 더 구체적인 질문을 제기했을 때는 어떠한 대답도 듣지 못했다. 우리 집에 있는 성서는 이탤릭체로 쓰인 책이다. 오늘날 나는 그 이유를 안다. 그 번역자는 매우 양심적이어서 그리스어나 히브리어 본문에 나타나지 않은 모든 프랑스어 단어들은 번역자가 그 단어들을 첨가했다는 것을 보여주기 위해 이탤릭체로 적어 두었다. 그러나 내가 어머니에게 질문했을 때, 그녀는 왜 성서가 그렇게 이탤릭체로 쓰였는지를 알지 못했고 나의 아버지도 역시 알지 못했다. 어머니는 "글쎄, 목사님에게나 가서 물어보렴" 하고 말씀하셨다. 나는 목사님에게 가서 그것을 물어보았으나, 역시 시원한 대답을 듣지 못했다. 몇 번이나 나는 질문을 제기했고 그럴 때마다 어머니는 매번 나를 목사님에게 보냈지만, 그 목사님은 답을 알지 못했다.

"좋아, 어른들은 나의 질문에 답을 할 수 없어. 나는 나 스스로 해결해야겠는 걸." 하고 다짐했다. 이것은 나중에 나의 지성 발전에 큰 도움이 되었다. 결국, 나는 모든 것을 스스로 해결했다. 지적이고, 철학적이고 학문적인 어려움에 부딪힐 때마다, 나는 어떤 권위에도 의존하지 않았다. 나는 어떤 사람이 나에게 무엇인가를 설명해 주기를 원하지 않았다. 나는 스스로 문제를 해결할 때까지 그 문제를 가지고 씨름하였다. 그것이 바로 총체적인 지적 태도의 기반이었다.

매우 구체적으로 죽음의 문제에 직면하게 되었을 때, 나는 마르크스도 모든 문제에 대하여 해답을 줄 수 있는 존재는 아니라는 사실을 깨닫게 되었다. 나에게는 삶과 죽음의 문제와 같은 실존적인 문제들이 있었고, 18세나 20세가 되었을 때는 사랑이라는 문제도 있었다. 나는 삶 그 자체에 관한 많은 문제를 해결하지 못하고 있었다. 사회에 관한 마르크스의 설명과는 다른 측면에서, 성서가 나의 삶에 더욱더 건설적인 설명을 제공해 준 것은 바로 이런 문제에서부터였다.

기독교를 비롯하여 종교에 관해 익숙하지 않았던 나를 전혀 새로운 세계로 인도해 준 것은 바로 성서였다. 그리고 나는 그 새로운 세계를 현실에서 체험한 나의 경험과 비교해 보았다. 그 후 나는 회심하게 되었는데, 그 회심은 누군가에 의한 회심이 아니었고 나 자신 스스로 회심한 것도 아니었다. 매우 개인적인 이야기지만, 그것은 상당히 순진하고 급작스러운 회심이었다고 말할 수 있다.

나는 결국 그리스도인이 되었고, 1932년에 나 자신이 그리스도인임을 고백할 수밖에 없었다. 그 순간부터 나는 나의 삶의 중심이 된 이러한 신앙과, 마르크스에 관하여 알고 있지만 포기하고 싶지 않는 것들 사이에서 생기는 갈등과 모순 사이에서 살아왔다. 왜냐하면, 나는 마르크스가 사회에 대하여 언급한 것과 세계의 경제와 불의에 대하여 설명한 것들을 왜 포기해야 하는지를 몰랐기 때문이었다. 나는 그리스도인이라는 단순한 이유 때문에 그러한 요소들을 버려야 한다는 것은 이해되지 않았다.

이 시기는 그러한 입장을 계속 유지하기 쉬운 시기는 아니었다.

무엇보다 그 당시는 마르크스를 다루는 일은 흔하지 않았다. 오늘날과는 달리 마르크스주의자이면서 그리스도인이 되기 매우 쉽다고 느끼는 기독교·마르크스주의자들 그룹이 그 당시에는 없었기 때문이다. 나로서는 두 입장 모두를 진지하게 다루는 것이 매우 어려웠다. 나는 마르크스가 종교와 하나님과 기독교에 관하여 언급한 것을 심사숙고해야만 했다. 나는 기독교에 대한 마르크스의 비평을 받아들일 수밖에 없었으며, 그리고 그러한 비평을 매우 구체적인 수준에서 수용하였다.

기본적으로 마르크스는 그리스도인이 되어서는 안 된다고 나에게 말해 주었다. 그러나 마르크스는 19세기 유사 기독교를 맹렬하게 비판하였지만, 성서의 가르침들은 절대적으로 거부하지 않았다. 그러므로 당시 마르크스는 나의 생애에서 매우 중요한 역할을 하였다. 반면에 성서는 나로 하여금 마르크스가 경제와 정치에 관하여 언급한 것을 거부하도록 하지는 않았다. 나는 두 개의 구별된 영역을 만들어 내지 못했기 때문에, 하나의 모순 안에 처하게 되었다. 기독교는 모든 영역에서 윤리를 담는 하나의 전체이며, 마르크스 역시 하나의 전체라는 것을 깨달았다. 나는 때때로 두 극단 사이에서 찢기기도 하였지만, 때로는 화해를 이루기도 하였다. 나는 둘 중에 어느 하나라도 버리는 것은 절대 반대했다. 그래서 나는 지속적으로 나의 기초로 삼아왔던 변증법적 사상 양태를 점차 발전시키게 되었다. 나는 계속해서 마르크스의 요구들과 성서의 요구들에 직면해 왔으며 그것들을 통합시켰다.

나는 두 영역을 별도로 만들지는 않았다. 한쪽에는 물질적인 것이 있고 다른 한쪽에는 영적인 것이 있다고 생각하지 않았다는 말이다. 이러한 대립은 절대적으로 잘못된 것이며, 심지어 그리스도인의 관점에서 볼 때도 틀린 것이다. 결국, 기독교에서는 하나님께서 육신 또는 물질이 되신 예수 그리스도를 언급하고 있다.

나는 "하부구조, 진지함, 견고함, 경제, 기술이 있으며, 또 한편에는 상상, 철학, 신학이 있다. 그러나 후자는 중요하지 않다"고 말한 마르크스의 주장을 거부했다. 나에게 있어서 이 두 요소는 결합하여 있어야 했으며, 영원히 모순될지라도 단계적으로 진보할 필요가 있었다. 그것이야말로 궁극적으로 나의 사상의 열쇠가 되었다.

마르크스는 몇 가지 면에서 나의 성서 읽는 방법을 변화시켜주었다. 사실 나는 단순하게 성서를 읽는 순진한 그리스도인들처럼 성서에 접근할 수는 없었다. 마르크스는 한 본문이 특정한 배경으로부터 만들어진 것이며, 특정한 경제적 상황으로부터 생긴 것이라는 점을 나에게 가르쳐 주었다. 물론 이것이 지금은 전혀 새로운 것이 아니지만, 그 당시에는 확실히 새로운 것이었다. 결과적으로 나는 그러한 생각을 요구하는 비평적인 관점을 가지고 성서를 읽을 수밖에 없었다. 나는 성서의 요구를 구체적인 정치 경제적 현실에서 절대로 분리시킬 수 없었다. 나에게 있어서 이 두 요소는 필연적으로 병존했다.

마르크스는 나를 또 다른 궁지로 몰아넣었다. 나는 회심했고 교회에 가까이 가려고 애썼으나, 전혀 열심을 낼 수 없었다. 마르크스는 내가 교회를 사회학적으로 연구하게 하였다. 나의 최초의 중요한 작품 중의 하나는, 내가 세계교회협의회에 참여하면서 행했던 교회에 대한 사회학적 연구였다고 말할 수 있을 것이다. 특별히, 나는 교회 분열의 사회학적 원인에 대한 오랫동안의 연구를 제시했으나, 그것들은 그리 잘 받아들여지지는 않았다.

여하튼 나는 매우 일찍부터 교회에 대한 비판을 감행해야 했는데,

그 이유는 마르크스가 기존의 교회를 비평할 수 있고 사회학적으로 분석할 수 있는 지적인 도구를 나에게 제공해 주었기 때문이다. 마르크스는 기존의 교회를 그리스도의 몸과 같은 것이 아니라, 비평할 수 있고 사회학적으로 분석할 수 있는 하나의 사회학적 실체로 보았다. 그러나 사람은 혼자서는 그리스도인이 될 수 없어서 나는 교회에 들어가게 되었다. 1932~1933년 사이에 나는 가톨릭교회에 나가려고 상당한 노력을 기울였다. 그러나 가톨릭교회는 나를 크게 흥분시키지 못했다. 나는 특별히 내 친구들과 함께 개신교가 보다 성서에 가깝다고 느꼈다. 개신교 학생들의 집단은 매우 활동적이었으며, 학생 단체의 핵심으로 매우 진실했다. 그들은 그럭저럭 나에게 확신을 주었다. 바로 그것이 내가 당시 깔뱅주의 색채가 거의 없는 프랑스 개혁교회에 합류하게 된 이유이다.

그 당시는 종교와 성서에 대하여 매우 이성적이고 합리적인 태도를 취했던 기간이었다. 그러므로 나는 합리주의 태도를 보였던 자유주의를 경험하게 되었다. 나는 성서는 읽지만, 기적을 믿지 않는 부류의 사람들에 속했다. 그들은 그리스도를 하나의 좋은 도덕적 모델로 보았으나, 예수의 부활은 분명히 꾸며낸 이야기라고 느꼈다. 그러므로 나는 교회 내에서 진정한 깔뱅주의자들을 보지 못했다. 나는 아주 작은 집단에서만 깔뱅의 생각들을 발견했다. 그 당시 깔뱅의 생각은 확실히 그의 사상의 열정, 비타협적인 태도, 그리고 성서의 총체적인 사용으로 나를 유혹했다. 그래서 나는 깔뱅을 열심히 읽었으며 얼마 동안은 그의 사상을 따라갔다. 그러나 그런 다음 나는 깔뱅으로부터 떨어져 나왔다.

나는 마르크스에 대해 연구하고 기독교와 개혁교회에 헌신했던 기간에, 법학부에서 연구를 계속하여 교수자격증을 취득했으며 박사 과정을 시작했다. 나는 기독교를 발견한 일이 나의 법률 이해 그 자체와 직업 선택에 대단한 영향을 미쳤다고 믿는다. 나는 내가 있던 주에서 법관이 되는 것이 불가능하다고 생각했다. 한 사람의 그리스도인으로서, 그리고 비록 마르크스주의자는 아니지만, 마르크스주의 사상의 신봉자로서, 자본주의 사회의 충실한 종이 될 수는 없었다. 그것은 불가능했다. 나는 내 앞에 열려 있는 수많은 공직과 직업 중 어디에도 들어갈 수 없었다. 그것은 어려운 난관이었다. 결국, 나는 학생들에게 삶에 관한 사실들을 가르치는 것이 좋을 듯하여 마침내 가르치는 일을 선택했다. 가르친다는 기능이 가장 공평한 것 중의 하나라고 생각하게 된 것은 우리가 사는 세계의 요구들과 명령들로부터 가장 동떨어진 일 중의 하나라는 인상을 받았기 때문이었다.

내가 칼 바르트Karl Barth의 작품들을 발견했던 것은 동료 학생들과의 두세 명의 젊은 개신교 신학자들이 있었는데, 그들 중의 한 사람인 장 보스끄Jean Bosc는 나의 훌륭한 친구가 되었다 모임을 통해서였다. 바르트는 그때 내 속에 있던 깔뱅의 흔적을 완전히 지워버리면서 나의 지적인 삶에서 두 번째로 중요한 요소가 되었다. 나는 신학적으로 예정, 원죄, 그리고 보편구원의 문제에 대한 이해에서뿐만 아니라, 세계와 정치에 대한 이해에서도 깔뱅주의자이기를 그만두었다. 바르트로부터 변증법적인 운동을 발견한 이상 나는 더는 깔뱅주의자로 남아 있을 수 없었는데, 바르트의 그러한 사상은 나에게 성서에 대한 명확하고 자유로운 관점을 갖게 해 주었다. 바르트는 해결보다는 이해의 방법을 제공해 주면서 특별히 자유롭게 하는데 영향을 미쳤다. 바르트는 하나의 모험을 감행하도록 하지만, 깔뱅은 끊임없이 해답을 제공하고 하나의 구조를 제공한다.

나는 마르크스에게서 내가 그토록 생생하게 경험했고 받아들였던, 그리고 칭송하기도 했던 것과 완전히 일치하는 변증법적 사상을 바르트가 다루고 있다는 것을 발견했다. 바르트는 기독교 사상과 카를 마르크스 사이에 존재하는 순수하고 단순한 모순의 단계를 사람이 어떻게 넘어설 수 있는지를 보여준 길잡이 역할을 해 주었다. 나에게 있어서 바르트 사상의 의미는 아직도 소멸하지 않았다. 누군가가 바르트는 구식이며 우리는 후기 바르트주의 신학적 상황에 살고 있다고 주장할 때, 나는 항상 놀라고 약간은 빈정대게 된다. 우리는 바르트의 사상 중 특별히 윤리적인 측면에서는 아무런 궁극적인 결론들을 끄집어 낼 수가 없다. 여러 해 동안 내 작업의 일부분은, 사람들이 지금은 쓸모없다고 주장하는 바르트 신학의 중요성을 이해하는데 바쳤다.

그 기간 이후, 말하자면 히틀러가 권력을 잡고 비극의 시대가 우리 대부분에게 닥쳐왔던 1933년 이후, 나는 정치에 깊이 관여했다. 가장 기억에 남는 시기 중의 하나가 제1차 세계대전과 1917년 폭동 이래로 프랑스에서 최초로 커다란 폭동이 일어났던 1934년 2월이었다. 1934년 2월 6일, 파시스트들의 폭동이 있었는데 거기서는 나도 군중 일부에 속해 있었다. 1934년 2월 10일, 파시스트 쿠데타의 위험에 대항해 싸우려고 우리는 파리에 모였으며, 1935년에는 이탈리아가 에티오피아를 침공했다. 이러한 침략은 최초의 반 파시스트 운동을 발생시켰는데, 나는 거기에 참석했다. 정부로 하여금 이탈리아를 지지하도록 강요하는 커다란 우익 파업이 있었다. 우리는 그들과 싸울 아무런 수단도 가지지 못했으나 1935년에는 많은 투쟁에 참여했다. 나는 1936년에 인민전선에 참여했다. 그리고서 스페인 내란이 일어났는데, 그때 나는 1937년 후반까지 조심성 있는 역할을 담당했다.

    나에게 있어서, 이 기간은 매우 격렬한 정치적 활동기였다. 이 기간에, 가톨릭 교인인 엠마뉘엘 무니어Emmanuel Mounier의 지도로 인격주의운동personalist movement을 시작했다. 처음에는 10여 명 정도가 참여했다. 우리는 우리의 운동을 기독교적인 토대 위에서 시작하였다. 그러나 우리의 정치적 입장은 어려웠다. 우리는 스탈린주의자도 아니었고 파시스트도 아니었으며, 자유로운 자본주의를 지지하지도 않았다. 우리는 어려움을 이기고 이러한 모순을 극복하기 위해 노력했다. 그 운동은 대단히 열정적이었으며 매우 풍성한 모임이었다. 인격주의 운동은 모든 것이 새로운 하나의 철학이었으며, 그 자체가 19세기의 부르주아들에게 깊이 박혀 있었던 개인주의를 거부한 철학이었다. 그러나 우리는 집단주의 역시 거부했다. 우리는 인간의 존재는 인격이라고 생각했다. 이 말은 경제적인 존재인 동시에 영적인 존재라는 것을 의미한다. 우리는 사회가 전적으로 이러한 개성을 개발시키고 소외를 거부하는 쪽으로 구성되어야 한다고 믿었다.

    그러나 다른 한편 개인은 그룹에 속해 있을 때에만, 그리고 공동체에 속해 있을 때에만 인격체가 될 수 있다. 우리는 오늘날에는 비판받는 사회학적 관점을 따랐는데, 그 관점은 인간 상호 간의 관계성의 중요성과 특징에 기초하면서, 공동체를 집단과 대조시키고 가까운 관계의 집단을 멀리 떨어진 집단과 대조시키는 데 매우 유익한 것으로 느껴졌다. 이것들은 매우 현대적인 동기들이고 특정한 철학과 정치적인 경험에는 확실히 상당히 오래된 동기들이다. 우리는 거의 성공했다. 그러나 우리의 운동은 일련의 사건들에 의해 중단되고 말았다. 우리는 어떠한 정치적인 정당에도 속하지 않았고 주로 반파시스트들이었는데, 그 운동이 계속되었더라면 아마 우리는 새롭고 다른 정치를 창출해 내었을지도 모른다. 그러나 그때는 1938년이나 1939년으로, 모든 것을 앗아간 전쟁이 일어났던 때였다.

1938년과 1939년 사이에 나는 교수자격 시험에 응시했다. 나는 이미 박사 학위를 소지하고 있었고, 1937년에서 1939년까지는 법학부 강사로서 직업을 가지고 있었다. 물론 1939년과 1940년은 프랑스인이었던 우리 모두에게는 매우 어려운 해였다. 일시적인 휴전 기간에 뻬땡Petain 장군이 권력을 잡았을 때, 나는 끌레르몽 페랑Clermont-Ferrand시에 있었다. 나는 스트라스부르의 보조 강사였고, 그 대학은 끌레르몽 페랑으로 퇴각해 있었으며 패전 이후에 나는 그 대학에 합류했다.

비시 정부Vichy government가 점령하고 며칠이 지나고서, 나는 해고되었다는 것을 알았는데 그것은 두 가지 이유 때문이었다. 먼저는 패배의 와중에서 내가 알자스 학생들과 함께 있다는 것이 알려졌다는 점이다. 학생들은 완전히 당황했으며 걱정으로 사로잡혀 두려워했다. 또한, 알자스는 독일로 합병될 예정이었기 때문에, 자기들에게 무슨 일이 일어날 것인지를 그들은 알지 못했다. 나는 일반적으로 학생들에게 인기가 있었기 때문에, 나의 수업을 수강했던 일련의 학생들이 "우리는 어떻게 되겠습니까?"라고 나에게 와서 물었다.

나는 자주 그랬듯이, 뻬땡 장군이 말한 것은 어떤 것이든지 믿지 말고, 무엇보다 독일군에게 징집될 것이 확실한 알자스로는 절대로 돌아가지 말라고 말하면서 약간은 정치적인 이야기를 꺼냈다. 독일인들은 알자스를 되찾으려고 모든 수단을 쓸 것이라고 그들에게 말했는데, 그것은 사실로 판명되었다. 독일인들은 이어서 이 학생들의 부모들을 끌레르몽 페랑으로 오게 했고, 부모들에게 학생들과 함께 알자스로 돌아오라고 요청했다. 나는 학생들이 독일인의 요구에 쉽게 굴복해서는 안 된다고 말했다. 나는 50명 내지 60명의 학생에게 이러한 연설을 하였는데, 그들 중의 한 명이 나의 말을 경찰에 밀고 했다. 그의 동료 학생이 그가 누구였는지를 나에게 말했다. 그리고 그 불운했던 소년은 진짜로 독일군에 징집되어 러시아 전선에서 사망했다는 것을 나중에 알았다.

나는 경찰에 소환되었다. 기본적으로 비시 정부를 그렇게 좋아하지 않았던 경찰 국장은 매우 좋은 친구였다. "당신이 한 일은 꽤 무책임한 것이었다는 것을 알고 계시지요. 나는 당신을 체포해야 합니다. 그와 같은 연설은 패배주의자들의 연설이지요. 그러나 좋습니다. 침착하십시오. 나는 어떤 말도 하지 않겠습니다"라고 그는 말했다. 그럼에도, 경찰 국장의 보고는 상부에 보고되었으며, 그들 역시 내 서류철에서 나의 아버지가 외국인이었다는 것을 발견하였다. 그래서 비시 정부의 법률에 따라 외국인의 아들이라는 점과 적대적인 말을 했다는 두 가지 명목으로 나는 해고되었다.

그래서 나는 해고되었다. 교수자격시험agrégation이 다시금 다가 왔을 때, 그 시험에 통과하더라도 결코 대학에 채용되지는 않을 것이라는 라발Laval 대통령이 손으로 쓴 메모와 함께, 나에게 1943년에 시험을 치를 자격이 부여되었다. 나는 그 경쟁적인 시험을 치르기 시작할 때 이 사실을 알았다는 것이 조금은 위안이 되었다.

영국 국적을 가지고 있었지만, 네덜란드 출생이었던 나의 아내는 바로 그때 아이를 가졌다. 내가 해고되고 나서 우리는 그곳을 떠났는데, 특별히 갈 곳이 없었기 때문에 점령지였던 보르도로 돌아갔다. 도착하자마자, 나는 아버지가 독일군에 의해 막 체포되었으며 나의 아내도 곧 체포될 외국인 중 한 명이라는 사실을 알게 되었다. 달리 선택할 길이 없었고, 직업이나 별다른 밑천이 없었기 때문에 나는 아내와 함께 시골로 자취를 감추었다. 가끔 학생들이 "왜 당신은 레지스땅스에 합류하였습니까?"라는 질문을 한다. 나는 그것이 선택에 의한 것이 아니었음을 설명한다. 달리 내가 어디를 갈 수 있었을 것인가? 나는 막 해고되었고 아버지는 이미 체포되었으며 아내 역시 체포될지도 몰랐다. 나는 다른 대안이 없었다.

나는 레지스땅스에 합류할 수밖에 없었다. 그것은 나의 도덕성 때문이 아니라 필요에 의한 것이었다. 우리는 시골로 이주하여 보르도에서 50킬로미터 떨어진 상당히 외진 장소에서 살았다. 농부들은 우리를 매우 융숭하게 대접했는데, 그들은 우리에게 어떠한 질문도 하지 않았다. 나는 농부가 되었고 전쟁기간 동안 내내 농부로 남아 있었다.

나는 이웃들의 도움과 충고를 받아가며 양을 길렀다. 1943년 순전히 내 손으로 재배한 감자를 처음으로 풍성하게 수확하였을 때, 나는 교수자격시험을 통과했을 때처럼 자랑스러웠다. 나는 농사를 지어서 가족을 완전히 부양했다. 여기에는 어머니도 포함되었지만, 아버지는 1942년에 돌아가셨기 때문에 포함되지 않았다. 나는 레지스땅스 그룹들인 마끼maquis에 참여하기 시작했다. 나는 내가 할 수 있는 한, 전술을 논의하거나 그러한 운동에서는 중요한 것이었다 다른 그룹들 사이를 쉽게 돌아다닐 수 있는 연락관 노릇을 하였다. 그 기간에 나는 이전의 내 관심사나 활동들과는 완전히 동떨어진 삶을 살았다. 그러나 이러한 고립 속에서도 이전의 삶의 한 측면과 관계를 맺을 수 있었다.

마끼 활동을 하면서 나는 버려진 교회를 하나 발견했다. 그리고 개신교 공동체는 있는데 지도자가 없다는 것을 알게 되었다. 나는 많은 개신교 농부들을 방문했고, 1943년에는 나의 지도로 이 교회에서 다시 정규적인 예배를 드리기 시작했다. 이것은 여러모로 보아 매우 좋은 일이었다. 나는 일반적으로 말 수가 적었고 어떤 거대한 정치적인 선언을 꾸미지도 않았으며, 독일인들과 우파들에 대한 저항정신을 보여 준 농부들과 함께 있었다. 이전에는 그 누구도 나에게 레지스땅스를 언급하지 않았다. 그러나 1944년 초에 농부들이 나에게 와서 "들어 보세요. 우리는 당신이 레지스땅스에 속해 있다는 것을 알고 있습니다. 혹시 저격병이 필요하다면 우리에게 요청하십시오. 우리는 모두 당신 편입니다. 어떻습니까?"라고 말했다. 그러한 경험은 매우 평범한 사람들과의 관계에서는 찾기 어려운 일이었다.

1944년 해방되었을 때, 나는 국가 해방전선의 일원이 되었으며 그 안에서 특별한 직책을 맡기까지 하였다. 그리고 지난 몇 년 동안 레지스땅스로 있을 때 꿈꾸어 왔고, 레지스땅스에서 혁명으로 이동해 갈 것이라고 말했던 꿈을 믿기 시작했다. 그러나 우리가 그것을 말했을 때, 그리고 나는 까뮈가 1943년 전투 집단에서 그것을 최초로 사용했다는 점을 지적하고 싶다. 우리는 공산주의자나 스탈린주의자 또는 소련혁명을 의미하지는 않았다. 우리는 한 사회의 근본적인 혁명을 의미했고, 언론, 미디어, 그리고 경제구조를 변화시키기 위한 거대한 계획들을 세웠다. 확실히 그들 모두는 사회주의적 요소들을 내포하고 있었다. 그러나 그것은 오히려 연합적인 접근이나 협동적인 접근을 매개로 하여 근본적 토양으로 돌아가려는 푸르동Proudhon식의 사회주의라고 말하고 싶다.

우리는 이러한 것들을 믿었다. 그리고 1944년 6월 공개적으로 활동하게 되었을 때, 우리는 혁명적인 행동을 시작하기 위해 노력하는 몇 개의 소그룹에 불과했다. 그러나 그때 우리는, 전통적인 공화국을 수립하고자 했던 드골 장군 때문에, 그리고 다른 한편으로는 끊임없이 다시금 솟아나는 이전의 정치 정당들 때문에 다시금 봉쇄당했다. 공산당, 사회당, 그리고 급진주의적인 당은 각기 이전의 지지자들과 옛날의 조직들을 다시 포섭했다. 이런 모든 일 가운데서 우리는 사실 매우 미약했다. 그럼에도, 우리들 중 뛰어난 사람들은 정치적으로 연루되어 있었으나 나는 1947년까지 계속했다 우리는 크게 실망했다.

『정치적인 환상』Political Illusion과 같은 나의 몇 권의 책은 부분적으로 정치적인 환경 속 그들이 사는 세계를 실제로 변화시키는 데 있어서 정치가의 무능력, 관료조직의 엄청난 영향을 보여주는에서의 나 자신의 활동으로부터 나온 것이다. 정치가는 정부의 관료조직에 대하여 무능력하다. 그리고 사회는 정치적인 행동에 의해서 변화될 수 없다.

결과적으로 나는 직업을 추구한 것이 아니었으므로 정치적인 삶을 포기했다. 나는 정치가나 장관이 되기를 원하지는 않았다. 레지스땅스 활동 바로 후에 한자리를 얻을 수도 있었다. 그것은 그렇게 어려운 일은 아니었다. 그러나 그것은 내가 원하는 것이 아니었다. 나는 혁명이 다시금 실패했다는 것을 알았다. 나는 인민전선이 실패하는 것을 목격했다. 나는 스페인 혁명이 실패하는 것도 목격했다. 레지스땅스는 혁명으로 변화하는 데 실패했다. 이런 것을 경험하고, 나는 혁명적인 운동들에 대한 비판적인 분석을 실행했고, 왜 모든 혁명이 궁극적으로 실패하는지를 생각해야만 했다. 혁명에 대한 나의 두 권의 책은 이 사실을 잘 설명하고 있다.

그 후에 내가 무엇을 할 수 있었을까? 나는 대학에서 가르치는 직업을 다시 시작했다. 당연히 열렬한 환영을 받았다. 그 당시에는 비시 정부로부터 해고당했다는 것이 영예였다. 내가 대학에 들어갔을 때, 말하자면 공립대학과 비슷한, 최고의 학생들을 가진 병립대학a parallel university을 만들 것을 생각했다. 나는 단순히 전통적인 방법을 따르는 것이 아니라 사물에 대하여 비판적으로 생각할 수 있는 소그룹들을 조직하기를 원했다. 나는 이것이 현재와 미래의 사회 구조를 변화시킬 방법이라고 느꼈다. 그러나 병립대학은 단순히 보통대학과 같은 종류의 과정들이 아니라 다른 과정들이어야 한다고 생각했다. 우리는 다르게 살기를 원했다. 우리는 2주 또는 3주, 두 달 또는 석 달씩 산으로 가곤 했다. 우리는 산에서 집중적인 연구 과정과 고된 생활을 했으며, 학생들과 함께 실용적인 일이나 사회에 대한 비판적인 분석을 했다. 내가 학생들과 함께 캠프를 떠날 수 없을 만큼 나이가 많지 않은 한, 나는 이러한 일을 계속 추구했다.

그런 다음 나는 다른 일을 시작했다. 나는 자신들이 사는 사회를 변화시킬 능력이 있는 사람들이 있다면, 그들은 그리스도인일 거로 생각하게 되었다. 나에게는 이 사회를 변화시켜야 할 기독교적인 이유가 있었다. 그렇다면, 왜 다른 그리스도인들과 함께 일하지 않는가? 왜 내가 교회를 변화시켜 이 땅의 소금과 누룩이 되게 하고 사회를 변화시킬 수 있는 하나의 세력이 되게 할 수 없는가? 그래서 나는 프랑스 개혁교회에서 일할 일자리를 구하기로 하였다. 나는 교회에서 최고의 직위를 얻었다. 나는 전국위원회Nation council의 일원이 되었다. 이 위원회는 개혁교회를 지도하는 10명의 목사와 10명의 평신도로 이루어진 그룹이었다.

나는 교회가 누룩이 되고 세상을 변화시킬 만한 하나의 세력이 되려면 교회가 변화되어야 한다는 것을 깨달았다. 그래서 개혁교회를 변화시키려고 노력했다. 나는 15년 동안 그곳에서 일했다. 그것은 엄청난 인내를 요구하는 어려운 일이었다. 그러나 결국에는 실패했다. 우리는 다수의 주력 부대를 세우기도 했고, 교회 지도자들로 하여금 우리의 몇몇 새로운 지침들을 수용하도록 하기도 했다. 그러나 결국 그리스도인들의 전통주의와 변화에 대한 일종의 무관심 때문에 제도 그 자체 속에 발목을 잡히고 말았다.

마지막으로 나는 신학이 변화되어야 한다고 느꼈다. 그리고 이 점에는 성공했다. 프랑스에서의 개신교 신학연구는 다른 연구 분야와는 상당히 달랐다. 그러나 나는 그 결과를 너무나 빨리 보고 말았다. 나는 마르크스 사상이라는 도구를 가지고 사회를 분석하는 그리스도인들에게 가능한 것이 무엇인지를 찾고자 계속해서 노력하였다.

이러한 노력의 일환으로써 사람이 이 사회에서 영향을 미칠 수 있는 행동 영역을 추구하던 중, 두 곳을 찾았다. 첫 번째는 소위 사회 부적합자라고 불리는 이들과 함께 일함으로써 청소년 범죄를 예방하는 것이었다. 나는 이 일을 대략 1958년에 시작했다. 그것은 지금도 지속하고 있으나, 1976년부터는 직접적으로 관여하는 것을 그만두었다. 그때까지만 해도 우리는 많은 젊은이와 근본적인 작업을 시도했으며, 사회적으로 적응하지 못하는 자들에 대하여 말할 때, 잘 적응하지 못하는 것이 개인적인 문제인지 사회적인 문제인지를 먼저 우리 자신들에게 물어야만 한다는 것을 정부, 경찰, 법률 제도가 이해하도록 도와주었다고 느꼈다. 달리 말해서 그 속에 적응해 들어가지 못하는 젊은이들에게 책임이 있는가, 아니면 사회에 책임이 있는가를 묻는 것이었다. 우리는 사람들이 이것을 이해하게 하는 데 20년을 보냈으며, 나는 그것이 영향을 미치기 시작하고 있다고 믿었다.

사람들은 더는 폭력, 마약, 히피주의를 젊은이들의 질병으로 여기지 않고 사회의 질병으로 여기게 되었다. 이러한 근본적인 도전에 대하여 우리는 매우 열심히 일했고, 이 분야에서의 승리를 믿어서는 안 되지만 그러한 승리가 어느 정도는 이루어졌다고 생각했다. 사실 프랑스 정부에서는 예방 문제를 다루는 일에서, 정책은 요란스러웠지만, 그 성과는 거꾸로 돌아가고 있었다. 정부는 우리의 운동을 거부하고 젊은이들을 붕괴시키고 있었다.

나의 마지막 활동과 마지막 일은 생태학적 헌신, 즉 환경에 대한 헌신이었다. 이것은 기술 사회와 인간 환경의 변화에서, 산업 발전의 영향에 대한 나의 연구와 같은 맥락에서 나온 것이다. 그래서 나는 자동으로 환경보호 운동을 좋아하게 되었다. 1968년에는 이러한 명분에 관심이 있는 몇몇 그룹들을 형성했다. 그것은 나에게 항상 같은 질문이었다. 지적 관심은 구체적인 헌신, 즉 실제적이고 정치적인 헌신을 의미한다. 그래서 우리는 핵에너지와 토지 이용에 대한 국가적인 계획에서 생기는 문제들을 다루기 시작했다. 토지 이용은 엄청난 관료 조직에 의해 지배된다.

예를 들어, 내가 살고 있는 아끼땐Aquitaine의 남서부 지방에서 우리는 엄청난 거짓말을 목격하게 되었다. 관계 당국은 가능한 한 많이 자연을 보호하면서, 최대한의 관광지를 개발시킬 것이라고 계속해서 거짓말을 했다. 이것은 거짓말이었고, 우리는 행정부에 엄청난 비난을 가했다. 이는 매우 흥미로웠는데 매우 구체적이면서도 전혀 이론적이지 않는 이러한 환경운동에서, 나는 내가 가장 혐오하는 세 가지면, 즉 기술기술관료주의, 관료주의, 그리고 자본주의를 반박했다. 아끼땐은 이 세 가지 요소가 완전히 결합하여 아끼땐의 환경과 대서양 해안을 완전히 망가뜨릴 수 있는 곳이었다.

내가 "기술을 혐오한다"라고 말할 때, 그 말에는 다음과 같은 설명을 덧붙여야 할 필요가 있다. '기술관료들'이 실행하기를 원하고, 우리 인간으로 하여금 전혀 개입하지 못하도록 하고, 심지어 조절할 수도 없게 하면서도 우리의 삶을 결정하는 것은, 기술 그 자체가 아니라 기술의 권위적인 힘이라는 것이다. 내가 이 지엽적인 일에서 기술을 반박한 것은 바로 이러한 의미에서였다. 즉 기술이 불필요한 일을 정당화하고 있다는 의미에서만이었다. 관료 조직과 자본의 소유주들은 자신의 계획을 받아들이도록 강요하기 위해서 기술에 관한 논증을 사용한다는 것이다. 또 다른 특징은 어떠한 결과도 산출해 내지 않는 기술적인 실수들과 잘못된 기술의 적용이 매우 많다는 것이다.

한편으로 내가 상당히 일반적이고도 포괄적인 이론으로 생각한다는 인상을 줄지도 모른다. 또한, 세계교회협의회에서의 활동이나 신학을 가르치는 데 있어서, 그리고 청소년 범죄의 예방과 생태학과 관련된 나의 모든 노력과 활동들이 소규모라는 인상을 줄 수도 있을 것이다.

그러나 이것은 분명히 사실이라고 말하고 싶다. 나는 세계적인 행동Global action을 믿지 않는다. 나는 공화국의 대통령 수준에서의 행동들은 믿지 않는다. 사실 나는 항상 "세계적으로 사고하고 지역적으로 행동하라"는 말을 실천하려고 노력한다. 세계적으로 생각함으로써 나는 모든 현상을 분석할 수 있다. 그러나 행동은 지역적일 수밖에 없고, 정직하게 실제적이고도 진실되게 기초적인 단계에서 이루어질 수밖에 없다. 나는 이것이야말로 우리 사회에서 일반적으로 사용되는 모든 과정의 행동들에 대한 도전이라고 믿는다.

마르크스, 교회, 국가와 관련된 나의 태도를 정리해 보면, 나는 마르크스를 대단히 존경했으며 그의 사상에 의해 상당한 영향을 받았다는 것은 이미 언급하였다. 그러나 나는 두 가지 측면에서 마르크스에 대하여 극히 비판적이다. 우선 마르크스의 전제들과 관련하여, 그의 사상은 과학적이지 않고 열정적이라고 할 수 있다. 바로 그러한 이유 때문에 마르크스는 나의 흥미를 끈다. 그러나 이 말은 내가 마르크스보다 더 과학적이라는 말은 아니다. 나의 사상도 그와 마찬가지로 열정적이다. 그러나 마르크스의 사상에서 내가 비판하는 부분은, 마르크스는 그가 공격하는 사람들의 편견과 전제들에 대하여는 너무나 명확한 시각을 가졌지만, 그 자신의 편견과 선입견을 보는 데는 실패했다는 점이다. 나는 사람이 취해야 하는 열정적인 단계는 자기 자신의 편견들에 대한 비평이라고 생각한다.

특별히, 마르크스는 그 시대의 두 가지 편견의 희생자였다. 첫째로는 진보에 대한 편견으로, 모든 역사적 단계는 이전 단계보다 진보한다고 믿었다. 두 번째는 노동에 대한 편견인데, 노동이 본질적으로 인간을 특징 지우는 것이라고 믿었다. 이 점들이 마르크스에 대한 나의 비판 요소였다. 마찬가지로 나는 마르크스가 해답을 제시했다고 주장했으나 사실상 대답하지 못했던 몇몇 문제들에 대해서 비판적이다. 즉 인간의 삶과 역사의 궁극적인 의미와 관련하여 자신은 대답을 발견했다고 계속하여 주장했다. 그러나 사실 그는 결코 해답을 제공하지 못했다.

그것들이 마르크스에 대해 내가 지적하는 두 가지 사항이다. 그리고 만약 내가 나의 작품에서 때때로 다소 대담하게 그를 공격해 왔다면, 그 이유는 순전히 상황의 결과였다. 지성인 대부분이 마르크스주의자들이었던 프랑스에서 살면서, 나는 마르크스의 사상에 충실하면서 동시에 이들 지성인과 달라야 한다는 것이 엄청나게 어렵다는 것을 알았다. 결과적으로 나의 입장은 마르크스 자신에 대한 비판적인 태도보다는, 마르크스를 마르크스주의 지성인들의 운동으로부터 차별화시키려는 것이었다.

교회와의 연관성에 관한 한, 나는 두 가지 이유 때문에 이 일에 끼어들게 되었다. 첫째로 나는 오직 성령의 힘만이 우리가 문명의 위기에서 벗어나는데 도움을 줄 수 있다고 느꼈다. 그리스도인들이 사회를 변화시키는 데에는, 말하자면 총체적인 혁명을 일으키는 데에는, 그들 자신을 헌신할 충분한 동기가 있다고 믿었다. 그러나 나는 단지 몇몇 조직을 통해 그리스도인들을 만날 수 있었고, 개혁교회가 더 약하고 덜 조직화하였고, 그리고 거기에서는 직접적으로 사람들을 만날 수 있다고 느꼈기 때문에 개혁교회를 선호했다.

그러나 개혁교회의 위계질서를 변형시킬 필요가 있었다. 불행하게도 나는 위계질서에 대한 사회학적 강조는 역시 같다는 것을 확신하게 되었다. 즉 위계질서가 미미하고 단지 소수 사람에게 영향을 미칠 때 그 위계질서의 타성이 결국은 개혁을 위한 모든 희망을 전멸시키게 된다고 믿었다.

나는 개인적인 관계들을 직접적으로 표현할 수 있도록 해주는, 고도로 유연한 조직을 갖기를 소원했다. 그러나 나는 유연한 사회적인 구조로서 개혁교회를 충분히 분석하지는 못했다. 그래서 1944년 이후의 주정부와 프랑스 정치 조직에 대한 나의 비판은 개혁교회 안에서 이 일에 나의 휩쓸림을 방지할만큼 충분히 계몽적이지 않았다.

나는 폭력의 문제와 청소년 범죄의 예방과 같은 몇 가지 국가의 정부 위원회에 참여했다. 몇몇 문제들에 관하여는 전문가로서 조언했다. 그리고 그 결과들이 대단한 것이 아닐 거라는 사실을 깨달았을 때도, 정부가 나에게 부탁할 때는 절대 거부하지 않았다는 점을 말하고 싶다. 이러한 점은 폭력위원회에 의해서 잘 나타난다. 예를 들어 우리는 탁월한 보고서를 제출했으나 그 보고서들은 거의 영향을 미치지 않았다.

둘, 우리 시대에 대한 이해

현대 사회는
물질적인 풍요는 부여하지만
정신적으로는 심한 좌절감을 안겨주고 있다.
오늘날의 기독교는
이와 같은 좌절감에서 탈출하기 위한
종교 수단에 불과하다.

우리 시대에 대한 이해

마르크스 사상에 기초한 나의 정치활동과 고찰들을 통해, 나는 더 단순한 두 가지 사실을 깨닫게 되었다.

첫째, 자본주의 미래에 대한 마르크스의 많은 예언은 실현되지 않았다는 점이다. 세계의 변혁은 그가 생각했던 것보다 훨씬 더 복잡했다. 레닌의 설명과는 달리, 자본주의 세계는 소멸하지 않는 지속력을 지니고 있었다.

둘째, 마르크스가 언급했던 매우 많은 부르주아, 특히 비효율적이고 쓸모없는 부르주아와 개인의 재산이 있어야만 살 수 있는 사람들이 사라졌다는 점이다. 자본주의 역시 상당한 변혁을 겪은 것이다.

그러므로 나는 19세기 자본과 자본주의에 대한 마르크스주의의 분석이 20세기 초 처음 30년 동안에도 여전히 유효한지 의심스럽다. 그것은 확실히 문제로 삼을 만하다. 나는 인격주의 운동을 통해 소련과 자본주의 사회에 매우 유사한 경향들이 존재한다는 강한 확신을 하게 되었다. 우리는 경제적인 변혁들과 정치적이고 법적인 형식들을 초월한 공통적인 요소들특히 어떤 대가를 치르더라도 산업을 증가시키고 기술 분야를 발달시킬 필요을 발견할 수 있었다.

여기서 우리에게는 또 한 가지 질문이 남는다. 그것은 마르크스가 우리 시대가 누리는 기술의 위상을 올바로 지적하지 못했다고 느낀 점이다. 의심할 여지없이 기술의 중요성을 최초로 강조한 사람은 어떤 의미에서 나의 친구 베르나르 샤르보노Bernard Charbornneau였다. 그는 이미 1934년, 기술이야말로 우리가 사는 시대에 결정적이고 본질적인 요소라고 주장하기 시작했는데, 이는 올바른 예언자적 견해였다. 그러나 지리학을 가르치던 샤르보노의 생각은 그에 합당한 반응을 이끌어 내지 못했다. 그의 책들이 매우 주목할 만한 것들이었음에도 그는 전혀 알려지지 않았다. 나에게 처음으로 기술현상에 관심을 두도록 해 준 사람은 바로 나의 친구 샤르보노였다.

나는 19세기 이래로 하나의 변혁이 일어났다는 것을 점차 깨닫게 되었다. 마르크스는 기본적으로 산업계의 지배를 받던 사회에 대해 언급하였다. 사실 1930년부터 1940년 사이에, 이 산업계는 여전히 지배적인 역할을 하고 있었다. 그러나 지금은 새로운 경향이 출현했다.

소련과 자본주의 사회 양자에 비슷하게 존재하는 공통점은, 정확히 기술현상이라는 생각이 나에게 강하게 와 닿았다. 소련과 미국의 자동차가 같은 것처럼 소련과 미국의 공장이 같다는 극히 단순한 생각에서 시작할 수도 있다.

다시 말하면 완전히 기본적인 수준에서 공통점이 있었는데, 그것이 두 종류의 조직을 비교하는 이유였다. 나는 점차로 우리 사회에서 기술의 영향과 그 중요성을 분석해 감에 따라, 기술이 우리 시대를 설명하는데 가장 결정적인 요소라는 것을 깨닫게 되었다. 설명적explanatory 요소로서의 기술은, 19세기에 대한 마르크스의 해석에서 자본이 담당했던 구실을 할 수 있을 것이다.

나는 기술이 자본과 같은 기능을 갖는다고 말하려는 것은 아니다. 또한, 나는 자본주의 체계가 과거의 것이라고 말하는 것도 아니다. 나는 자본주의 체계가 여전히 존속되고 있다는 것은 알지만, 이제 자본은 마르크스가 19세기에 자본주의를 연구했을 당시와 같은 구실을 하지는 않는다. 특히 권력과 가치 재생산적인 역량은 더는 자본에 연결되어 있지 않다. 그것들은 이제 기술 속에 있다.

그러나 우리는 더 세밀해져야 한다. 내가 떼끄니끄technique라는 프랑스어 단어를 사용할 때, 이것은 떼끄놀로지technologie라는 프랑스어 단어와 정확히 같은 뜻을 의미하는 것은 아니다. 이 두 단어는 모두 영어로 흔히 테크놀로지technology로 번역된다. 우리는 이와 같은 어휘의 단순한 점에 상당히 주의하여야 한다. 나는 이 두 단어가 습관적으로 혼용되고 있다는 것을 알고 있다. 물론 어원학적으로 떼끄놀로지technologie는 떼끄니끄technique에 대해 이야기하는 것을 의미한다. 그것이 떼끄놀로지technologie의 진정한 의미이다.

영어로 테크놀로지technology인 떼끄니끄technique에 대해 이야기할 때 그것은 기술현상, 실제로 존재하는 기술에 대해 말하는 것이다. 예를 들어 자동차를 고찰할 때, 자동차의 엔진은 떼끄니끄technique,

즉 기술의 범주에 속한다. 비록 영어 관용법에서 이런 것을 테크놀로지technology라고 부르는 경향이 있지만, 그것은 프랑스 사람들이 떼끄놀로지technologie라고 일컫는 것의 의미는 아니다. 엔진에 대한 연구와 엔진에 대한 이야기가 바로 떼끄놀로지technologie이다. 그렇지만, 현상 그 자체는 분명, 떼끄니끄technique의 일부로 보아야 합당하다. '구체적인 대상'la technique인 떼끄니끄와 '대상 그 자체에 대한 이야기와 가르침'la technologie인 테크놀로지 모두를 가리키는 용어로 영어에서는 테크놀로지technology라는 단 하나의 단어만 있기 때문에 생기는 의미상의 문제점을 나는 잘 알고 있다. 그러나 우리는 그 둘 사이를 확실히 구분해야 한다.

사회society와 사회학, sociology 땅earth, 그리스어로 ge과 지질학, geology 땅에 대한 학문 사이에도 같은 차이가 있다. 그러나 더 큰 어려움이 있다. 영어 단어의 테크놀로지technology는 주로 산업환경에서 기술자의 작업과 관련이 있다. 그러나 나에게 있어, 구체적인 대상la technique인 떼끄니끄 보다 광범위한 개념으로서, 금융이나 경제, 운동경기 등 모든 영역에 적용될 수 있는 효과적인 수단을 말한다. 영어의 테크놀로지technology는 프랑스어의 떼끄니끄technique라는 단어의 뜻을 유지하고 있다고 말하는 편이 낫겠다. 이런 의미에서 그것은 떼끄니끄technique이다. 그리고 서구 사회 속에서 가치를 창출해 내는 데 있어 결정적인 요인으로 나에게 다가온 것은 떼끄니끄, technique 즉 기술 technology이다.

마르크스에게 있어서는 노동이 가치를 창조하는 결정적인 요소였다. 그러나 기술이 극도로 발전한 사회에서 가치를 창조하는 결정적인 요인은 과학연구와 기술의 형태로 과학을 응용하는 것임을 인정하지 않을 수 없다. 이러한 진술들은 자본주의 구조에만 해당하는 독특한 것은 아니다. 전부는 아니지만, 몇몇 소련과 공산주의 경제학자들조차 그것을 인식하고 있다. 다른 말로 하면, 우리는 지금 우리가 사는 세계를 다시 해석해야 한다는 것이다. 자본주의 구조에 의해서가 아니라 기술에 의해서 말이다.

논의를 계속 진행할수록, 나는 마르크스가 19세기 환경 대신에 20세기 환경에서 일했다면, 어떤 현상을 우리 사회에서 가장 결정적인 요소라고 느꼈을까에 대해서 묻지 않을 수 없게 되었다. 인간의 상황과 정치조직을 구성하는 데 있어 어떤 현상이 제일 중요한 요소로 그에게 인식되었을까? 나는 기술technoloy이 그의 관심을 사로잡았을 요소라고 점점 더 확신하게 되었다. 그러므로 나는 마르크스에게 비교적 충실한 채로, 그의 사상의 관점에서 기술현상을 점점 더 자세하게 연구하기 시작했다.

물론 다른 사람들도 기술의 역할을 조금은 인식했다. 나는 특히 막스 베버Max Weber를 고찰할 것이며, 조금 후에는 루이스 멈포드Lewis Mumford를 살펴보고자 한다. 그러나 나는 내 연구와 그들의 연구를 완전히 비교할 수는 없을 것으로 생각한다. 우리는 확실히 막스 베버와 매우 밀접하게 연관된 방법을 가지고 있으나, 베버가 나에게 영향을 주었다고는 말할 수는 없다. 내가 이러한 탐구를 시작했을 때, 나는 베버의 사회학을 전혀 알지 못했고 1944년이 되어서야 그것을 알게 되었다. 우리는 확실히 쟁점들에 대한 유사한 접근방법과 비슷한 사회학적 방법을 사용하고 있지만, 우리 둘 사이에는 중대한 차이점이 있다.

베버가 아무리 천재적인 기질과 예언자적 능력을 갖췄다고 할지라도, 그가 분석한 사회는 1900년의 사회, 아니면 기껏해야 1910년대나 1920년대의 사회였을 뿐이다. 그는 1920년에 죽었다. 그래서 그는 완전히 발전한 상태의 기술현상은 알지 못했다고 할 수 있다.

학자들은 이제 구사회와 전형적인 기술 사회의 분수령이 1945년쯤이라는 데에는 일반적으로 동의한다. 베버는 기술현상이 얼마나 보편적인가에 대해 특별한 견해를 가지고 있었다. 그러나 그가 기술에 의한 사회의 관료 정치화에 대해서는 생각했지만, 실제로 기술현상 그 자체는 연구하지 못했다. 하지만, 다른 많은 사회학자는 우리 기술 사회의 독특한 양상들을 연구해 왔다. 나는 프랑스의 레이몽 아롱Raymond Aron과 미국의 갈브레이드Galbraith 그리고 캐나다의 맥루한Mcluhan을 살펴보려 한다.

아롱은 본질적으로 산업을 연구했고, 갈브레이드는 기술적이고 관료적이며 산업적인 국가와 특별한 권력 구조, 즉 기술관료 체제를 연구했다. 그리고 맥루한은 대중매체의 문제를 연구했다. 그러나 내 생각에는, 그들은 모두 부분적인 연구를 했을 뿐이다. 기술 구조에 근거한 전반적인 현대 사회의 현상을 연구하면서 텔레비전에 근거해서 설명하는 것보다 더 나은 것은 없을 것이다. 다시 말해서 산업과 현대 국가, 그리고 텔레비전에 대한 연구를 포함하는 일반적이고 포괄적인 관점이 있다. 이러한 모든 것을 포괄하는 관점이 바로 기술의 관점이다. 레이몽 아롱은 나의 몇몇 연구가 너무 일반적이고 계통적으로 설명한다고 해서 아주 비판적이다. 그러나 그것은 모든 영역의 인간 활동을 포함하는 것으로, 내게 인식된 포괄적인 현상을 이론적으로 설명하려 했다는 점에서만 체계화되었다. 반면에 아롱은 특히 산업에 대한 연구에서, 단지 특정한 양상들만을 지적하려 했다.

기술에 대한 연구에서, 나는 궁극적으로 과거의 기술과 관련해서 현대 기술의 위상을 언급하려고 했다. 이것은 분명히 "그러나 사람들은 항상 기술technique, technology을 사용했다"라고 말하는 사람들의 마음속에 상당히 많이 들어 있는 경향이다. 물론 사람들은 언제나 기술techniques을 사용해 왔다. 또 우리가 지금 사용하는 것이 이전에 사용된 것과 관계없다고 말할 수도 없다. 그럼에도, 그것이 기본적으로 같은 것이라고 말함으로써 우리 자신을 안심시켜서는 안 된다고 생각한다.

엠마뉘엘 무니에Emmanuel Mounier는 돌 화살촉과 원자 폭탄 사이에는 단지 정도의 차이만 있을 뿐이라고 했다. 이것이 내가 그와 결별한 이유 중의 하나이다. 나는 이 경우 어느 단계에서의 양적인 변화는 질적인 변화라고 말한 마르크스의 생각을 확고하게 적용해야 했다. 따라서 인류가 돌 화살촉에서 원자 폭탄으로 옮겨 갔을 때 질적인qualitative 변화가 있었다. 무니에는 또한, 말하기를 "당신이 기술을 그처럼 칭송할 때, 단지 당신 자신의 손을 보십시오. 어떤 기술적 기구가 당신 자신의 손보다 더 완전한 것이 있습니까?" 글쎄. 물론 이 말은 옳다. 그러나 나는 이러한 생각으로는 우리 시대의 단일하고 독특한 성격을 이해할 수 있다고는 생각하지 않는다.

다시 말해서 나는 모든 사회가 어떠한 기술technique, 즉 어떤 특정한 기술적인 조작을 사용하는가에 따라 그 사회에 소속된 사람들이 하는 것들을 구별하게 되었다. 분명히 사냥, 어로, 오두막 짓기, 채

집 등의 행동은 기술적인 조작, 즉 하나의 행동이다. 또 한편으로 서구 세계에서 18세기 이래로 우리가 아는 현상, 즉 19세기와 20세기에 발전하여 온 현상이 있는데 나는 그것을 기술현상이라 부른다.

이 둘 사이의 커다란 차이는 그들 각각의 특성에 달렸다. 먼저 합리성이 있는지 없는지 하는 차이가 있다. 18세기까지의 기술technique, technology은 단순히 실제적인 문제였다. 18세기 사람들은 기술에 대해 생각하기 시작했다. 그들은 기술들을 비교하고 그것들의 응용을 합리화하려고 시도했는데, 이것은 그들의 관점을 완전히 변화시켰다. 기술은 더는 단순한 실행이 아니고 작용도 아니었다. 이제 기술은 이성이 개입되어 완전히 다른 목적을 갖게 되었다. 그것의 목적은 효율성이다.

우리는 옛날의 기술을 연구할 때, 그들이 얼마나 확고하고 결정적인 요소로서 효율성을 중요하지 않게 취급하였던가를 발견하고 매우 놀라게 된다. 그 당시의 기술은 종교적인 이유, 순전히 전통적인 이유 때문에 사용되었다. 비록 어떤 기술이 다른 기술보다 더 효과적이라 하더라도, 사용자는 그것을 평가하고 비교할 필요가 없었다. 그러나 오늘날의 기술현상은 효율성에 의해 평가되고 비교되는 것이 특징이다.

그러므로 18세기 이래로 서구 세계에 존재하였던 기술은 질적으로 다른 것이다. 이것은 단지 양의 문제만이 아니다. 기술이 다른 기능들을 떠맡게 된 것이다. 이것이 18세기 이전과 이후의 기술을 구별 짓는 두 번째 요소이다. 기술은 물질적인 응용의 틀을 벗어났다. 기술에 대해 말할 때마다, 우리는 언제나 습관적으로 기계에 대해 생각해 왔다. 그러나 나는 기술을 기계로 생각하는 것은 중대한 오류라고 생각한다.

  요즘에는 정보기술들과 통신기술들이 발전하여, 기계가 부차적 현상은 아니라 해도 확실히 기술의 여러 현상 중 하나일 뿐이라는 것을 사람들은 깨닫기 시작했다. 합리적이고 효율적인 수단에 대한 연구는, 물질적 고안물인 기계의 제조를 통해서만 표현되지는 않는다. 그것은 점차로 인간의 모든 활동을 포괄하기 시작했다.

  이 말은 하나의 집단이나 사회가 어떻게 조직되고 발전하며, 특정한 결과를 성취하기 위해 어떻게 구성될 수 있는가에 대한 자세한 지식이 있다는 것을 의미한다. 사회학과 심리학은 가장 좋은 성과를 얻게 하는 수단이 되며, 어떤 모임에서 그 영향을 늘리거나 줄이려면 사람들을 적절한 곳에 배치하고 조직을 보다 효율적으로 만들기 위한, 그리고 원거리 관계나 근거리 관계 중 어느 것이 경영에서 더 이익이 되는가를 알기 위한 수단을 제공해 준다. 이러한 것들이 조직의 기술들에 대해 말할 때 내가 의미하는 것들의 간단한 예들이다. 그것들은 인간관계들과 공식적인 관계들, 그리고 군대에 광범위하게 응용되었다.

  심리학적 기술들도 마찬가지이다. 예를 들어, 나는 선전술과 광고술을 연구해 왔는데, 이것들 역시 기술이다. 따라서 기술현상은 우리의 근육 활동이 기계로 대체된 지엽적인 부분만을 말하는 것은 분명히 아니다. 기술현상은 점점 더 우리의 모든 활동을 포괄하려고 한다.

  우리가 분명히 잘 아는 기술들이 있다. 조금이라도 운동경기에 연루된 있는 사람이라면 누구나 기술이 더는 운동선수의 직관에 머물러 있지 않음을 안다. 오늘날 그것은 극도로 엄격한 기술이 되었다.

일세기 전만 해도 운동은 매우 자발적이었다. 육상선수나 수영선수들에게는 각각 하나의 스타일이 있었고, 각자 개별적으로 실력을 향상시키기 위해 노력했다. 그러나 그 이후 점점 자세한 규칙들이 생겨났다. 운동선수의 생활은 음식의 양과 질, 수면시간, 다양한 신체적 훈련에 의해 완전히 계획된다. 그리고 사람들은 최대의 효과를 얻으려고 여기서 잘못을 하나 지적하고, 저기서는 감속을 하든지 가속하라고 지적하는 등, 그들의 모든 행동을 교정하면서 사진을 이용하여 개개의 동작들을 자세히 연구한다. 마찬가지로 사람들은 육상선수가 최대로 빨리 달리기 위한 순간을 찾아내면서 전략을 세운다. 이 모든 것이 기술이다.

우리는 근본적으로 인간 생활의 모든 영역을 포괄하는 하나의 힘을 다루고 있다. 기술이 인간 집단과 인간 생활에까지 확장되는 것은 우리 세계의 본질적인 성격 중 하나이다.

마지막으로 중요한 특성은 기술과 과학 사이의 관계라고 생각된다. 일반적으로 이 점에 대해서도 사람들은 기술을 과학적 발견의 응용으로 본다. 그러나 이런 도식은 너무나 단순하다. 오늘날 우리는 아주 복잡하고 불명확한 상황에 직면해 있다. 과학은 기술의 도움이 있어야만 발전할 수 있다. 과학이 많은 기술이 제공하는 정보들과 연결되어 있다는 것을 알려면 우주 탐험을 생각해 보는 것으로 충분하다. 달리 표현하면 과학과 기술 사이에는 직선적인 관계가 없다는 말이다. 그 관계는 우선, 과학-기술, 그리고 기술-과학과 같이 상호 보완적이다.

그러나 기술은 그와 같은 관계를 초월하여 그 자신을 조건화한 결과이기도 하다. 기술의 혁신은 반드시 새로운 과학적 발견의 결과로

만 일어나는 것이 아니라 기술 자체 내의 본질적인 발전인 경우가 자주 있다. 이것은 우리가 다른 영역에 속해 있는 여러 기술을 결합하기 위해서 더는 과학이 필요하지 않는다는 것을 의미한다. 이러한 기술들은 서로 연결되고 결합하여 새로운 어떤 것, 즉 기술적으로 새로운 것을 만들어 낸다. 마찬가지로 우리는 몇몇 과학적 발견들이 오랜 기간을 거쳐서 다양한 이유로 무용하게 되고 기술 영역으로 흘러들지 못했다는 것을 알고 있다. 따라서 우리는 과학과 기술 사이의 관계에 대한 이런 단순한 관점을 포기해야 한다.

다른 요소들과 함께 기술현상에 대한 이러한 분석 덕분에 나는 산업혁명에 대한 분석을 비판하게 되었다. 나는 학자들이 순수한 산업현상을 너무 강조했다고 느꼈다. 내가 믿기에는 기술혁명은 이미 시작되었고, 산업혁명은 그것의 많은 양상 중 하나였다. 내가 이렇게 말할 수 있는 것은 산업혁명이 전개되고 있을 당시의 서구 사회에서 일어난 일들을 관찰했기 때문이다. 이와 동시에 국가가 출현했다는 점을 지적해야겠다. 그리고 구조를 모두 갖춘 현대 국가에서, 행정의 효율성과 합리성, 완전히 현대적인 장치들을 추구하는 경향이 있는 행정부가 출현한 것도 마찬가지로 지적할 수 있다. 법률에서도 합리화를 추구하는 같은 경향을 볼 수 있다. 그리고 우리는 1500년대와 1600년대 동안 서서히 발전해 오던 과학이 18세기에 진정으로 합리화되었음을 기억해야 한다.

이상 세 가지, 국가와 법과 과학의 예를 다루면서, 나는 합리성과 효율성에 대한 관심과 함께 기술적인 정신이 출현한 것은 산업의 영역에서만이 아님을 인식했다. 이러한 발전은 다른 많은 영역에서도 역시 일어났다. 18세기 동안 유럽에서의 커다란 현상은 석탄의 사용과 기계 제작이 아니라 기술의 실행에 대한 사회 전체의 태도에 변화가 일어났다는 것이었다. 산업혁명은 단지 새로운 실행의 한 양상이었다.

역사가들이 이점에 대해서 역사를 잘못 해석하는 것을 보면 놀랍다. 사람들이 이러한 태도의 변화를 완전히 인식했다는 것을 알려면 18세기 디드로Diderot의 백과사전Encyclopedie만 보면 된다. 그 당시에는 기계에 대한 엄청난 관심이 있었다. 그러나 기술혁신의 한 양상으로서의 기계, 인간 존재에 대한 새로운 이해나 사회에 대한 새로운 이해의 한 양상으로서의 기계는 이제 합리적이고 효율적이어야 했다. 백과사전을 통해 이러한 새로운 개념을 발견할 수 있다. 산업혁명을 지배적이고 결정적인 요소로 고려하지 않는다면 문제는 훨씬 더 크고 복잡해진다. 어떻게 사람들이 기능의 단계에서 산업의 단계로 나아갔는가 하는 것이 문제가 아니다. 이제 문제는, 과거에도 알고 있었을지는 모르지만, 결코 응용된 적이 없었던 어떤 과정들을 왜 사람들은 산업이나 그 밖의 다른 분야에 응용하는가 하는 것이다.

이전에는 절대 존재하지 않았던 어떤 상황들이 18세기에 들어와서 출현하게 된 것 같다. 나는 여기서 기술현상이 발전하도록 허용해 준 그러한 상황 중 다섯 가지를 요약해서 지적하려 한다.

첫째, 인구의 엄청난 증가였다. 이로 말미암아 더 나은 조직이 가능해지고, 사람들과 사상들의 훨씬 밀도 높고 극적인 순환뿐 아니라 노동 인력의 이용이 가능해졌다.

둘째, 사회적 적응성plasticity이라 부르는 것이다. 다시 말해서 매우 많은 옛날 지배체제ancien regime의 사회 구조들이 영국과 프랑스에서,

나중에는 독일에서 파괴되었다. 그로 말미암아 사회집단들은 붕괴하였고 그 구성원들은 완전히 다른 활동을 할 가능성을 가지게 되었다. 이러한 발전은 엄밀한 의미에서 산업혁명에 본질적인 요소로 드러났다. 그것은 또한, 엄청난 노동 인구를 만들어 내었다.

셋째, 기술에 관심이 있는 지식인들과 실행자들이 활발하게 발명하게 되었다. 그들은 같은 과정이 전 영역에 응용될 수 있으리라 느꼈다. 이것은 지적인 혁신이었다.

넷째, 이러한 발전은 유럽에서 250년 정도의 기간에 진행된 기술의 성숙에 접목되었다. 이러한 성숙은 중요하다거나 어떤 구조를 갖는 것으로 드러나지는 않았으나, 서서히 축적되어 온 아주 작은 발전들로 이루어졌다. 이것은 로마제국이나 기술발전 시대 동안의 중국에서 일어난 것과 정반대의 것이다. 그뿐만 아니라, 이런 성숙은 명백히 기술적인 의도가 출현한 것을 설명해 줄 수 있다.

다섯째, 모든 기술 수단뿐만 아니라 산업 수단의 이용을 위한 자본의 축적이었다. 자연히 개인 기업이 운영됨에 따라 자본이 필요해졌다. 이렇게 서구 사회가 상업 그 자체로부터 일정량의 자본을 축적한 것은 로마시대 이후 최초였다. 이러한 다섯 가지 요소들은 산업혁명이 그 한 양상인 새로운 시대를 만들게 되었다.

이러한 상황에서 기술은 점차 모든 활동을 포함하였을 뿐 아니라, 우리 사회 전체의 핵심적인 현상이 되었다. 다시 말해서 기술은 단순한 실행이 아니라 가치들기술의 요구에 상응하는 지적인 태도나 영적인 태도을 전제한다. 더 나아가 그것은 특정한 사회 구조를 요구한다. 나는 단지 새로운 가치들합리성과 효율성과 사회 구조 내의 변화로 말미암아 산업혁명이 발생했다는 것을 언급했다. 기술현상을 발생시킨 것이 이제는 기술 자신의 발전을 지속하기 위한 그 자신의 요구가 되었다. 기술이 발전하면서, 인간 가치는 정확히 기술의 발전에 부응하게 되고 사회 구조들은 순전히 기술에 의해서만 발전하게 되었다. 이것은 기술이 일단 침투하기 시작하면 사회의 그 어떤 요소도 기술의 영향을 받지 않고 남아있을 수 없다는 것을 보여준다.

나는 기술의 필수적인 가치들에는, 사용가치와 노동가치도 포함된다는 것을 지적하고 싶다. 고대사회에서 노동은 가치가 아니었다는 점을 잊어서는 안 된다. 노동은, 기술이 사람을 노동하도록 끌어들일 때 가치가 되는 것이다. 우리는 여기서 종종 오해를 불러일으키는 문제를 다루고 있다. 사람들은 언제나 기술은 노동을 절약해 준다고 주장한다. 물론 틀린 말은 아니다. 그러나 이것은 우리가 언제나 노동하게 되어 있다는 확신에 기초하고 있다. 이것은 결코 이전 사회의 확신이 아니었다. 이제 두 세기 동안 서구 세계는 이전의 어떠한 사회보다 더 많은 노동을 해왔다는 점을 우리는 알 수 있다.

실제로 노동은 그 성격이 변했다. 그것이 이제는 중세시대처럼 저주가 아니다. 오히려 노동은 자본가와 산업 발전을 위해 그리고 모든 기술 발전을 위해 필수 불가결한 요소가 되었기 때문에 긍정적인 가치로 변했다. 모든 사람은 마침내 더는 노동하지 않아도 된다는 희망과 약속과 기대를 하고 작업 과정, 즉 일에 참여한다. 이것은 사람들로 하여금 최대한 일하게 하는 한편, 기술은 우리가 아무것도 할 수 없을 때 우리를 대신하리라는 전망을 보이게 하는 기술의 이중적 효과의 일부이다. 이것은 19세기 기술 세계의 본질적인 가치가 되었다.

그런데 다른 본질적인 가치도 있는데 그것은 행복이다. 나는 다음의 생 쥐Saint Just의 말을 인용하고 싶다. "행복은 세계에서 새로운 개념이다." 그는 옳았다. 행복은 참으로 새로운 개념이었다. 그러나 근본적인 의미에서 다른 사회에는 행복이라는 개념이 결코 없었다든가 사람들은 행복을 원하지 않았다는 것을 의미하는 것은 아니었다. 새로운 요소는 행복이 특정한 물질적 상황에 기초한다는 것을 이제 깨닫기 시작했다는 것이다. 18세기와 19세기는 매우 많은 기본적인 소비재로 이루어진 이러한 물질적 행복을 가지려고 영적이고 지적인 행복의 관념을 버린 시기였다. 이 때문에 19세기 행복은 기계적 수단, 산업적 수단, 생산에 의해 얻어진 복지와 연결되었다. 쌩 유가 말한 새로운 것은, 과거에는 행복이 인간을 위한 아주 애매하고 멀리 떨어져 있는 기대로 나타났던 반면, 이제는 사람들이 행복을 얻기 위한 구체적이고 물질적인 가능성 안에 사는 것처럼 보인다는 점이다. 그 점이 행복이 19세기 부르주아 사회와 현대 사회에서 절대적으로 중요해진 이유이다. 행복은 산업 발전의 덕택에 얻어질 수 있다. 그리고 행복에 대한 중요성은 우리를 철저히 소비사회로 유도한다.

이제 우리는 소비가 행복을 보증해 주지 않는다는 것을 깨닫게 되었다고 말해도 좋을 것이다. 우리는 가치의 위기를 겪고 있다. 나는 가치로서의 노동 역시 위기를 맞고 있다고 방금 말했다. 기술을 발전할 수 있게 했던 것은 기술의 새로운 발전 때문이다. 나는 기술이란 기존의 가치를 전제로 할 뿐 아니라, 기술의 발전을 허용하는 사회 구조를 요구한다는 점도 지적했다. 우리는 아주 단순한 한 가지를 깨달아야 한다. 기술은 언제나 환경 속으로 스며들어 가서 그 환경에 막강한 영향을 끼친다는 점이다. 나는 특히 기술과 산업기술이 제3세계에 어떻게 영향을 미치는지를 고찰하려고 한다.

우리는 산업화라는 목표를 위해 지역 노동력이 요구되는 곳에서는 어디서나, 전적으로 철저한 붕괴가 야기된다는 것을 말할 수 있다. 그 이유는 아주 단순하다. 산업 노동자는 그들의 가족을 떠나 도시로 간다. 그들은 이전에는 알지 못했던 일자리에서 일하고 이전과는 다른 방식으로 생계를 이어갈 뿐 아니라, 무엇보다도 그들의 환경을 지배했던 사회적 통제에서 완전히 벗어난다. 그들은 이제 뿌리가 뽑힌 채 도시에서 살아간다. 그들은 가부장적 가족의 자연적 권위에서 벗어나게 되고 그들의 생계수단은 더는 부족적이거나 가부장적 구조에 의존하지 않는다. 그들은 각자 자신들의 자원을 갖는다. 다시 말하면 노동자의 도시집중 현상은 가족의 붕괴를 가져오고 경제 양식을 파괴하고 그들의 도덕적 뿌리가 뽑히는 현상을 가져오게 된다.

아마도 우리는 이 점에서 더 나아가야 한다. 전통사회에는 개인적인 도덕심이 없었다는 것을 생각해야 한다. 도덕이란 집단이 하는 것과 같이 개인도 그렇게 생활해 주기를 기대하는 집단의 규범화된 행동이다. 일단 사람들이 집단에서 떨어져 나가고 산업 노동자로 살기 시작하면 어떤 수준에서든 그들은 더는 집단에 대한 사회적 통제에 의존하지 않는다. 이때 그들에게는 사회적 통제 대신 개인의 도덕이 요구된다. 그러나 제 3세계의 사람들에게는 그런 것이 없다.

이들은 오랜 과정을 겪지 않았다. 유럽에서는 사회적 통제구조가 개인의 도덕으로 변하는 기간이 수세기가 걸렸지만, 그들은 그와 같이 오랜 기간이 소요되지 않았다. 따라서 산업 발전이 제3세계 국가에서 시작된 경우에는 어디서나 불일치한 요소를 보게 된다.

사회적인 관점에서 나는 기술의 영향 아래서 우리 자신들의 사회가 변화된다는 것을 증명할 수 있다고 생각한다. 그리고 여기서 나는 우리의 기술 사회와 산업혁명으로 생겨난 사회들 간의 차이, 즉 20세기 중반과 19세기 사회 사이의 차이를 지적하고자 한다.

먼저 우리는 새로운 지배 계층의 출현을 목격하게 된다. 자본가들의 역할인 지배 계층의 역할에 대한 분석에서 마르크스는 전적으로 옳았다. 자본가는 모든 것을 지배하는 경제적 수단을 가지고 있었기 때문에 권력을 장악했다. 그러나 이제 우리는 모든 사회에서 실질적인 귀족지배 체제를 구성하는 기술 전문가 계층이라는 새로운 지배 계층이 등장하는 것을 보게 된다. 나와 같은 관점을 가지지 않는 많은 사회학자는, 우리 사회에서의 성공은 무엇을 가지고 있느냐가 아니라 무엇을 알고 있느냐에 의존한다는 평범한 공식을 만들었다. 그들에게는 경쟁력 있는 높은 직위의 기술 전문가가 되는 것이 훨씬 중요하다. 기술 전문가가 되는 것은, 조그마한 사업은 할 수 있지만 큰 사업은 할 수 없는 소규모의 자본을 가진 것보다는 훨씬 중요한 경력을 보장해 준다.

다른 말로 하면, 실용적인 기술이나 기술적인 비법 같은 지식을 가진 사람이 사회의 진정한 주인이라는 것이다. 오늘날 어떤 사람의 자본이 기술적 비법을 가진 사람에 의해 사용되지 않는다면, 그 자본은 빛을 보지 못할 것이다. 자본을 개인적으로 가진 사람은 기술 작용의 총화 속에서 자신의 자본을 운용하는 사람과 비교해 볼 때 점차로 중요성을 잃게 된다. 그리고 기술에 관한 지식을 가진 계층은 독특한 비밀을 소유한다는 점에서 모든 전통적 지배 계층들처럼 지배 계층에 속한다. 기술 전문가의 지식은 비전문가에게는 언제나 하나의 신비이다.

그러면 우리는, 기술지배체제technocracy로 불리는 사회 속에 사는가? 나는 그렇게 생각하지 않는다. 내가 생각하기에 이것은 그 단어를 잘못 사용하는 것이다. 어떤 사회에서도 기술 전문가들은 민주주의, 귀족 정치, 군주 정치 등에서 행사되고 있는 것과 같은 완전한 정치적 권력을 행사하지는 않는다. 아니, 기술자는 권력을 가지고 있지 않다. 그러나 기술 지배 체제로의 경향은 명백하다. 예를 들어, 소련에서는 권력을 직접적으로 행사하는 사람들이 기술 전문가들이고 그 수는 점차 늘고 있다. 그리고 이는 공화국의 대통령과 관련하여 프랑스에서 지속적으로 제기되는 문제이다. 궁극적으로 발전은 가장 엄격한 의미에서 전문가 집단으로 향한다.

이 사회는 진정한 기술지배 체제는 아니지만, 그럼에도 불구하고 귀족체제이다. 그리고 그것은, 우리 사회가 자본주의 사회든 사회주의 사회든 상관없이 동일해지는 이유이다. 우리 사회는 귀족지배 사회이다. 나는 이제 새로운 계층에 대한 유고의 밀로반 디지라스Milovan Djilas의 탁월한 연구를 인용하고자 한다. 그는 사회주의 세계에도 역시 새로운 계층 분화가 있다는 것을 처음으로 인식한 사람 중 한 사람이다. 이 분화는 더는 자본 소유자와 프롤레타리아 사이의 분화가 아니라, 관료조직과 행정조직, 과학과 다른 여러 기술을 통제하는 사람과 통제하지 못하는 사람 사이의 분화이다.

전자는 참으로 새로운 계층이다. 한편, 우리 사회에서 이러한 새로운 계층이 등장함에 따라, 부르주아 계급과 노동자 계급 사이에 있었던 과거의 대립은 감소하는 경향이 있음을 보게 된다.

이런 현상을 설명하기란 장황하고도 어렵다. 나는 방금 독자적인 재산을 가진 고전적인 부르주아는 사라졌다고 했다. 중간 계층은 이제 기술의 기능 영역으로 이동했다. 그리고 노동자 세계에는 확실히 균열이 일어났다. 이제는 부두 노동자의 상황과 사실상 기술자 technician라 할 수 있는 고도의 자질을 갖춘 노동자의 상황을 비교할 수는 없다. 프랑스 사회학자 알렝 뚜렌느Alain Touraine는 그들 사이의 주요한 차이에 주목했다. 단순한 실행자인 노동자는 기술에 관한 뛰어난 실제적 지식은 가질 수 있으나, 그는 결코 사회에서 더 높은 단계에는 이르지 못한다. 이론적인 훈련을 받은 기술 전문가만이 높은 지위에 오를 수 있기 때문이다.

기술은 이제 그 실행 단계에서가 아니라 그것의 과학적 토대의 단계에서 알려져야 한다. 이런 변화를 이루지 못한다면, 실용화 단계에서 그것을 개선할 때 빨리 한계에 봉착하게 된다. 실제적인 변화는 이제 과학에 기반을 둔 기술에 의해 이론적 수준에서만 이루어질 수 있다.

다시 말해서, 기술은 우리의 사회 구조를 송두리째 변형시키고 있다. 우리는 또한, 비행기로 날고 텔레비전을 보는 것과 같이 우리의 관습을 변화시킬 뿐 아니라 궁극적으로 우리의 정치적 해석도 변화시키는 현상을 다루고 있다. 어떤 정당들은 아직도 여전히 우리 사회가 지배하는 계급과 가난한 계급 사이의 갈등 상태인 것처럼 행동하고 선전한다. 그들은 이에 따라 부르주아 계층과 노동자 계층 사이의 대립이라는 마르크스의 19세기식 해석을 유지한다. 그러나 이런 전통주의는 거의 한 세기나 뒤처진 것이다.

내가 비참한 사람들이나 지배하는 사람들이 사라졌다고 말하는 것이 아니다. 그런 사람들은 분명히 존재하고 있다. 그러나 이제 권력이 더는 같은 위치에 있지 않다. 이제는 권력이 자본을 소유한 자들의 손에 있지 않다. 나는 다국적 기업을 분석함으로 이 생각을 전개할 수 있다. 우리가 분명히 보는 것처럼, 자본은 여전히 존재한다. 그러나 그것은 이제 자본가의 생각에 따라서라기보다는 기술의 요구에 의해서 조직된다. 오늘날 한때 산업의 기수로 작용할 수 있었던 구실을 하는 자본 소유주는 더는 존재하지 않는다.

기술은 이제 핵심적 현상이자, 하나의 관점으로 등장한다. 나는 이 두 가지 차원과 그들 사이의 차이를 상술해야겠다.

기술은 핵심적 현상이다. 달리 표현하면, 나에게 있어 기술은 정말로 존재하는 실재이다. 내가 기술에 대해 말할 때, 나는 내가 파악한 것을 전달하려 한다. 그리고 수많은 관찰을 토대로, 나는 기술을 하나의 핵심적 현상으로 연구할 수 있다. 그러나 동시에 기술은 지식의 도구이며 과학의 도구이다. 그것은 누군가가 현재 일어나는 일을 이해하고 설명하려 할 때, 자신이 취할 중심적인 관점을 제공한다. 그러므로 기술에는 인식론적 요소와 현실적인 요소 reality element 라는 이중적인 요소가 있다. 우리 사회 내의 모든 현상은 기술의 모방이든지 기술의 영향에 대한 보상이다.

내가 믿기에는, 이 두 가지로 우리 세계의 거의 모든 현실을 분석해 낼 수 있다. 내가 모방이라고 말하는 것은 경영조직 같은 것을 만들어 내는 기술의 즉각적 영향을 의미한다. 컴퓨터가 경영 행위에

도입되면, 우리는 컴퓨터를 모방해서 경영을 재구성해야 한다. 그래서 이것은 직접적으로 결과를 일으키며 모방적 메커니즘을 보여주고 있다. 그러나 동시에 기술 세계에서는 살기가 매우 어려워서, 재구성은 보상compensation 장치를 필요로 한다. 무수한 공상 과학소설들을 한번 생각해 보자. 합리적인 세계라야 할 기술 세계는 아주 차갑고 낯선 세계이다. 순전히 기술적인 환경에서 사람들이 행복할 리가 없다.

우주 속의 우주 비행사는 자발적으로 생활할 수 없는 것처럼, 기술적인 환경에서는 사람들이 자발적인 삶을 누릴 수 없다. 우주 비행사가 우주 공간에서 살아남으려면 철저히 장비가 갖춰져야 하는 것과 마찬가지로, 기술 세계와 같이 엄격하고 합리적이며 차가운 세계에서는 그 누구도 온전히 살아남을 수 없다. 나는 그것이 언제나 불가능하리라고 말하는 것은 아니다. 아마도 사람들은 엄격하고 합리적이며 차가운 세계에 적응할 것이다. 그러나 처음 얼마간은 적응하기 어려울 것이다. 인간 존재는 여전히 비합리적인 존재이다. 인간이란 원래 합리적인 존재이고 모든 비합리적인 것은 억압되어야 한다고 믿었던 것은 18세기와 19세기의 비극적 실수였다.

모든 사람은 얼성, 살, 그리고 피를 가진 존재이고 충동과 욕망을 가진 존재이다. 그러므로 사람이 순전히 합리적인 틀에서 산다면 행복해지기가 불가능하다. 그래서 사람들은 보상을 요구한다. 현대 세계를 특징짓는 아주 많은 요소는 순전히 기술의 영향을 보충해 주는 보상적 요소들이다. 우리는 이런 기술 세계에서 살 수밖에 없다. 그러나 우리는 만족을 줄 만한 것을 다른 데서 찾거나 다른 방식으로 살도록 허용해 주는 것을 찾아야 한다. 이러한 상황은 특히 젊은이들에게 아주 절실한 것으로 느껴지는데, 이는 기술이 내가 우리 시대에 가장 심오한 것으로 여기는 두 가지 결과를 가져왔기 때문이다.

나는 그 두 가지를 '주체에 대한 억압' supression of subject과 '의미에 대한 억압' supression of meaning이라고 부른다. 먼저 '주체에 대한 억압'을 생각해 보자. 기술은 객관화하는 힘이다. 만일 어떤 사람이 자동차 운전을 제대로 배웠다면, 그가 어떤 사람인가 하는 것은 중요하지 않다. 운전자가 누구이든 문제가 되지 않는다. 그러나 주체는 기술의 틀에서 순수한 주체적 환상에 빠져 있을 수만은 없고, 기술이 요구하는 대로 행동해야 한다. 주체를 억압하는 요소는 듣는 것이나 보는 것, 한 인간 존재와 옆에 있는 다른 인간 존재 사이의 신체적 관계를 요구하는 전통적인 인간관계를 변화시킨다. 그 결과 인간관계는 소원해진다. 만약 우리가 낮 동안 무수히 걸려오는 전화와 우리가 한두 사람과 가지는 인격적인 관계를 비교해 본다면, 소원한 관계가 훨씬 더 많음을 알게 될 것이다. 소원한 관계에서는 사실 주체가 없다. 기술은 주체의 억압을 가져온다.

이런 결과는 미셸 푸꼬Michel Foucault와 같이, 아주 쉽게 주체를 포기할 수 있다고 느끼는 많은 프랑스 지식인들에 의해 수용되었다. 그런데 푸꼬Foucault는 아직도 일인칭 대명사를 사용하고 있다. 그는 여전히 '나'를 말한다. 즉 그가 의도하든 의도하지 않든 간에 자신을 주체로 여기는 것이다. 그는 "나는 한다"라든지 "나는 생각한다"라고 말한다. 이것은 "사람들은 생각한다"가 아니다. 이것은 단순한 어떤 사람 또는 어떤 것이 아니다.

달리 말해서 기술이 주체를 억압하게 되는 동안 우리는 전혀 그러한 억압을 체험하지 못한다. 우리는 여전히 우리가 주체라고 느끼면서, 매우 인격적이고 독특한 만남을 원한다. 그 때문에 우리는 기술 환경과 대립해 있는 것이다.

다음으로, '의미에 대한 억압'이 있다. 존재의 목적은 점차로 수단의 지배에 의해 소멸하는 것처럼 보인다. 기술은 수단이 극도로 발전한 것이다. 기술 세계에서 모든 것은 하나의 수단일 뿐이며, 실질적으로 목적은 사라져 버린다. 기술은 어떤 것을 달성하기 위해서 발전하지는 않는다. 그것은 수단의 세계가 발전해 왔기 때문에 발전한다. 기술이 그렇게도 광범위하게 그 힘을 확대시킴에 따라, 존재의 의미, "내가 왜 살아있는가?" 하는 의미에 대한 억압이 생겨난다.

우리는 권력이 언제나 가치와 의미를 파괴한다는 것을 안다. 여기서 나는 권력과 의미 사이의 투쟁에 대한 프리드리히 융어Friedrich Jünger의 주목할 만한 연구를 지적하고자 한다. 막연하나마 권력이 시작된 곳에서는 어디서나 의미는 점점 사라지게 된다. 권력이 우리로 하여금 우리 자신이 되도록 허용할 때에, 우리는 초인이 되지 않고서도 의미를 찾을 수 있다. 또한, 우리는 기술 때문에 생겨나서 인간을 아주 불편하고 불행하게 만드는 이 두 가지의 극도로 역동적인 요소 '주체에 대한 억압' 과 '의미에 대한 억압'를 가지고 있다.

나는 예술이나 종교 또는 정치 등의 몇몇 분야에서, 모방과 보상의 이러한 내적 작용을 보여주고자 한다. 그러려면 기술이 권력의 상황을 완전히 바꿔버린 정치 분야로부터 시작하는 것이 좋을 것이다. 한편으로 나에게 충격을 준 것은 국가에 의한 행동 수단은 엄청나게 증했지만, 이에 따라 정치가의 권력은 놀랄 만큼 감소한 사실이다.

현대 국가는 경영수단, 통신수단, 통제수단, 토지이용 계획이라는 수단, 이제까지의 다른 국가들은 갖지 못한 모든 정보 수단 같은 모든 기술적인 수단들을 장악하고 있다. 그 때문에 우리는 베버가 연구한 것과는 아주 다른 현상을 다루고 있다. 베버는 국가의 성장을 지켜보았음에도 그에게 있어서 국가는 언제나 특정 범주의 정치가의 권력에 종속되었다. 나는 비스마르크Bismarck야말로 궁극적으로 국가의 모형이었다고 말하고 싶다. 그러나 이제는 다시는 비스마르크와 같은 위대한 정치가가 필요하지 않다. 우리는 수단이 증가함으로 인해 정치가의 중요성이 점차 감소하는 것을 볼 수 있다.

정치가는 기술자가 아니고 국가가 이용할 수 있는 수단들을 알지 못하며, 모든 결정에서 기술 전문가가 말하고 또 다른 기술 전문가들인 관료들이 하는 일에 의존하는 사람들이다. 모든 정치가는 우선 기술 전문가 집단이 제공하는 서류들을(서류들은 궁극적으로 기술 전문가가 제안하는 결정을 포함한다) 처리해야 한다. 이것이 정치가들이 늘 하는 결정이다. 일단 결정이 내려지면 다른 기술 전문가들인 경영자들이 그것을 응용해야 한다. 이제 정치가는, 경영자가 아무 말도 없이 아무것도 일어나지 않도록 결정을 막아 버릴 수 있기 때문에, 사소한 역할만을 할 뿐이다. 우리는 자신의 일반적 견해만을 갖는 프랑스 공화국의 대통령의 예를 통해 이것을 아주 구체적으로 살펴볼 수 있다. 그는 어떤 제안을 발의하지만 아무 일도 일어나지 않는다.

국가의 수단 증가와 정치가의 권력 감소를 묘사할 때, 나는 이것이 사회주의 세계와 자본주의 세계 모두에서 일어나는 일을 말하고 있다. 진정으로 이것은 이 두 세계 사이에서 진행 중인 동일화의 요소 중 하나이다. 이런 틀 속에서는 법률도 그 유효성과 중요성을 완전히 잃어간다고 할 수 있다. 법률은 경영과 조직을 위한 기술적 고안물이 되어가고 있다. 다시 말해 법률은 더는 정의를 실행하는 것에 목표를 두지 않는다. 오늘날의 법률은 경영자와 국가의 수중에 있는 도구일 뿐이다. 즉 사회를 경영하고 조직하기 위한 추상적 도구일 뿐이다.

우리는 종종 법률 규칙을 초월하여 활동하고 행동하고 나서, 그것을 합법화하는 법적 결정을 내리는 통치자의 모습을 보게 된다. 달리 말하면 법률이 더는 통치자가 지키고 적용하도록 미리 만들어지지 않는다는 것이다. 여기에서 우리는 확실히 의미의 상실에 직면한다. 법률은 더는 의미가 없다. 그리고 이와 함께 정치가가 한때 주체였으므로 주체의 소멸이 일어난다. 두 세기간의 유럽 역사에서 위대한 개인들은 모든 역사를 만들었다. 그러나 오늘날 이것이 더는 사실이 아니다. 역사는 국가라는 거대한 기계 장치와 서로 결합하거나 대립하는, 그래서 전적으로 주체의 권한을 벗어나 있는 사회적 힘들에 의해 만들어진다.

한마디로 우리는 국가의 관료적이고 기술 지배적인 권력에 의한 기술의 모방을 확인하고 있다. 그리고 우리는 정치가의 말에서 보상을 확인할 수 있다. 우리는 언제나 상황에 대한 책임이 우리에게 있다고 생각하기 때문에, 정치가의 연설은 아주 중요하며 마음을 사로잡게 된다. 우리가 정치가에게 귀를 기울일 때, 우리는 들은 것에 동의하거나 반대하면서 저울질해 본다. 그러나 우리는 일어나는 실재 reality를 보는 대신 무대에서 우리에게 "내가 그 상황을 책임지고 있다"고 말하는 사람에게 만족하거나, 그가 그 상황에 책임이 없다고 주장한다. 어떤 식으로든 우리는 우리 앞에 한 주체가 있고 우리는 주체들이라고 느낀다. 그것이 우리가 정치가의 권력과 우리 자신의 권력 부재를 보충하는 방식이다. 사실, 기술의 증대와 관련해 정치가는 전혀 수단을 갖지 못한다. 그들은 우리 사회를 위해 단순히 다른 쪽으로의 방향 제시조차도 해줄 수 없다.

이상이 하나의 간단한 예이다. 두 번째 예는 예술 영역에서의 모방과 보상의 이중 작용뿐만 아니라 의미와 주체의 상실에 의해 내가 의미하려는 것을 보여줄 것이다.

현대 예술은 이와 같은 기술 영향의 특징을 완벽하게 보여준다. 그것은 예술가가 창조하는 것에서뿐만 아니라, 현대 예술비평가의 설명에서 나타나는 특징이다. 더는 주제가 없다. 우리는 회화에 대한 모든 이론을 알고 있다. 이제 우리는 형태와 색의 얼룩splotch을 알고 있다. 그러나 이것은 아무것도 의미하지 않는다. 전혀 주제가 없다.

소설도 마찬가지이다. 프랑스에서 누보 로망nouveau roman으로 알려진 것에서 주체는 다음과 같은 의미에서 억압된다. 이제 소설에는 이야기의 줄거리가 없다. 소설에서 하나의 이야기를 하는 것은 완전히 퇴행적인 것으로 여겨진다. 더는 이야기를 하지도 않으며 등장인물도 없다. 그래서 우리는 "나, 너, 그"를 제외하면 아무것도 남지 않는 소설에 아주 놀라게 된다. 우리는 '나', '너', '그'가 누구인지 결코 알지 못한다. 완전히 혼동된 문장들만 있고, 무엇이 누구를 가리키는 것인지 알 수 없다. 따라서 우리는 기술과 주체의 억압을 반영하는 예술 표현을 다루는 것이다.

컴퓨터를 이용해서 그림을 그리는 방법을 설명해 주는, 현대예술에 대한 고찰을 담은 어떤 책은 컴퓨터가 그린 복사본 그림과 칸딘스키Kandinsky가 그린 그림을 보여주었다. 작자는 "여기서 누가 예술가인가, 컴퓨터인가 칸딘스키인가?"라고 물었다. 일방적으로 답하는 것은 불가능했다. 거기에서는 컴퓨터가 실제적이고 믿을 만한 그림을 그릴 수 있다는 것을 확인할 수 있다고 쓰여 있었다. 그러나 나는 이것이 단순히 칸딘스키가 컴퓨터처럼 그린다는 것을 의미한다고 말하고 싶다. 그것이 전부이다. 그것은 컴퓨터가 칸딘스키처럼 그린다는 것을 의미하지는 않는다. 다른 말로 하면, 화가는 기술에서 배운다. 그는 도구에서 배우며 주체를 억압함으로써 재생산한다.

이런 과정은 과거 예술적 창작이었던 것과는 완전히 다르다. 이제 우리는 진정으로 예술에 의한 기술의 재생산을 맞이하게 된다. 이와 마찬가지로 의미의 억압도 있다. 특히 언어학, 무엇보다도 구조주의 언어학에서 우리는 본문의 의미를 찾아서는 안 된다는 것을 얼마나 자주 읽어왔던가. 한 본문은 단순히 존재할 뿐이다. 흰 종이 위에 검은 형태가 있고, 우리는 있는 그대로 그 본문을 읽어야 한다. 우리는 본문의 구조를 알아야 할 뿐 그것이 어떤 의미가 있었는지에 대해서는 관심이 없다.

주목할 만한 것은, 언어에는 의미가 없고 단지 구조만 있다는 것을 완전히 인정하는 특정 범주의 예술가들과 지식인들이 있다는 것이다. 매우 최근에 발표한 글에서 한 현대 언어학자는 실제로 말한다.

"우리가 '빵 좀 건네 주십시오'라고 말할 때 자연히 이 문장은 의미가 있다. 그러나 이것은 단지 언어의 특이하고 드문 용례이기 때문에 별로 중요하지 않다." 그러나 나는 이것이 언어의 관용적 용례라고 생각한다. 현대시에서의 언어의 구조적 사용은 표준적이고 관례적인 용례인 것처럼 보이지는 않는다. 이런 예는 의미의 억압을 다시 보여주며, 여기서 또한, 기술에서 일어나는 것을 모방하려는 경향을 보여준다.

그러나 또한, 보상이 있다. 차가운 그림이나 추상성에서만 머무는 것은 불가능하다. 컴퓨터 음악만을 듣는 것은 가능하지 않다. 그래서 우리는 반대 방향으로 떠나려고 한다. 우리는 우리가 사는 기술 환경을 보충하기 위해 팝 음악으로 돌진한다. 우리는 한 가지 보상으로서, 완전한 성 개방으로 나아간다. 에로틱한 장면은 너무나 복잡한 기술적 광경에 대한 보상이다. 그래서 현대 예술은, 주체와 의미의 억압이라는 면에서, 두 방향을 가지고 있다. 그것은 기술의 순수하고 단순한 재생산과 기술 그 자체의 보상이다.

보상에 대한 나의 마지막 예는 오늘날 세계의 거의 모든 종교 현상들과 관련이 있다. 우리는 종교 현상이 급격히 발전했다는 것을 알고 있다. 기독교의 예를 든다면 기독교의 발전은 성령에게서 온 것이라고 믿지 않는다. 그것은 기술의 조명 아래 순전히 사회학적 관점에서 잘 이해될 수 있다. 기술 사회에서의 우리의 삶은 극도로 좌절감을 주는 것이며 매우 고통스러운 것이다. 그래서 우리는 거기서 탈출해야 한다. 종교는 탈출 수단으로 등장한다. 우리 자신이 완전히 분리될 수 있는 영성주의spiritualism나 극도로 열광적이고 강렬한 경건주의 형태를 띠게 된 이유는 바로 종교가 탈출의 수단이기 때문이다. 기술이 물질세계를 지배하게 되었고 우리는 물질세계에 굴복하게 되었다. 그러나 우리는 종교적 탈출, 영적 탈출의 길로 보상을 받을 수 있다.

　이것이 마르크스가 종교를 민중의 아편이라 부르고, 종교의 기능은 피착취자에 대한 자본주의의 지배를 지속하도록 하는 것이며, 피착취자들로 하여금 천국에서는 자유를 누리게 될 것이며 더는 착취받지 않을 것이라고 믿게 하는 것이라고 말했을 때 그가 의미했던 것이다. 물론 이제 그 등장인물들은 변화했다. 그것은 이제 자본가도 노동자도 아니다. 현상이 완전히 달라졌으며 더욱 추상적으로 되었다. 한편에서는 기술 조직이 있고 다른 편에서는 인간 존재가 있다. 종교는 여기서 같은 구실을 한다. 분명히 이란에서 일어난 일은 샤Shah,이란 국왕의 존칭에 의한 지나치게 잔혹하고 매우 급속한 기술화에 대한 보상이다. 사람들은 이 갑작스런 변혁을 지탱할 수 없었기 때문에 신비주의로 도피하게 되었다.

　기술과 관련해서 내가 논의해 온 모든 것이 기본적으로 이론적이지는 않다는 것을 상세히 말하고자 한다. 그것들은 본질적으로 마르크스가 언급한 우리 사회의 하부구조라고 여기는 것에 대한 관측들이다. 이러한 인식들을 토대로 나는 이론적 노력으로 전체적인 해석을 전개해 왔다. 나는 하나의 이론을 세웠는데, 이는 내가 보기에 내가 관측해 왔던 것에 대해 형식화하고 설명한 것에 불과하다. 어느 면으로나 이것은 폐쇄된 체계가 아니다. 나는 내가 인지한 어떠한 새로운 사실에도 관심을 둬야 한다. 그런 다음 나는 본래의 체계에서 몇 가지 요소를 바꾸어야 한다. 이 점에서 다시 한번, 나는 내가 마르크스의 생각에 꽤 충실하다고 생각하는데, 그는 1871년 꼬뮌commune과 같은 경제적, 정치적 사건에 부응해서 자신의 이론적 논리를 계속해서 재고해 왔다.

예를 들어 1968년의 사건들과 히피 운동의 전개로 말미암아, 나는 인류에 대한 기술의 영향에 관한 결론 중 상당히 많은 부분을 고치게 되었다. 나는 1968년 이전에는 그 이후보다 더 비관적이었다고 말할 수 있다. 나는 우리가 기술 체계에 갇혀 있어서 더는 끌어들일 자원이 없다고 생각하곤 했다. 그러나 1968년에 일어난 사건들은 새로운 길을 열어 주었고 진정 우리가 조건 지워지지 않았음을 보여 주었다.

마찬가지로 유럽과 미국에서의 종교운동과는 아주 다른 소련에서의 종교운동은, 사람들을 다듬으려고 어떠한 기술적 방법들이 이용되었더라도, 그들은 심리학적으로 조건 지워졌다는 것을 보여 준다. 이것은 나로 하여금 내 판단의 상당수를 조정하도록 했다.

본질적인 더욱 새로운 현상은 컴퓨터의 확산이다. 컴퓨터가 아주 특별하고 부분적인 현상인 한, 그것은 기술 사회에 대한 연구에서 핵심적일 수는 없다. 그러나 이제 컴퓨터가 이전의 어떠한 기술들과는 달리 여기저기서 눈에 보이는 결과들을 내기 때문에 기술 세계에 대한 나의 이론의 상당 부분을 재고해야 한다.

다른 말로 하자면, 나의 이론은 끝이 열려 있다. 컴퓨터는 언제나 기술 세계의 일부분이었다. 그러나 그 광범위한 응용은 이 세계의 기능을 바꾸어 왔으며, 이것은 내가 몇 년 전부터 분석하기 시작한 것이었다.

물론 나의 이론은, 그것이 나로 하여금 특정한 사실들을 해석하도록 해 준다는 점에서 일반적인 이론이다. 나는 한 이론이 더욱더 많은 사실을 설명할수록, 그것은 더욱 타당해진다고 말하고자 한다.

가능한 한 우리 세계에서 발생하는 모든 것에 세심하게 주의하면서, 기술에 대한 나의 이론-하나의 체계로서의 기술에 대한 나의 분석은, 현대의 현상 대부분을 포괄하려 하는 고전 마르크스주의 등 오늘날의 대부분의 다른 이론들보다 더욱 많은 사실을 이해하는 데 이바지한다.

내 이론은 나의 원리를 유지하기 위해서 사실을 변경시킬 필요가 없다는 점에서 더욱 진지한 해석의 수단이다. 실제로 내가 구성한 이론은 나로 하여금 많은 사실을 확증하도록 해준다. 그것이 스스로 발전하려는 경향을 보이는 범주 안에서라면 나는 점점 더 많은 사실을 종합할 수 있다고 생각한다.

마지막으로, 나는 내가 형이상학적 이론이나 형이상학적 체계를 제시하지는 않았다는 점을 말해야겠다. 나는 오늘의 세계에서 일어나는 실재 사실의 수준에만 머물러 있다.

셋, 현재와 미래

우리는 매일매일
지루하고 반복적인 일만을 하면서
시간을 보내고 있기 때문에
하루종일 직장에서 스트레스를 받고 산다.
그런데 그 스트레스를 풀 수 있는
현대인들의 휴식 방법이란
집에 와서 텔레비전을 보는 정도일 뿐이다.

현재와 미래

조르쥬 프리드만Georges Friedmann을 포함한 많은 프랑스 사회학자들은, 기술은 우리가 사는 새로운 환경이라고 확신한다. 그러나 일반적으로 그들 중 누구도 이러한 현상을 분석하지는 않았고, 이러한 관찰로부터 어떠한 추론도 이끌어 내지 않았다. 나는 하나의 환경으로서 이러한 기술 문제를 전개하였고, 우리가 사는 환경에 대한 경험에 근거하여 처음으로 기술을 해석했다.

원칙적으로 이 환경은, 도시라는 완전히 인위적인 세계이다. 도시에는 인간을 제외하면 살아있는 존재란 거의 없다. 간단히 말해서 우리는 완전히 죽은 환경, 우리가 오랫동안 살아왔던 자연환경을 대신해서 기술로 만들어진 유리, 강철, 시멘트, 콘크리트로 된 환경 속에서 살고 있다.

우리가 휴가를 갈 때처럼, 도시인들은 자연과 접촉하는 것이 완전히 우연적이고 아주 하찮은 것이다. 도시인들은 휴일을 즐길 때도 인위적인 환경을 보전하려 한다. 우리는 텔레비전과 라디오 같은 수많은 가전제품에 둘러쌓여 휴가를 보내는 사람들을 흔히 볼 수 있다. 그들은 심지어 자연과 접촉하고 있을 때에도 기술 환경을 조성하려고 한다.

하지만, 우리는 이러한 환경의 의미에 대해 자신을 스스로 기만해서는 안 된다. 환경이란 정말 무엇인가? 사실 이 분야에 대한 연구들은 거의 없지만 나는 환경이란 사람이 사는 장소일 뿐만 아니라, 그곳으로부터 생존 수단을 획득할 수 있는 장소라고 생각한다.

물론 이것은 매우 단순하다. 그러나 동시에 그 환경은 사람을 위험에 직면하게도 한다. 환경은 인간의 생활을 가능하게 해주면서 변화를 강요하기도 하고, 환경 그 자체로부터 많은 문제가 생겨나기 때문에 우리로 하여금 우리의 정체성을 변화시키기도 한다.

나는 살아있는 유기체는 완전히 환경에 적응하는 일은 없다고 생각한다. 그래서 나는 모든 피조물을 위하여 환경을 규정하게 되었다. 우리는 몇몇 동물들이 변화된 환경에 적응하지 못해서 멸종했다는 사실을 알고 있다. 비록 처음에는 적응했을지 모르지만, 그들은 이내 적응하지 못하게 되었다.

우리는 우리가 사는 환경에 의해 야기된 다양한 위기들을 극복하는 데 성공해 왔다. 그러므로 우리는 이 두 가지 요소를 정확히 지적해야 한다. 환경은 살아나갈 수단들을 제공해 주는 동시에 문제와 위험도 유발한다.

우리가 항상 살아왔던 환경이 기술적 환경으로 변화됨에 따라 더욱 근본적인 결과들이 생겨났다. 완전히 새로운 이론, 즉 세 가지 환경들에 대한 이론이 있어야 한다는 점에서, 나는 그것을 근본적인 결과라고 생각한다.

왜냐하면, 우리가 자연적 환경으로부터 기술적 환경으로 곧장 넘어온 것은 아니기 때문이다. 실제로 우리는 두 가지가 아닌 세 가지의 연속적인 환경들, 즉 자연적 환경과 사회적 환경과 오늘날의 기술적 환경을 알고 있다.

자연적 환경natural milieu은 아직 조직화한 사회도 없고 자연과의 직접적인 접촉이 지속하던 선사시대의 환경이었다. 이것은 사실 직접적인 접촉이었으며, 그래서 전통적인 의미에서 그 어떤 것도 인간 집단과 자연 사이의 중간 단계로 개입하거나 도움을 주지 못했다. 자연은 사냥과 채집으로 살아가는 인간에게 식량을 제공해 주었다. 또한, 자연은 독의 위험, 야생 동물들의 위험, 그리고 벌거벗음의 위험뿐만 아니라 식량부족과 같은 근본적인 위험들을 인간에게 주었다. 이것은 우리가 매우 우연한 것으로 생각한 첫 번째 환경이었다.

그러나 인간은 이러한 자연적 환경에 대항하여 자신을 스스로 보호할 방법을 찾아내어 이를 최대한 이용했다. 그리고 자신과 자연을 매개하는, 사회라는 새로운 수단에 의지해서 자신을 스스로 보호했다.

인간 사회의 형성은 전통적으로 역사 시기라고 알려진 시기와 함께 출현했다. 역사는 자연적 환경의 존재가 아니라 사회적 환경의 존재와 연결되어 있다. 사회가 형성되면서 인류는 점차 더 강하게 되었다. 인간 집단은 점차로 자연적 환경을 지배하면서 그것을 최대한 이용하는 조직된 집단이 되었다.

내가 '사회 시기' social period라 부르는 것은 인간이 사회 속에서 집단을 이루고 기술을 이용하면서 자연에 대항하여 어느 정도 자신을 보호하고 자연을 길들이는 데 성공한 약 7천 년 전에 시작된 역사 시기를 말한다. 이 시기에 사회는 자연과 가깝게 접촉하여 생존한 인류를 위한 자연적 환경이었다. 그 당시 도시와 국가 사이에는 균형이 있었다. 기술들은 다만 수단과 도구들이었다. 그들은 침략적이지 않았다. 크게 문제가 되는 것은 어떤 정치 형태를 채택할 것인가 하는 것과, 노동과 부의 분배, 정보의 배포, 그리고 집단들 사이의 응집력 유지와 같은 사회조직 내의 문제였다. 그러므로 사회는 인간을 생활하게 해 주는 동시에 문제를 일으키는 환경이었다.

사회는 우리로 하여금 그 속에서 생활하도록 해주었지만, 우리에게 위험을 가져다주는 것으로 변하였다. 오늘날 중요한 위험은 전쟁인데, 그 이유는 그것이 사회의 발명품이기 때문이다. 사회적 환경에서 생활하는 사람들도 어느 정도는 자연 가운데 남아있기 때문에, 사회적 환경은 여전히 자연적 환경과 같아 보인다. 역사 시기를 통해, 사회적 환경은 자연적 환경과 우리가 오늘날 기술적 환경이라 아는 것 사이의 중간 시기를 이룬다.

세 번째 환경인 기술적 환경 techonokogical milieu은 실제로 사회를 대신했다. 자연의 정보와 사실들은 기술에 의해 사용되거나 중재되고, 인간은 기술에 의해 자연으로부터 소외될 뿐만 아니라, 사회와 관계하는 것 역시 기술에 의해서 중재되고 형성되었다. 요약하면 오늘날 사회의 중요성은 기술의 중요성보다 훨씬 덜하다.

물론 내가 인간의 이러한 세 가지의 연속적인 환경들에 대해 말할 때, 새로운 환경이 출현하여 그전의 환경을 제거하거나 파괴한다고 말하는 것은 확실히 아니다. 인간이 스스로 사회를 조직할 때라도 그들은 여전히 자연적 환경과 접촉하고 있다. 사회는 자연의 수단들을 가장 잘 이용하고 자연적 환경의 단점들을 가장 잘 모면할 수 있는 수단이다. 마찬가지로 기술이 자연이나 사회를 억압하는 것이 아니라 오히려 그것들을 중재하고 있다. 집단을 이루어 자연을 초월하여 사는 사람들이 있는 사회에 의해 자연이 매개된다. 오늘날의 기술은 사회와 자연 모두를 매개하고 있다.

물론 자연이든지 사회이든지 간에 각각에 선행하는 요소는 어느 정도 소멸한다. 그러나 위험은 여전히 존재한다. 예를 들면, 자연적 전염병의 위험들은 사회적 환경 내에서도 여전히 존재하고 있다. 그러나 전염병들은 사회에 내재하여 있는 위험들보다 더 심각한 문제는 아니다. 마찬가지로 우리가 오늘날 사는 환경이 기술적 환경임에도, 여전히 자연적 위험들과 사회적 위험들이 존재하고 있다.

오늘날에도 여전히 태풍과 지진의 위험이 있으며 전쟁과 독재자들이 있다. 그러나 실제로 모든 것은 이미 쓸모없는 것이 되었고, 새로운 환경의 출현에 의해서 두 번째 단계에 놓이게 되었다. 달리 말해서, 그전 단계의 폐기된 환경이 제기한 문제들은 더는 본질적이거나 근본적인 문제들이 아니란 말이다.

인류가 사회 안에서 조직화하였을 때, 그들의 근본적인 문제들은 바로 사회조직, 다양한 사회들 사이의 관계, 정치력의 증대, 그리고 정치적 세력의 통제였다. 이러한 문제들은 자연적 환경에 관한 문제들보다 훨씬 더 중요한 것이었다.

오늘날 기술적 현상즉 기술의 긍정적이며 부정적인 면들이나 우리를 위험에 처하게 하고 우리의 힘을 증가시키기도 하는 것들은, 사회 그 자체가 일으킨 문제들보다 훨씬 중요하다. 그러므로 우리는 마침내 다음과 같은 결론에 도달하게 된다. 우리가 오늘날 직면하는 순수히 정치적인 문제들은 이제 완전히 쓸모없는 문제가 되었다. 이러한 것들은 고대의 문제들이다. 역사 시기에는 매우 많은 순수한 자연적 문제들보다는 정치적인 문제들을 해결하는 것이 훨씬 더 중요했다. 그러나 오늘날에는 기술로부터 발생하는 어려움과 위험들을 해결하는 것이 순전히 정치적인 문제들이나 선거 문제들, 그리고 민주적이냐 아니냐에 대한 질문보다 더 중요하고 결정적이다.

물론 사회가 자연의 수단을 채택하여 활용하듯이 기술 또한, 사회의 수단을 채택하여 활용한다. 그러므로 기술은 정치적인 문제들을 악화시킨다. 정치권력은 오늘날 오래된 정치적 권위들이 가지고 있던 어떠한 세력도 훨씬 능가하는 기술적 구조들의 손아귀에 쥐어져 있다. 그러나 이것이 더는 정치적인 문제가 아니다. 어떤 정권이든지 간에, 그 안은 기술적 구조로 되어 있다. 문제는 확실히 기술적인 문제이다.

그래서 기술은 하나의 환경이 되었다. 그러나 기술은 환경을 초월하여 하나의 체계가 되었다. 나는 체계system란 용어를 루드비히 폰 버틀란피Ludwing von Berthalanffy 이래로 관습적이 된 의미로 사용하고 있다. 즉 각각의 용어로 자리를 잡은 채 서로에게 반응하는 상호 연관된 요소들의 총체라는 의미로 사용한다. 한편, 체계 내의 모든 요소는 단지 전체에 의해서만 또는 체계에 의해서만 이해된다. 전체적인 변화는 통합된 각 부분에 영향을 미치고, 반대로 각 요소에서의 변화는 전체에 영향을 미치게 된다.

내가 느끼기에 이것은 기술에 대한 새로운 관점인데, 그것은 내가 이미 지적했던 것과 같이 다음과 같은 어려움을 가지고 있다. 내가 기술을 하나의 체계라고 간주할 때, 나는 두 가지 다른 것들을 의미하고 있다.

첫째, 기술이 사실상 하나의 체계가 되었다는 것이다. 이것은 각각의 개별적인 기술이 실제로 하나의 전체로 통합되는 것을 의미하며, 각각의 기술 자료는 이러한 전체성에서 이해되어야 한다. 그러므로 많은 기술로 이루어진 하나의 체계가 존재한다.

둘째, 내가 기술이 하나의 체계라고 말할 때, 그것은 철학적이고 사회학적으로 사용된 '체계'라는 개념이 현재 일어나는 일을 기술적으로 해석하는 수단임을 의미한다.

그것은 우리로 하여금 기술을 더 잘 알고 이해할 수 있도록 해주는 인식론적 도구이다. 그러므로 '체계'라는 용어는 이해의 도구라는 것을 보여 준다.

한 체계로서 기술에 대한 이러한 해석은 엄청난 결과들을 가져온다. 나는 단지 두 가지만 언급하고자 한다.

우선, 체계로서의 기술은 그 자신의 규칙과 논리를 따른다. 달리 표현하면, 우리는 기술의 자율성과 기술 그 자체의 종결을 다루고 있다. 기술에 대한 외적인 조치경제적이거나 정치적인 조치나 개입의 가능성은 거의 없다. 더욱이 기술은 도덕이나 정치와 같은 것과 관련해서도 자율적이다.

다른 한편 기술은 자기 증대self-augmentation 과정과 연결되어 있다.

기술은 스스로 이유나 인과율들을 가지고 자신을 증대시킨다.

우리는 분명히 기술 환경이나 기술 체계와 충돌하는 사람이, 기술의 주인이 아닌 도구로서 어느 정도로 개입할 수 있는지를 길게 설명을 해야만 한다. 기술은 기술 자신의 증대력을 지니고 있는데 이것은 기술이 가진 고유한 본질이다.

여기서 우리는 확실한 어려움에 직면하게 된다. 기술 체계는 기술의 본질적인 규칙들에 따라 진전될 뿐만 아니라 자율적인 조직화 과정이 거기에 존재하고 있다. 그러나 동시에 이것은 끊임없는 인간의 결정과 개입에 의해서 발생한다. 내가 체계가 자율적이라고 말할 때, 인간의 개입 없이 자신을 스스로 지배할 수 있고 재생산할 수 있는 자율을 의미하는 것은 아니다. 이 말은 누가 결정하고 누가 행동해야 하는가를 결정하는 것이 기술이라는 것이다.

허락된 유일한 행동과 결정들은 기술의 향상을 증대시키는 것들이다. 휴식은 거부되고 재빨리 잊힌다. 결정을 내리는 사람들은 유미주의자, 회의론자, 비평가들이 아니며, 강요로부터 자유로운 사람도 아니다. 그들은 어린 시절부터 기술에 익숙해 있었던 사람들이다. 그들은 기술만이 중요하고 단지 진보적인 사상만이 유효하다고 생각하며, 자신들의 직업과 여가를 위해 기술들을 습득한다. 이런 식으로 그들의 결정은 항상 기술의 자율성을 지지한다.

여기서 우리는 하나의 문제에 직면한다. 여느 체계와 같이 기술에도 자기 규제self-regulation, 즉 피드백feed back이 있어야 한다. 그런데 기술은 전혀 그런 종류의 것을 가지고 있지 않다. 만약 누가 기술자들이 부정적인 영향을 끼치는 것을 목격한다면, 그는 잘못된 것을 고쳐야 할 뿐 아니라 관련된 기술들의 근원으로 돌아가서, 밑바닥에 서말하자면, 화학 비료들, 또는 어느 정도의 작업 수단들이나 화학적 산물들 기술들의 적용을 변경해야 한다.

그러나 기술 체계에서는 이러한 행위가 절대 수용되지 않는다. 오히려 우리는 문제들을 '고치기' 위해 새로운 기술들을 만들어 내기보다는, 문제들이 완전히 드러나지 않았다는 구실로 결점과 위험들이 더욱 노출되도록 내버려 두는 것을 더 좋아한다. 사실, 이것은 확실히 긍정적으로 피드백을 해야 한다. 기술 체계에서는 어떤 종류의 자기 규제도 없다. 이는 기술이 체계가 아니라는 말이 아니다. 그러나 그것은 우리의 수중에서 사라져 버린 체계 즉 스스로 자신을 규제할 수 없는 체계에 직면하게 된다는 것을 의미한다. 그러므로 기술 체계에서는 합리성을 기대할 수 없는데, 이것은 우리가 믿는 것에 반대되는 것이다. 이것은 주요 위험, 즉 우리가 체계 안에서 스스로에 대하여 생각할 때의 주요 질문이 될 것이다. 그것이야말로 첫 번째 결과물들이다.

두 번째의 결과물은 우리가 일반적으로 행동하는 것과는 달리, 우리가 더는 기술 그 자체를 이해할 수 없다는 것이다. 기술은 전체와 관련해서만 존재하기 때문에 그 자체로 이해될 수 없다. 텔레비전을 생각할 때, 우리는 그 예를 항상 보게 된다. 사람들은 "텔레비전의 영향은 무엇인가? 사람이 텔레비전의 영향에서 벗어날 수 있을까? 우리가 텔레비전을 다스릴 수 있을까?"라는 질문을 한다.

그 반응은 항상 완전히 초보적이다. "그러나 나는 텔레비전에 전혀 중독되지 않았습니다. 나는 내가 원할 때면 언제든지 텔레비전을 끌 수가 있습니다. 나는 완전히 자유롭습니다"라고 말한다. 우리는 텔레비전이, 체계에서 독립적인 것과 같이 그리고 마치 분리된 현상인 것처럼 반응한다. 자동차에도 마찬가지다. 학자들은 비록 자동차가 기술적 체계, 즉 매우 복잡한 기술 체계의 일부분 안에 자리 잡고 있지 않는 것처럼 개인이나 전체 사회에 대한 자동차의 영향력을 연구한다.

그러나 만약 우리가 텔레비전을 이해하려고 한다면, 텔레비전을 기술 체계 안에서 평가해야 한다. 즉 텔레비전의 광고에서 내가 생활하는 세계가 점차 시각적 세계로 변하고 있다는 사실과, 내가 보는 이미지만이 실재와 상응하고 나 자신이 사는 세계가 확대되는 소비지향주의를 매개로 하여 지속적으로 발전하고 있다는 것을 계속 알게 된다는 사실과 관련하여, 우리는 기술 체계 안에서 텔레비전을 평가해야 한다.

이것은 내가 속해 있는 집단이 나에게 어떤 일이 일어나고 있는지를 알도록 요구하는 것과 같은 세계이다. 나는 텔레비전을 보거나 보지 않는 것에 대하여 결코 자유롭지 못하다. 왜냐하면, 내가 내일 아침에 만나게 될 사람들은 나에게 이러이러한 텔레비전 프로에 대하여 이야기할 것이고, 나는 스스로 집단에서 외톨이로 남아있기를 원하지 않기 때문이다.

마찬가지로 나는 기술적 기능이 상당한 양의 지식을 요구하는 세계의 일부분에 속해 있다. 만약 내가 상당량의 지식을 소유하고 있지 않다면, 어떤 환경이나 직장에 들어갈 수 없을 것이다. 그리고 이 지식의 상당히 많은 부분이 텔레비전을 통해서 나에게 전달된다. 그러므로 나는 사실상 텔레비전으로부터 독립되어 있지 않다. 나는 텔레비전과 함께 기술 사회 속에 통합되어 있기 때문에 선택과 결정들에서 절대로 벗어나지 못하다.

　당연히 나는 어떤 영화나 프로그램을 보지 않기로 할 수 있다. 그러나 정말로 그렇게 결정할 수 있다고 확신할 수 있을까? 우리는 매우 지루하고 반복적이며 절대로 흥미진진하지도 않은 일반적인 직장에서 일하면서 하루를 보내고 있다. 온종일 내가 겪었던 정신적 긴장의 축적물을 없애고 휴식하기 위해 우리는 저녁에 무엇을 할 수 있을까? 그것은 바로 텔레비전을 보는 것이다. 그러므로 이 말은 하루를 끝내는 보상으로 텔레비전을 본다는 뜻이다. 그리고 이것은 이러한 환경 속에서 사는 우리의 생활에 의해 야기된 것이다.

　따라서 텔레비전과 관련해서 나는 절대적으로 자유롭지 못하다. 그리고 고립된 현상으로 텔레비전의 영향을 이해하려는 노력은 소용없다. 진정한 문제는 기술 사회 내에서의 인간의 상황이다.

　나는 체계에는 규제가 없다는 것을 이미 언급했다. 이렇게 스스로 자기를 규제하지 못하는 특성과 함께 기술의 또 다른 특징, 즉 기술의 양면성ambivalance은 앞으로 일어날 일을 정확히 예측하지 못하게 한다. 이러한 사실은 항상 우리에게 미래에 대한 두 가지 가설만을 헉슬리의 멋진 신세계나, 공상 과학소설이나 로마클럽(지구의 유한성에 문제의식을 가지고 모인 유럽의 경영자,과학자등의 모임으로 자원의 고갈, 환경오염등 인류의 위기에 대해 경고하고 조언함)에 의해 예견된 재난들 남겨준다. 이 두 가지 가능성은 모두 예측 가능하다.

　사실 모든 것이 규격화된 헉슬리Huxley의 멋진 신세계는, 내가 나중에 설명하겠지만 절대로 불가능하다. 또 한편 기술 세계에 대한 정확한 과학적 예고들이 나에게는 그릇된 것처럼 보이기 때문에, 로

마클럽에 의해서 예언된 재난들도 동일하게 개연성이 없는 것으로 생각된다. 기술 체계가 자기 규제를 하지 못하기 때문에 그것들은 잘못되었으며, 우리는 실제적 발전들을 예측할 만한 능력이 없다.

그래서 기술은 다른 것들과 결합한 긍정적이거나 부정적인 결과들을 산출한다는 기술의 양면성이 존재한다. 인간이 이 두 결과를 분리할 수 있다고 생각하는 것, 또는 부정적인 결과들은 억누르고 긍정적인 결과들은 계속 간직할 수 있다고 주장하는 것은 극히 단순하고도 유치하다.

불행하게도 사실은 그렇지 않다. 핵에너지가 개발되기 시작하였을 때, "우리가 할 수 있는 일은 핵무기 제조를 그만두고 핵에너지를 생산하는 것입니다. 그러면 모든 것이 괜찮아질 거예요. 우리는 평화주의자들이 될 것입니다"라고 단순하게 말했던 것이 기억난다.

그러나 우리는 핵발전소의 개발이 심지어 다른 위험을 가져다주며, 궁극적으로는 그러한 모든 발전소는 잠정적인 핵폭탄이 될 것이라는 것을 알고 있다.

그러므로 그 영향들은 결코 분리될 수 없다. 화학 생산물을 생각할 때, 화학자들은 우리가 그 몇 가지 결과를 아는 생산물을 만들어 내고 있다는 사실을 염두에 두어야 한다. 그러나 부작용은 오랜 기간이 지난 다음에야 드러날 것이다. 우리는 그러한 결과들을 미리 알 수 없다. 비료나 의약품 등도 마찬가지이다.

그래서 기술의 긍정적인 결과들과 부정적인 결과들은 밀접하고 교묘하게 상호 연관되어 있다. 우리는 모든 기술적 진보가, 우리가 일반적으로 거의 알지 못하는 긍정적인 결과와 부정적인 결과를 모두 증대시킨다고 말할 수 있다. 그러므로 예측할 수 없다는 한계 때문에 나는 헉슬리나 로마클럽을 지지할 수 없다고 말하고 싶다. 어떤 과학적 예상도 확실한 것 같지 않다.

우리는 기술이 과거 30년 동안 발전해 온 비율로 혁신에 혁신을 거듭하여 발전을 지속할 것이라고 말할 수는 없으며, 오히려 그 반대로 기술적 침체라는 정지 기간으로 방향을 선회하고 있는데, 이는 확실히 우리에게 많은 지연의 시간을 주게 될 것이다. 확실히 헉슬리의 작품이나 로마클럽의 작품 같은 경고의 목소리는 우리로 하여금 경각심을 갖도록 해주고, 앞에 놓인 몇몇 가능성에 대해서 우리에게 경고하려는 의미인 것이 분명하다. 하지만, 우리는 어떤 가능성이 정말로 발생할 것인지를 말할 방법은 없다.

그럼에도, 한 가지는 절대적으로 확실하다. 그것은 기술 체계의 발전과 사회와 인류 사이에 차이와 대립이 존재한다는 것이다.

사람들은 우리 사회를 기술 사회라고 하는데, 나 자신도 그렇게 생각해 왔다. 하지만, 이것은 사회가 기술에 의해 확실하게 형태 지어졌거나 완전히 조직되었다는 것을 의미하지는 않는다.

그것이 의미하는 것은 기술은 사회 내의 지배적인 요소이며 결정적인 요소라는 점인데, 헉슬리의 멋진 신세계와는 전적으로 다른 것이다.

사회는 많은 다른 요소들로 구성되어 있다. 경제적 요소들과 정치적 요소들이 있다. 내가 말했던 것처럼 인간은 불합리한 요소를 가지고 있다. 그러므로 불합리하고 임의적 존재인 인류는 기술이나 사회에 부적합하다. 그리고 인류는 이데올로기들에 길들어 있으며 역사적이며 과거의 결과로 존재한다. 그리고 민족주의라는 감정적 세계에서 존재하는 인류는 불합리하며 기술에 대하여 부적합하다.

그 결과는 충격적이고 모순되며, 자신의 규칙들에 따라 확대하는 기술 체계와 기술 사회 사이의 갈등으로 나타난다. 내가 기술 체계와 기술 사이의 관계성을 분명히 밝히려고 사용한 비교에 의하면, 그것은 유기체에서 발달한 암과 같은 것이다. 하지만, 기술이 암적인 존재라는 의미는 아니며, 이것은 문제를 더욱 효과적으로 제시하기 위한 유추에 불과하다. 불치의 세포들인 암은 그들 자신의 법칙에 의해서 급격히 증가한다. 암은 그 자신의 특별한 힘으로 증가하고, 살아 있는 조직 안에서 활동하거나 다른 세포 안에서 증가하는데, 그 암이 발전함에 따라 혼란이 일어나고 때로는 완전히 균형을 맞추지 못하여 붕괴할 수 있다.

기술 체계는 그것이 기술 사회의 내부에 있다는 점에서 오히려 비슷하다. 그러므로 기술 체계가 증가하는 곳에서는 어디서든지, 사회적 환경과 인간 집단의 더욱 큰 혼란이 있다고 말할 수 있다. 달리 표현하면 무질서나 혼돈이라 불리게 될지도 모르는 어떤 것이 성장하고 있다는 것이다. 그러므로 우리가 상상하는 것과는 반대로 기술은 매우 합리적이며, 기술 체계도 상당히 합리적이다. 그러나 기술이 모든 것을 이러한 합리성에 종속시키지는 않는다.

기술 체계에 절대로 복종하지 않는 영역들이 계속해서 존재해 왔다. 그러므로 일종의 위기가 발생한다. 그것이야말로 내가 헉슬리의 멋진 신세계의 가능성을 간단히 믿지 않는 이유이다. 우리가 실제로 관측하는 것은 기술 질서이지만, 그것은 점점 커지는 혼돈 내의 기술 질서이다.

이런 상황은 어떠한 해결책도 가지고 있지 않은가? 사실 우리는 어떤 가능한 역사적 해결책도 찾을 수 없다. 우리는 단순히 기술에 적응하기만 하면 된다거나, 사회는 기술적 수단에 의해서 조직되어야만 한다고 말하는 것은 매우 소박하고 유치하다. 이것이 실제로 의미하는 것은, 인간이 존재해 온 50만 년 동안 우리는 특정한 방향으로 발전해 왔는데 오늘날 갑자기 변화를 요청받고 있다는 점이다. 나는 단지 몇 년 만에 50만 년의 발전을 종식할 수 없다는 점을 말하는 것이다. 우리가 확실하게 예측할 수 있는 것은, 만약 기술적 성장이 계속된다면 역시 혼돈의 증가도 계속될 것이라는 점이다. 이것은 사회의 결핍이나 붕괴를 의미하는 것이 아니라 어려움이 증가할 것이라는 것이다.

환경에 대해서 배웠던 것을 적용해 보자. 도전들에 직면하고 극복해야 할 새로운 환경들을 마주치면서, 우리는 발전해 왔다. 여기서 나는 토인비Toynbee의 도전 이론을 시사하려 한다. 어떤 의미에서 우리에게 닥쳐온 새로운 도전은 우리 자신의 기술 발명이었다. 그러나 이것은 필연적으로 부정적인 것만은 아니다. 우리가 사회의 어려움이나 원시 자연의 어려움을 극복해 왔던 것처럼, 우리는 기술을 극복하도록 요청받았다. 간단히 말해서, 삶은 평정 상태를 성공적으로 회복시킨 일련의 불균형이기 때문에, 기술은 삶의 표현이라 할 수 있다. 삶은 한 번에 영원히 조직된 고정적인 것이 아니다. 그러므로 이러한 기술의 도전은, 그것이 극복될 만한 도전이고 또한, 근본적으로 심각한 문제라는 것을 우리가 완전히 이해할 수 있는 한 긍정적일 수 있다.

기술 체계와 기술 사회 사이의 밀접한 관계와 기술의 발전에 의해서 제기된 문제들을 깊이 생각한다면, 엄격한 의미에서 정상적인 상태에서의 어떠한 정치적 행위도 오늘날 적합하지 않다. 정치가와 정치적인 제도들은 전혀 기술을 지배할 수 없다. 그들은 기술 체계와 사회의 현상을 규범화시킬 수 없고 그러한 현상들을 조정할 수도 없다.

우리의 제도들은 17세기와 18세기 사이에 생겨난 것인데, 그들은 우리가 지금 아는 것과 전혀 상관이 없는 상황들에 맞추어진 것이다. 우리는 공해과 싸우는 법률 체계의 완전한 무능력을 상기하기만 하면 된다. 확실히 우리는 항상 포고령을 선포하며 법령들을 통과시킬 수 있는데, 그것들은 100년 전의 사회 문제들에나 적합한 것들이다. 그러나 이것 중 어느 것도 공해에 효과적이지 않으며, 나는 이런 측면에서는 수많은 실례를 들 수 있다.

이미 언급했던 바와 같이 정치가는 기술적인 문제들에는 완전히 부적합한 사람들이다. 우리가 기술을 지배할 수 없듯이, 정치가도 역시 행동을 합리화할 수 없고 사회를 위한 새로운 조직을 찾을 수 없다. 왜냐하면, 그것은 생각할 수 있는 것 중 가장 심한 전체주의자와 가장 기술적인 정부를 필요로 할 것이기 때문이다. 그러나 우리는 그러한 전체주의적이거나 기술적인 정부를 만들어 내지 않을 것이다. 기껏해야 우리에게는 점점 증가하는 몇 가지 오래된 정부의 방법들을 점점 어렵게 새로운 도구들에 적용시키고 있는 정치 관계 당국자들이 있을 뿐이다. 사실 정치가들이 문제의 전체 영역을 깨달을 때에는 그들은 완전히 무능력해진다. 그러므로 나는 정치가들이 기술도 변화시킬 수 없고, 인류와 사회도 변화시킬 수 없다고 믿는다. 어떤 경우든지, 전통적 정치 방법으로는 오늘날 우리에게 닥쳐

온 도전에 대한 어떤 대답도 기대할 수 없다.

정치는 결코 기술과 그 문제 위에서 행동하는 것이 아니다. 그것은 실제로 사건들에 대한 기본 구조를 제공해 주는 것이며, 상황들에 대해 응답하려고 노력하는 것이다. 간단히 말하면, 최근에는 대규모 정치와 같은 것은 거의 없다. 소련과 중국의 공산주의 체계와 같은 거대한 이데올로기적 체계가 점차로 정치에 자리를 내어 주면서 사라져 버리는 것을 보는 것은 매우 놀라운 일이다. 소련 연방 공화국과 중국은 기술의 발전에 의해서 완전히 규범화되고 있으며, 그 결과 서구 세계와 같은 상황에 놓이게 되었다. 사실 나는 현대 사회가 외형의 단계와 현상 및 구조의 단계라고 하는 완전히 다르고 구별되는 두 단계를 가지고 있다고 믿는다.

외형상으로는 많은 운동과 변화와 사건이 있다. 얼마 전에 세계교회협의회가 「기독교는 변화하는 사회에서 무엇이 되어 가고 있는가」라는 문제를 연구했다. 이제 변화는 우리 사회의 근본적인 특징이다. 그러나 진정으로 변하는 유일한 것은 외형들뿐이다. 아프리카에 대한 소련의 영향이 1960년대 중국의 영향을 대신하는 경향이 있다는 것은 확실하다. 물론 이것은 하찮은 것이 아니다. 하지만, 궁극적으로 중국과 소련은 어쨌든 같은 일을 하는 것이다. 그래서 우리는 항상 몇 가지 다소 단순한 요소들로 분류될 수많은 사건을 목격한다. 표면은 크게 요동치고 있을지도 모르지만, 심연은 아주 안정된 상태로 남아있다. 우리는 바다와 관련된 잘 알려진 비유를 들 수 있다. 바다의 표면은 파도와 폭풍우로 말미암아 엄청나게 소용돌이칠 것이다. 그러나 50미터만 아래로 내려간다면, 모든 것이 잠잠해지고 아무것도 동요하지 않을 것이다.

사회학적으로 우리는 세 단계, 즉 항상 정치의 단계인 사건들과 환경의 단계더 오래가고 더욱 상세한 경제현상과 같은 훨씬 광범위한 변화들의 단계, 그리고 기술에 의해 우리에게 주어지는 안정된 구조들의 단계를 가지고 있다고 말하고 싶다.

기술은 근본적으로 현대사회를 구성한다. 내가 기술이 안정된 것이라고 말할 때, 그것이 변하지 않는다는 의미는 아니다. 그러나 기술은 그 자신의 발전 규칙들을 따르고, 사건들의 영향을 거의 받지 않는다. 기술은 그 자신의 발전 속에서 한계지어진다. 확실히 우리가 사는 세계에서, 우리는 기술이 가능하게 하는 모든 것을 아는 것은 아니다. 항상 경제적인 문제들과 같은 방해물이 나타나는 것이다.

프랑스에서는 국가 의료체계에 모순이 있다는 것을 안다. 비용이 너무 비싸므로, 매우 정교한 의료 기술과 가장 흔한 질병들이나 수술을 위해 병상을 증대시키는 것 사이에서 선택해야만 한다. 우리는 양자를 모두 취할 수는 없다. 그러므로 기본적인 구조 내에, 두 개의 다른 단계로부터 생기는 막다른 골목이 있다.

그러나 근본적인 변화는 없다. 기술은 사건에 복종하지 않는다. 정보, 뉴스, 온갖 흥분 되고 유혹적인 것을 가진 사람들과 같이, 우리의 흥미를 끄는 것은 확실히 사건이다. 그러나 우리가 정치적인 상황이나 연설들과 이데올로기들에 의해 매혹되면 될수록, 모든 기능은 구조에 의해 수행된다. 제3세계 국가라면 우리는 여전히 중요한 정치적 논의에 초점을 맞출 수는 있지만, 실제로 우리가 볼 수 없는 기술의 힘이 이미 제3세계에까지 확대되고 있다.

우리는 사건들이나 상황들 그리고 최근 뉴스들 때문에 너무나 흥분한 나머지, 더 근본적인 문제들과 관련해서는 항상 시간이 남아있다고 느낀다. 그러나 우리가 기술과 관련된 게임 규칙을 이해하지 못하고 있으면서도, 우리 앞에 항상 넉넉한 시간이 있다고 느낀다. 그러나 사실은 그렇지 않다. 만약 기술이 계속해서 증대된다면 무질서도 계속해서 늘어갈 것이다. 그리고 무질서가 늘어가면 갈수록 우리의 근본적인 위험도 증가할 것이다.

어떤 사람은 아무런 도움도 희망도 없고, 모든 것을 상실했는데도 우리는 일이 일어나게 방치만 할 것인가라고 말할지도 모른다. 내가 이미 말한 것처럼, 나는 인류가 똑같이 근본적인 방법으로 종종 도전받아 왔고 위험에 처해 왔다고 생각한다. 그리고 사람들은 출구가 없다는 것을 알아차렸다. 1935년 히틀러식 독재로부터 우리는 탈출구를 보지 못했다. 그것은 우리가 전혀 파악할 수 없는 것처럼 보이는 소름끼치는 것이었다.

스탈린주의를 비판하던 사람들도 똑같이 탈출구를 찾지 못했다. 나 자신을 포함해서 우리는, 스탈린 사후에도 사태가 정확히 같은 방법으로 전개되리라 확신했다. 그럼에도, 수많은 변화가 있었다. 그러므로 현재에 우리는 선혀 탈출구를 찾을 수 없을 것 같지만, 탈출구가 전혀 존재하지 않는다고 주장해서는 안 된다.

어떤 경우에든, 약간의 희망을 붙드는 집단들이 있다고 생각한다. 한편으로는 우리가 살아가는 와중에서 혼란을 표출하는 특별한 상황의 집단들도 있다고 느낀다. 예를 들면 이러한 사회가 주는 충격을 가장 강하고 무자비하다고 느끼면서, 잠시라도 해결책이 보이지 않으면 사회를 거부하려고 하는 젊은이들이 그런 집단이다.

거기에는 현재 벌어지는 일들을 의식하기 시작하는 집단들도 있다. 이 모든 것이 너무나 잘 알려졌기 때문에 나는 반핵운동을 논하는 일에 한정하고자 한다. 이 논쟁의 기술적 명료성이나 비명료성은 중요하지 않다. 중요한 것은 가장 기본적인 단계에서 문제를 제기할 수 있다는 점이다. 핵발전소가 전혀 해롭지 않다고 주장할 수 있을 때에도, 진정한 문제는 선택의 문제이다.

그러므로 반핵 그룹이 옳을 수도 있다. 환경운동, 소비자 운동, 지역주민협의회도 마찬가지다. 지역주민협의회는 지방 정부를 선출해 놓았다고 해서 문제들을 제거한 것은 아니라고 느끼는 시민 집단이다. 결국, 시 의회는 시정을 운영할 수 있을 뿐이다. 그래서 이웃의 생활과 관련된 모든 것이 자신들의 관심사가 된다고 느끼는 집단들이 있는데, 그러한 집단들은 시에 모든 자료를 요구하고 시 의회의 온갖 결정들을 논의하기도 한다. 그들은 특정한 사안들에 대하여 여론을 조성할 수도 있다. 일반적으로 그들은 내가 자발적인 국민투표라고 부를 수도 있는 메커니즘을 형성한다. 이것이 정치세계에서는 하나의 새로운 현상이고 매우 중요한 현상이라는 것을 안다.

그런 다음, 우리는 여성운동들을 고려해 보아야 한다. 그들의 목적이 남성이 되는 것이 아니라면, 그들은 매우 진지하고 근본적이라는 인상을 나에게 준다. 여성들이 그들의 특별한 역할을 이해하고, 같은 일과 구조, 그리고 같은 기술을 위하여 남성과 같은 종류의 역할을 담당하기를 원하지 않는다면 그렇다는 말이다.

만약 여성이 남성이 된다면, 이것은 거의 흥미가 없는 일이다. 오히려 나에게 근본적인 것으로 보이는 것은 남성의 특성이 기술 안에서 결정화되어 있는 사회에서, 감수성, 자발성, 그리고 직관에 집중된 여성의 역할이 다시금 힘을 모으고 있다는 사실이다. 달리 표현하면, 우리가 사는 세계에 의미를 회복시켜 주고, 삶의 목표와 이러한 기술 세계에서 생존해 남기 위한 가능성을 회복시켜 주는 데서 여성들이 이제 남성들보다 훨씬 더 능력 있다고 느낀다. 그러므로 여성운동은 나에게 아주 긍정적인 것으로 여겨진다.

이러한 일련의 그룹 중에서, 나는 프롤레타리아나 제3세계는 언급하지 않았다. 마르크스주의 사상에 철저히 물들어 있던 유럽 국가들에서, 프롤레타리아는 세계를 위한 희망의 운반자였다. 그 이유는 마르크스에 대한 정확한 지식이 없어도, 사람들은 프롤레타리아가 그들 자신의 비인간적인 비참한 상황을 청산하기 위해 혁명을 일으킬 수밖에 없는 가장 비참하고 철저하게 '소외된' 사람들이라는 것을 알았기 때문이다. 프롤레타리아는 순전히 산업적인 관점과 목적을 지닌 노동조합과 정치 정당과 같은 조직체들에 의해, 그리고 프롤레타리아를 기술과 연관지어 주는 상황들에 의해 기술 세계에 철저히 통합되었다. 그러므로 프롤레타리아는 여전히 19세기나 20세기 초의 사회경제적 상황의 용어들로 자신들의 문제들을 생각한다. 노동조합과 같은 운동들은 새로운 문제를 전혀 보지 못한다. 최소한 현재, 그리고 새로운 의식이 도달할 때까지, 프롤레타리아는 제3세계 국가가 하는 것 이상으로 인간을 위해 미래를 제공한다고는 나는 믿지 않는다.

그러한 나라에 소개된 기술들이 그들 문화에 독특하고 유일했던 것들을 혼란의 도가니로 빠지게 한 것처럼, 제3세계 국가들이 그 독특성을 점차 잃고 있다는 점을 나는 이미 언급했다. 기술의 이동을 연구하는 것은 그릇된 것이라고 느낀다. 너무나 자주 말해지듯이,

대단히 조심스럽게 행동하고 적응 방법을 추구하는 것만으로는 충분하지 않다. 기술의 이동은 일어날 수 있고, 제3세계의 개인이나 몇몇 집단이 심리적으로 적응될 수도 있다. 그러나 사실, 기술의 충격은 사회의 완전한 붕괴를 일으켰다. 그러므로 기술 이동에 대한 새로운 연구들이 이러한 문제를 해결할 수는 없을 것이다. 문제는 서구 세계의 문화와는 완전히 다른 인도나 이슬람 등을 포함한 제3세계 국가들의 문화가 서구 기술을 수용할 수밖에 없다는 점이다.

기술 흡수의 충격은 확실히 이러한 사회들의 독특성을 대부분 파괴해왔다. 모든 기술을 생각할 수도 없거니와 그 기술을 받아들이기를 거부하면서 순수하고 엄격한 이슬람교로 돌아가기를 바랐던 아야톨라 호메이니Ayatollah Khomeini 통치 하의 이란에서 일어난 일을 나는 생각하고 있다. 다른 문화를 가진 한 사회와 기술의 통합은 있을 수 없다. 기술을 선택하든지 이슬람 사회를 선택하든지 둘 중의 하나를 선택해야 하는 취사 선택적 상황이다.

그것은 오늘의 이란의 상황이다. 확실히 아야톨라 호메이니의 위치는 절대적으로 지속할 수 없었다. 기술을 받아들이지 않고서는 더는 살아갈 수 없으므로 그는 패배하고 말 것이다편집자주 : 아야톨라 호메이니는 이란의 종교지도자이자 정치가로서 왕정을 부정하고 이란의 서구화와 세속화에 반대하여 이란혁명을 주도하였다. 1979~1989년까지 이란의 실질적인 최고지도자로 통치했다. 그러나 1980년대 후반부터 개혁과 개방을 지향하는 움직임이 나타났으며 호메이니의 사후에 가속화되었고 이란의 유권자는 개혁성향의 대통령을 연임시켰다. 이후 보수파가 집권하기는 했지만 개혁파의 비리에 대한 반발이었으며, 서구화와 개방화는 추진했으며 이점에서 엘륄의 전망은 적중했다. 이란은 이슬람 사회의 독특한 본질을 포기해야만 할 것이다. 그러나 우리가 직면한 도전과 관련하여, 제3세계가 더는 도전을 피할 수 있는 원천일 수는 없다고 느끼게 하는 더 깊은 요소가 있다. 제3세계 주민들의 정신은 변화되었다. 제3세계의 엘리트들은 기술을 발전시켜 기술의 주된 흐름 속으로 진입하고자 하는 한 가지 생각만을 하고 있다. 제3세계의 부자들이 서구 기술의 발전에 흥미를 느끼는 것처럼, 지성인들과 정치가들이 이러한 생각에 매혹 당해 왔다. 어떤 경우든 그 목적은 서양 기술의 범주에 들어가는 것이다.

또 한편으로, 제3세계의 가난한 자들에게 기술은 확실히 가난을 극복할 수 있는 하나의 희망처럼 보인다. 제3세계 신화에서, 기술은 서구인들을 그들의 빈곤에서 벗어나게 하는데 성공하였다. 그러므로 그들이 할 수 있는 일은 서구 기술을 받아들이는 것이며, 그들 역시 이러한 발전으로부터 이득을 얻을 것이라고 믿게 되었다. 우리는 제3세계의 사람들이 얼마나 가난하고 비참한지를 볼 때 이것이 모순되었다고 말할 수만은 없다. 그들은 그들의 문화를 파괴하고, 심리적인 측면에서 붕괴를 일으키고 서구 세계보다는 모든 분야에서 훨씬 더 심각한 붕괴를 가져올 수도 있는, 그들과는 완전히 동떨어진 하나의 세계에 들어가는 이중의 과정을 깨닫는 데 실패한 것이다.

서구는 점진적으로 자신의 기술 발전에 적응해 왔으나, 얼마나 힘들고 많은 어려움을 가지고 적응해 왔는지를 우리는 알고 있다. 이렇게 하는 데 우리는 200년이 걸렸다. 제3세계가 단지 몇 년 만에 이러한 기술 도구와 기술 체계를 수용하도록 요청받을 때, 심리학적으로 그리고 사회학적으로 이러한 충격을 견디어 낼 수 있을까?

국제적인 구조 안에서, 그리고 특별히 제3세계와 그들의 고유문

化아프리카니즘 같은 이데올로기임에도의 점진적 파괴에 대하여 우리가 방금 언급해 온 것을 생각할 때 우리 시대의 진정한 강대국은 더는 부유한 나라나 인구가 많은 나라가 아니라, 기술을 소유한 나라라고 나는 믿는다. '부유한 나라'라는 용어는 석유를 가진 아랍 국가들을 떠오르게 한다. 물론 이 나라들은 경제적이고 정치적인 삶에 대한 그들의 영향력에서 우리에게 강한 인상을 준다. 그러나 사실 그들의 부의 축적은 어떠한 진정한 내적 발전이나 서구로부터의 어떤 종류의 자립도 가져다주지 않는다.

이러한 부들이 새로운 사회 형태를 출현시키지 않는다는 것을 깨닫는 것은 매우 중요하다고 생각한다. 그러한 것들은 단순히 서구 사회가 이미 행해 왔던 것을 채택하고 수용하는 것만을 가능하게 해준다. 우리는 이미 만들어진 공장을 사들이는 말하자면 아랍 나라 안에서 이미 건립된 공장의 열쇠를 넘겨주는 경우의 몇 가지 특징적인 예를 생각해 볼 수 있다. 이것이 무엇인가? 사실 이것은 아랍 세계에 대한 서구 기술의 이식이다. 이라크와 이란 사이의 참혹한 전쟁에서도, 전쟁물자와 전략을 포함한 모든 것이 역시 서구의 것이고, 그 어떤 것도 아랍의 전쟁문화가 아니다.

그러므로 아랍 국가들의 부는 그들에게 실질적인 힘을 부여하지 못한다. 실질적인 힘을 가진 나라들은 기술 수단들을 가진 나라이며, '발전'이라는 개념과 함께 사용되는 기술적 진전을 이룰 수 있는 나라이다. 그것은 진정한 발전이 아니라 단순한 성장 즉, 힘의 성장을 의미한다. 우리는 많은 사회학자와 경제학자가 성장과 발전을 구별했던 차이들을 기억해야 한다. 도식적으로, 성장은 주로 양적이며 발전은 질적이라고 말할 수도 있다. 경제에서 성장에 목표를 두는 것은 더 많은 시멘트, 철강, 밀을 생산해 내는 것을 의미한다. 발전에 목표를 두는 것은, "작은 것이 아름답다"라는 말의 가치를 인식하고 소비에서 더욱 높은 질을 성취해 가면서 가장 균형 있고 해를 적게 미치는 경제 구조를 추구하는 것을 의미한다.

성장과 발전 사이의 이러한 구별이 경제 조직뿐만 아니라 정치와 사회 조직에서도 획득될 수 있다. 그러나 지금까지 기술은 항상 성장과 힘의 성장만을 강조해 왔다. 그리고 이러한 힘은 물론 경제적이고 정치적이다.

마찬가지로 인구가 많다는 것이 진정한 힘을 의미하지는 않는다. 그리고 이것이 제3세계의 문제이다. 서구 사회와 제3세계의 생활수준의 차이 때문에 존재하는 가공할 만한 불의를 사람들은 계속해서 강조해 왔다. 그러나 이러한 차이는 서구 세계에서 기술의 아주 급격한 발달로 말미암아 가속도가 붙게 되었다. 그러한 차이는 단순히 자본주의의 역동성 때문이 아니다. 오히려 기술의 발전 때문이다. 그러므로 세력의 축은 기술의 진보에 의해 결정된다.

그러나 이러한 기술들은 몇몇 유사성을 수반하고 있다. 가능한 한 많은 기술을 개발하고 이용하여 생산을 극대화하기 위해 우리는 사회를 특정한 방법으로 조직해야 하며, 사회로 하여금 특정한 방법으로 소비하게 하여야 한다. 그러므로 점점 이데올로기적인 대립이 사소하게 느껴지게 된다. 엄격한 의미에서 이데올로기적이고 정치적인 갈등들은 기술 특유의 특성에 의해 소멸한다.

소련과 미국과 유럽에서는 미세한 성장률의 차이가 약간 있을 뿐 기술은 거의 같다. 중국도 이제는 점진적으로 같은 방법으로 변하고 있으며, 기술의 진보를 시도하면서 같은 방향으로 움직이고 있다.

결과적으로 정치 구조도 점점 경제 구조처럼 비슷해지고 있다. 소련이 경쟁에 의해 가격을 형성하는 시장 경제에 관하여 이야기하는 것은 우연한 일치가 아니다. 그것은 자본주의 체계가 더 나아서가 아니라, 양 체계가 기술을 사용하는 데 있어 가장 좋은 형태와 가장 효과적인 방법들을 모색하고 있기 때문이다. 마찬가지로 서구 사회도 점차 경제 계획에 대하여 이야기하고 있다. 그러므로 같은 목적들을 가진 하나의 확실한 접점은 기술의 힘이며, 기술을 위한 천연자원의 지배와 이용이다. 이데올로기가 더는 중요하지 않다. 토론의 대상이 공산주의건 자본주의건, 자유주의든지 사회주의든지 사실 모든 사람에게 같은 일을 하도록 강요된다.

이러한 사실들에 대한 예는 수없이 들 수 있다. 스웨덴의 사회당이 반핵 전선에 패배했을 때, 권력을 쟁취한 자유당은 그들이 제시했던 선거공약을 수행할 수 없다는 것을 깨달았다. 기술이 승리했고 스위스는 핵발전소를 건설할 수밖에 없었다.

이러한 예는 기술적으로 강대한 나라의 영향력 때문이다. 그러나 이러한 접목이 단순히 평화를 보증해 주지는 않는다. 우리가 말할 수 있는 것은 정치가 부차적이고, 권력 사이의 갈등은 국가의 경계를 초월하는 권력의 남용으로부터 나온다는 것이다. 과거의 사람들은 자본주의 생산품이 세계의 시장들을 석권해야 한다고 말하면서 자본주의 국가 사이의 갈등에 대해 긴 설명을 제공했다. 그러므로 전쟁을 유발했던 것은 경제적인 산물이었다.

그러나 지금은 기술을 창조하는 서너 명의 엄청난 힘이야말로 확실한 위험이다. 그들은 갈등천연자원의 사용에 대한 갈등과 같이을 피할 수 없다고 생각하고 있다. 그것은 삶과 죽음의 문제이다. 이것은 궁극적으로 세계 평화를 위험스럽게 한 것일 뿐, 그밖에 아무것도 아니다.

하나의 환경이나 체계로서의 기술 현상에 대한 해석은, 내가 처음에 설명하려고 했던 것과 같은 사회와 연결된다. 그러나 기술이 제거되어야 한다고 주장하는 것이 나의 의도는 결코 아니다. 나는 새로운 방향을 찾고 있다. 그래서 나는 프랑스에서는 사회의 '토대' the base로 알려진 것에 도달하려고 애썼다. '토대'란 단순히 자기 자신을 위해 살면서, 커다란 야망을 갖거나 특별한 지적인 발달을 추구하지 않는 보통 사람을 말한다. 하지만, 그들은 가끔 자신들이 볼 수 있는 일들을 이해하면서, 삶의 가치들을 진지하게 받아들인다. 그들은 지성인, 기술 전문가, 행정가들보다 잘 준비된 방법을 사용하면서 자발성과 개방성 같은 것을 여전히 가지고 있다. 이 모든 것들 때문에 나는 어떤 지역에 제한된 특유한 동기들에 관심을 기울이게 되었다. 사람들로 하여금, 기술과 기술 체계에 저항하게 하는 이슈들을 조사할 그룹들을 형성할 수 있는, 직접적이고 매우 구체적인 관계에 의존하게 하여 준다는 것이다.

아끼땐Aquitaine 지역의 환경운동을 예로 들어보겠다. 나는 지성인들이 자신들이 공부하는 바로 그 기술에 의심을 품어볼 수 있는 비판적인 태도를 발전시키도록 노력했다. 이러한 지성인 중에는 과학자들과 변호사들과 행정 관리들이 포함되어 있었다. 요점은 행정 기술이나 법률적 기술을 거부하는 것이 아니라, 그것들을 수용하여 우리가 무엇을 하고 있는가를 명확히 아는 것이었다. 가시적이고 직접적인 결과만을 생각하게 되면 부차적이고 잘 보이지 않는 문제들에는 관심을 두지 않는 것이 보통이다. 달리 표현하면, 사회나 심리적 영역 안의 기술적 추론에는 아주 세심한 주의를 기울일 필요가 있다는 것이다.

사람들이 뒤로 물러서지 않고, 고도로 발달한 기술 수단이 비록 그것들이 가장 효율적이지만 필연적으로 가장 좋은 것은 아니라는 것을 깨닫게 되었을 때 나는 대단한 위로를 느꼈다. 나는 같이 일한 의사들이 보여준 통찰력을 생각하고 있다. 기술적인 측면에서 보면 매우 발달한 많은 실험이 궁극적으로는 순전히 초보적인 과정에 따라 만들어진 진단서보다 더 확실한 것이 아니라는 사실을 깨닫게 되었으며, 환자들이 그들에게 원하는 것은 인격적으로 헌신하는 일임을 알게 되었다.

아주 많은 연구소의 실험들과 임상시험들이 궁극적으로는 쓸모없다는 것이다. 그들은 기술적으로는 매우 발달하였으나, 가끔은 위험스럽기도 하고 때로는 매우 고통스럽기도 하다. 결국, 자격을 잘 갖춘 내과 의사들과 외과 의사들도 실험의 결과들과 지식이 더 중요하지는 않다는 것을 알고 있다. 이것이 우리가 사용하는 바로 그런 기술들과 관련해서 볼 때 비판적 입장의 한 예라 할 수 있다.

동시에 나는 모든 활동에서 주변에 머물러 있을 수밖에 없었다. 나의 분석을 수용하게 할지도 모르는 일이 정치적으로 일어나고 있다고 말하면서, 사람들은 거듭해서 나를 정치권으로 끌어들이려 애썼다. 이것은 환경운동에 덫으로 작용할 수 있었다. 이러한 기술 환경이 독특하게 전개되고 있기 때문에 기술적인 환경을 포함하는 행동은 어떤 것이든지 초보적인 단계에 머물러 있을 수밖에 없다고 나는 느낀다. 그러므로 내 작업은 확실히 작은 규모이다. 하지만, 빈약한 결과들에 비해 너무 많은 노력을 요구한다. 군중이 모든 기술적인 발전을 받아들일 때도, 우리는 개인적인 수준에서만 행동할 수 있다.

이것은 진정 예술적인 일이다. 그럼에도, 몇 안 되는 사람들과 함께하는 나의 이 느린 작업이 사실은 사회의 내적 변혁의 출발점이라고 분명히 확신하고 있다. 기술적인 현상과 우리가 사는 새로운 환경을 대하면서, 거창한 말로 표현해 보자면, 우리는 '돌연변이'를 가져야만 한다. 로봇 두뇌를 가진 기술 인간과 같은 공상과학 소설의 돌연변이가 아니라 오히려 그 반대이다. 돌연변이가 되려고 사람은 기술을 사용할 수 있고, 동시에 기술에 의해 이용되거나 동화되지 않고 종속되지 않는 사람이 되어야 한다. 이것은 단지 개개인의 필요를 위해 생기는 지성의 발달과 의식의 발달을 의미하는데, 이것이 유일하게 가능한 발달이다.

이로부터 우리는 아이들의 교육문제로 나아갈 수 있다. 기간이 짧거나 길거나 간에 우리 아이들과 손자들도 기술 환경 속에서 살 것이며, 기술 환경과 접촉하지 않고 우리가 그들을 교육할 수 있다고는 잠시도 생각할 수 없다는 점을 깨달아야 한다. 다시 말하지만, 중요한 것은 기술이 존재한다는 사실을 거부하는 것이 아니라, 기술은 존재하며 그것이 우리 삶의 환경이라는 점이다.

다시 환경에 대하여 말한 곳으로 돌아가 보자. 역사적으로 사회가 조직되었을 때, 소그룹들이나 때로는 개인들이 "우리는 숲 속에서 원숭이처럼 살기를 원한다"라고 말하면서 사회를 필사적으로 거부한 일이 있었다는 것을 나는 알고 있다. 물론 그들은 사회의 발달을 거부하면서 그렇게 살 수는 있다. 그러나 이것이 해결책은 아니다. 숲 속에서 계속 살았던 자들은 소멸하였다.

마찬가지로 우리는 19세기에 사는 것처럼 계속해서 살기를 주장할 수는 없다. 아이들이 기술 상태를 모르도록 혹은 처음부터 기술 세계를 소개받지 않도록 양육할 수는 없다. 만약 우리가 그렇게 교육을 하려면, 아이들을 사회적 부적합자로 만드는 꼴이 되며 결국 아이들의 삶은 현실성이 없어 질 것이다. 그렇게 되면 아이들은 기술의 힘에 아주 쉽게 상처를 입게 될 것이다. 하지만, 그렇다고 아이들이 기술 사회에 아주 잘 적응하여 인간적인 면을 잃어버리게 하면서까지 순수한 기술 전문가가 되기를 바랄 수도 없다.

그러므로 우리는 아이들이 한편으로는 기술 속에 살고, 또 한편으로는 기술에 대항하여 살도록 가르쳐야 한다. 우리는 아이들에게 이 세상에서 사는 데 필요한 것이 무엇인지를 가르치는 동시에 현대 세계에 대한 비판적 인식을 발달시키도록 가르쳐야 한다. 이것은 아주 섬세한 조화이며, 우리는 자신을 기만해서는 안 된다. 우리는 우리 자신들의 경우보다 살기에 훨씬 더 험악한 세계를 우리의 아이들에게 준비해 주고 있다. 우리에게 있어 그 세계는 이미 교묘하게 얽혀 있으며, 우리 아이들은 훨씬 더 어려운 상황을 헤쳐나가야 할 것이다.

냉소를 지으면서 나에게 엄청난 깨달음을 갖게 했던 한 가지 예를 들어보도록 하겠다. 핵발전소를 책임지는 프랑스 전력공사 사장을 나는 잘 알고 있다. 나는 핵발전소의 위험들을 조목조목 짚어가면서 그에게 말하였다. 그는 마침내 특별히 두 가지 사항과 관련하여 정말로 해결할 수 없는 몇 가지 문제가 있다는 것을 알게 되었다. 그러나 그는 결국 "몇 가지 문제들은 우리 아이들이 해결하도록 우리는 남겨두어야 합니다"라는 놀라운 논평을 하였다.

그것은 자신의 한계를 아는 기술 전문가의 냉소적인 태도이다. 그리고 그것은 우리 아이들이 어려운 문제들을 정말로 갖게 될 것이라는 것을 보여준다. 그러므로 나는 가까운 미래에, 우리 아이들이 다른 모든 아이와 같아질 것이며, 남들이 다니는 학교와 같은 종류의 학교에 갈 것이라고 느낀다. 그러나 우리는 아이들이 다르게 살도록 배우고, 그리고 현실 단계에서 정규학교에서 배운 확신들에 문제를 제기하도록 배울 수 있는 대안적인 학교, 병행시설을 만들어야 한다. 물론 이것은 학부모로 이루어진 공동체 내에서만 이루어질 수 있다. 순수한 가족적 구조 내에서는 삶을 위한 그러한 안내를 제공할 수 없다. 그리고 자신의 아이들만으로는 그러한 일을 할 수 없다.

넷, 신앙인가 종교인가?

아무리 광기어린 역사가
우리 앞에 펼쳐져도
계시에 의한 하나님의 약속을
믿고 있는 한 소망이 있다.

신앙인가 종교인가?

　기술 체계에 대한 분석을 통해 우리는 분명히 두 가지의 쟁점을 생각해야 할 단계에 이르렀다. 그 두 가지란, 기술 체계 내에서의 인간의 상태가 첫째이고, 다음은 내가 제시한 입장을 취하거나 비판하려면 없어서는 안 될 가치의 척도이다.

　기술 체계 내에서 인간의 상태를 먼저 살펴보자. 우리는 기술에 의한 인간 존재의 변화를 계속 목격해 왔다. 정치 형태가 무엇이든지, 한 나라가 얼마나 개발되었거나 개발되지 않았거나, 모든 시민은 기술의 위험에도 불구하고 기술의 발달에 동의하고 있으며, 여기에 이데올로기적이고 지적이며 철학적인 정당성을 부여하고 있다는 사실을 알아야 한다.

나는 나의 책 『기술 혹은 시대의 쟁점』에서 몇 구절을 인용해 보고자 한다.

*

　일반 대중들은 그렇게 많은 노력과 지성, 그리고 눈부신 결과들이 단순히 물질적인 효과만을 산출한다고 생각하지는 않는다. 예를 들면, 사람들은 하나의 거대한 댐이 단지 전기만을 생산한다고 생각하지는 않는다는 말이다. 댐에 대한 신화는, 대중들이 그 자신의 거대한 업적들을 숭배하고 그 업적에 단순히 물질적인 가치만을 부여할 수 없다는 사실에서 나온다.
　더구나, 이 업적들은 엄청난 희생을 만들어 내기 때문에, 그 희생들을 정당화하는 장치가 필요하다. 간단히 말해, 사람은 자신의 업적을 정당화하고 자신도 그 안에서 정당화되기 위해, 합리적이고 기술적인 질서를 가진 종교를 창조해 낸다.

**

　전에는 결코 인간 존재에 그렇게 많은 것이 요구되지 않았다. 우연히 몇 사람이 힘겨운 노동을 해야 하거나 죽음의 위험에 노출되어야 했을 뿐이다. 그러나 그러한 사람들은 보통 노예나 전사였다. 전에는 어떤 사람도 엄청난 기술적 메커니즘화이트칼라든지 블루칼라든지 간에, 수백만 노동자들의 지속적이고 집중된 노동력 없이는 수레바퀴를 굴릴 수 없게 하는 하나의 획일적인 메커니즘 안으로 흡수되어 날마다 노동에 얽매일 필요가 없었다.
　오늘날 인류의 노동 속도는 더이상 전통적이거나 고대의 속도가 아니고, 그 목적하는 것도 사람이 자부심을 느끼며 스스로 생각하고 인식해서 만들었던 수공업 제품이 아니다.

나는 오늘날의 노동 조건과 과거의 노동 조건의 차이에 대해 말하지는 않겠다. 오늘날의 노동은 사람들을 덜 지치게 하는 유익이 있지만, 목적이 없고 쓸모가 없으며 시간에 얽매인 판에 박힌 일로서 노동자들이 부조리하다고 뼈속깊이 느끼는 일이기도 하다. 그들의 노동은 전통적으로 노동work에 속하는 것과는 공통분모가 없다.

이것은 영세농민들도 마찬가지이다. 그러나 중요한 것은 노동이 어떤 의미에서 이전보다 더 힘들어졌다는 것이 아니라, 노동이 인간에게 다른 자질을 요구한다는 것이다. 그러한 자질이 이전에는 인간 안에 있었으나, 이제는 인간 안에 없음을 의미한다. 다시 말해 능동적이고 비판적이며 효율적인 것이 없어졌다는 것이다. 그러한 자질은 전체 인간과 관계가 있고, 인간은 그 필요에 종속되고, 그러한 자질의 목표를 위해 창조되었다고 간주한다.

***

보통 사람이 직장으로부터 집에 돌아올 때를 생각해 보자. 그는 하루를 완전히 위생적인 환경에서 보냈을 것이 틀림없으며, 모든 것은 그의 환경에 균형을 맞추어 주고 피로를 줄여주기 위해 행해졌을 것이다. 그러나 그는 쉬지 않고 끊임없는 압력 아래서 일을 해야만 한다. 신경의 피로가 육체적인 피로를 대체하였다.

그가 직장을 떠날 때, 자신의 일을 마친다는 기쁨은 이해할 수 없고, 전혀 생산적이지 않은 소득 없는 일을 했다는 불만에 싸이게 한다. 그는 집에서 다시금 "자신을 발견한다." 그러나 그가 무엇을 발견했는가? 그는 환영幻影, phantom을 발견한다. 생각만 해도 그러한 회상은 그를 겁에 질리게 한다. 우리는 스스로 결정하거나 변화를 주도해 온 것은 아무것도 없다.

언젠가는 그에게 군복을 입혀 사회를 방어하도록 몰아낼지도 모르고, 또 어느 날에는 그가 태업했거나 사회를 배반했기 때문에 죄수복을 입혀 몰아낼지도 모르는 조직화한 기술 사회의 배타적인 특권을 회상하게 된다.

하루하루가 전혀 차이가 없다. 하루가 끝날 무렵 신문과 뉴스 기사들은 사람을 겁나게 하고 불안전한 세계의 이미지를 사람들에게 강하게 심어주기 때문에, 여전히 삶은 전혀 평온하지 않다.

전쟁이나 냉전이 없다 하더라도, 사람들에게 삶의 불확실함을 깊이 느끼게 해 줄 온갖 종류의 사건들이 있다. 이러한 불확실함과 노동의 절대적이고 불변하는 제한됨 사이에서 찢기기 때문에 인간은 설 자리가 없으며 어디에도 소속해 있지 않게 된다. 인간에게 무엇이 일어나든지 일어나지 않든지 간에, 어떤 경우에도 인간 자신은 운명의 주인이 아니다.

기술 사회의 인간은 자신의 환영phantom을 만나기를 원치 않는다. 그는 우연과 기술이라는 절대주의의 양 극단 사이에서 고통당하는 데에 분개한다.

모든 것이 '6피트 아래' 편집자주:6피트 땅아래로 죽어서 묻히는 무덤을 뜻함에서 끝난다는 인식을 두려워한다. 만약 혹시나 삶이 의미가 있다면, 그리고 자신이 죽음을 선택할 수 있다면, 그는 자신의 삶이 '6피트 아래'에서 이루어짐을 받아들일 것이다. 그러나 아무것도 사리에 맞지 않을 때, 그리고 그 어떤 것도 자유로운 선택의 결과가 아닐 때, 마지막 6피트 아래에 있다는 것은 견딜 수 없는 불의이다.

* * * *

자신의 개성이 방관자로 이루어진 익명의 대중 속으로 용해되어 사라져감에 따라, 인간은 한두 시간 동안은 자기 자신임을 멈출 수 있다. 영화는 그를 웃고 울고 놀라게 하거나 심지어는 사랑하게 한다. 그는 매혹적인 여인과 잠자리에 들 수도 있고, 악인을 살해할 수도 있고 삶의 불합리들을 해결할 수도 있다. 간단히 말해, 자신이 영웅이 되며 삶은 갑작스럽게 의미가 있게 된다.

극장은 관객들에게 지적 메커니즘이 있음을 전제로 하고 어떤 의미에서 관객들이 스스로 판단할 수 있게 한다. 그러나 영화는 그 '사실성'으로 인해 관객들을 너무나 완벽하게 통합하기 때문에, 그 압력에 저항하려면 특별한 영적 힘이나 심리적 교육이 필요하다. 사람들은 압력을 피하고자 극장에 가게 되는데 결과적으로는 영화의 압력에 굴복하게 된다. 그들은 망각을 발견하게 되며, 자신들의 직장이나 가정에서 발견하지 못한 달콤한 자유를 그러한 망각 속에서 누리게 되는 것이다.

그들이 실제로는 현실 속에서 절대로 누리지 못하는 삶을 스크린 위에서 사는 것이다. 꿈과 희망은 기근과 박해의 시대에 전통적인 탈출 수단이었다고 말할 수도 있을 것이다. 그러나 오늘날의 사람들은 더는 이러저러한 '현실'을 자유롭게 피해 갈 수 있는 인격적인 행동은 꿈도 꾸지 못한다. 그것은 자신에게 단편적인 삶과 자유, 그리고 불멸을 주기를 바라는 수많은 사람에게서 일어나는 집단현상이다. 껍질이 없는 달팽이처럼 자신의 본질에서 분리되어, 인간은 움직이는 이미지들을 본뜬 유연한 물질로 된 작은 얼룩에 불과해진다.

내가 느끼기에, 우리는 순전히 두 가지의 결정적인 요소에 초점을 맞추어야 한다. 우리는 서구 사회와 현대 인간은 기술에 의해 야기된 모든 문제에 직면해 있다는 것을 강조해 왔다. 이것은 모든 인류에 대한 도전이다. 이는 우리가 핵전쟁의 위험을 생각할 때와 같은 최후의 도전이며, 유사 이래 인류가 경험한 것 중 가장 심각한 도전이다. 이러한 문제들과 도전에 부딪힐 때 인간은 무능력해진다. 그 위험은 엄청나고 그 문제는 복잡한데 비해 우리는 그것을 다룰 방법을 가지고 있지 않다. 게다가 우리는 누가 방법을 찾을 수 있는지조차도 알지 못한다. 이는 두려운 상황이다.

우리는 이러한 상황을 위해 훈련받지도 않았고, 책임을 진 정치가들은 현재 벌어지는 것들에 뒤처져 있기 때문에, 우리는 어떠한 수단도 가지고 있지 않다. 그러므로 이것이야말로 우리의 상황 속에 있는 첫 번째 모순이다.

서구 사회의 중요한 특징으로 보이는 두 번째 모순은, 점차로 강력해지고 있는 규율들에 우리가 모두 복종해야 한다는 점이다. 그러나 이것들은 외부에서 주어지는 규율이다. 예를 들면 행정부가 계속해서 개선되어감에 따라, 명령이나 규율들은 점점 엄격해져 간다. 매우 간단한 사실 한 가지만 지적해 보자. 교통 소통이 적절하게 이루어지고 있다면 거리에서의 무질서는 점차 용납될 수 없게 된다. 그러므로 우리는 한 사회 안에서 엄격한 규칙에 복종하지만 동시에 그 규칙은 가치를 잃게 된다. 말하자면, 우리는 이 규칙이 필수불가결하다는 것을 점차 느끼지 못한다.

규율이 점점 엄해질수록 사회적 규칙이나 통제를 필수불가결한 것으로 여기려면 우리가 그 가치를 알아야 하는데, 우리는 그러한 규칙의 존재 이유를 점차 인식하지 못하게 되는 것이다. 그러나 이 사회는 그 가치와 의미를 잃어버렸다. 그러므로 우리는 모두 항상 어떤 것에든지 도전할 준비가 되어 있고, 모든 규칙을 거부할 준비가 되어 있다. 동시에 기술이 향상하면 향상될수록 우리가 복종하는 규칙들은 더욱 엄격해진다.

내가 생각하기에 우리 시대의 이러한 모순은 우리 사회의 특징인 걱정과 신경과민의 상황을 일으킨다. 우리는 역사상 그 어느 때보다 더욱 걱정에 얽매여 있다는 점을 깨달아야만 한다. 그리고 현대 사회에서는 우리가 특별히 힘들고 어려운 상황들에 직면하고 있기 때문에 신경과민이 더욱더 많아지고 있다는 점을 깨달을 필요가 있다.

그러므로 우리는 여기서 다음과 같은 질문들에 직면하게 된다. 인간의 상태는 절망적인가? 그것을 대처해 나갈 방법들은 없을까? 우리는 무엇을 말할 수 있으며 행할 수 있을까?

기술 체계에 대한 이러한 분석 덕분에 우리는 이전에 언급한 비판적인 입장을 반성해 보게 되었다. 비판은 하나의 외적 준거점이 있어야 한다. 우리는 가치라는 척도를 가지고 어떤 것을 비판할 수 있다. 그런데 만약 비교점이나 가치의 척도를 가지고 있지 않다면, 확실히 아무것도 판단할 수 없다. 내가 비판critique이라는 말을 그와 같이 사용할 때 단지 부정적인 의미로만 이해되어서는 안 된다는 점을 지적해 두고 싶다.

지금은 자주 사용되지 않는 용어로 표현하자면, 이것은 건설적 비평주의를 의미한다. 다른 말로 바꾸면, 구별하고 차등화하는 문제이다. 보유될 수 있는 것과 거부될 수 있는 것 사이를 구별할 수 있는 것이 비판에 대한 어원학적 의미이다.

이러한 비판은 단지 우리로 하여금 상황을 판단할 수 있도록 해주는 하나의 안정된 기준을 가지고 있을 때만이 가능하다. 무엇이 우리에게 주어진 안정된 기준이 될 수 있는가? 인간인가? 종종 "인간이 이것을 한다"라든지, 또는 "인간이 그것을 판단할 수 있다"라고 쓰인 것을 보면 인간은 진정으로 그 주체인 것 같다. 그리고 나 자신도 이러한 손쉬운 표현을 종종 사용해왔음을 인정한다.

그러나 사실 인간은 표류하는 실재Fleeting Reality라는 것을 우리는 안다. 영구적인 인간의 본질이 존재한다고 주장하기는 어렵다. 우리는 다양한 사회와 역사 가운데서 많은 변동을 보았다. 우리로 하여금 그것들을 비판적 준거점으로 사용할 수 있도록 해 주는 것은 인간 존재 그 자체가 아니다. 이러한 이야기는 역사에도 적용된다.

역사는 어떠한 해석이라도 가능하게 해 준다. 모든 것을 역사에 복종시키고, 어떤 것도 고정된 것으로 간주하지 않는 것은 우리 시대의 잘못과 위험 중의 하나이다. 최종적인 현상이 된 역사는 비평과 비교점들을 위한 기반을 제거한다.

마지막으로, 가끔 진전을 이루어 왔던 더욱 깊은 준거점은 마르크스주의이다. 그러나 내가 마르크스주의가 전체적으로 통합했다는 것을 이미 강조했기 때문에, 나는 그것을 단지 기억에 되살리기만 할 것이다.

그러므로 우리는 준거점을 필요로 한다. 그러면 어떤 준거점이 필요한가? 우리는 또한, 하나의 관점이 있어야 한다. 우리는 현상을 보려면 외부에 우리 자신을 놓아야 한다. 예를 들어, 내가 기차의 속도를 알기 원하면서 외부에서의 관점없이 기차 안에 머물러만 있다면, 아무것도 확실히 알 수 없을 것이다. 기차가 움직이는지를 관찰하려면 기차 바같의 어느 한 곳을 보아야 한다. 기차 내부로부터 내가 속도를 평가할 수 있게 해주는 고정된 외부의 점에 시선을 고정해야 한다.

기술을 보는 하나의 관점을 가지려면 우리 자신을 어디에 위치시켜야 하는가? 만약, 기술이 우리가 언급해 온 포괄적이고 전체주의적인 경향을 보인 조직이라면, 기술 외부 어디에 우리 자신을 위치시킬 수 있을까? 우리는 기술 속에 너무나 깊이 융합된 것처럼 보이기 때문에, 우리는 그곳으로부터 기술을 볼 수 있는 다른 장소를 꼭 찾아야만 한다.

나는 오늘날의 지식인들이 흔히 습관적으로 미친 사람, 신경증 환자, 편집광, 정신분열증 환자를 언급하는 것을 지적하고 싶은데, 그것은 우리가 누구이고 우리가 사는 세계가 무엇인지를 보려고 취하는 외적인 관점이 되었다. 이러한 특징을 선택하는 것은 진정으로 절망적인 선택이라는 것을 우리는 깨달아야 한다. 궁극적으로 편집광이나 정신분열증을 언급함으로써 우리 사회에서 벌어지는 것을 이해할 수 있다는 것은, 어쨌든 우리가 완전히 무능력하다는 것을 선언하는 것과 같다.

우리 사회에서 벌어지는 것에 대한 이해는 가능할 뿐만 아니라, 그것은 또한, 견딜 만하고 참을 만하다. 그것이 아주 힘겹고 심한 것들이라 할지라도 견딜 수 있다. 내가 해왔던 것과 같이 기술 체계를 묘사하는 것이 실재에 대한 인식으로 이끌어 줄지도 모른다는 것은 사실이지만 이것이 내가 가끔 부딪혔던 반대인데 그러한 실재는 우리를 낙담하고 절망적인 상태로 남아있게 하는 것이다. 달리 표현하면, 기술이 참으로 내가 묘사해 왔던 것과 같이 존재한다면, 우리가 할 수 있는 일은 아무것도 없다는 것이다. 우리는 단지 우리의 지배를 포기하고 결국 자살할 수밖에 없다.

주로 비판적 인식을 위한 인간의 상태와 상황들에 관한 두 가지 쟁점과 관련하여, 나에게 영향을 준 것은 기독교 신앙과 계시였다. 여기서 우리는 내 책의 두 부분 사이 사회학적인 부분과 기독교인의 회상, 혹은 신학에 대한 부분에서 대화할 수 있는 접점에 도달했다. 내가 이러한 분석을 할 수 있는 것은 예수 그리스도 안에서 이러한 믿음으로 살았기 때문이며, 또 한편에서는 기술 세계에 대한 나의 분석이 점점 더 열정적인 신앙과 정확한 신학적인 지식을 요구하였기 때문에, 이 두 가지 요소는 밀접하게 연결되었다.

우리가 이미 보여주었던 쟁점들과 관련하여 기독교 신앙과 계시의 문제와 씨름하기 전에 먼저 종교 문제를 밝혀야 한다.

종교는 자연적이고 무의식적인 현상이다. 오랫동안 인간들은 종교적 동물이라고 말해 왔다. 이러한 진술을 종교나 기독교를 옹호하는 것으로 받아들여서는 안 된다. 역사적으로 그리고 다른 어떤 곳에서보다 우리의 사회 속에서, 사람들은 종교를 파괴하기 위해 노력해 왔다.

예를 들면, 유럽 특히 프랑스에서 19세기 합리론자들은, 인간을 순전히 학문적이고 이성적인 존재로 파악함으로써 종교를 파괴하려고 시도했다. 그러나 종교를 파괴하기 위해 이처럼 노력할 때, 종교는 다른 곳에서 다시 나타난다. 기독교, 불교, 이슬람교와 같은 오래되고 전통적인 종교들이 쇠퇴해 가고 있다고 여겨지는 세계에서, 우리는 소위 세속종교라고 불리고 또는 정치적인 신앙 형태들로 특징 지어지는 종교들이 발생하는 것을 발견한다. 히틀러리즘 역시 하나의 종교적 현상이고, 마오이즘 역시 그렇다. 중국의 공장들은 마오쩌뚱의 초상화, 양초들, 그리고 향이 있는 조그만 진짜 제단이 있다. 노동자들은 완전히 고전적인 종교적 형태들인, 마오쩌뚱에 대한 일련의 기도와 예배로 이루어진 일종의 종교적 경의를 표함과 함께 작업을 시작한다.

소위 이성적이고 세속화된 사회들이 원시 신앙들로 돌아가려는 것을 우리는 목격하고 있다. 예를 들면, 프랑스에서는 점성술, 예언, 운세를 말해주는 것이 번창하고 있다. 이것들 역시 외계의 존재에 대한 하나의 총체적인 신념 체계이다. 그들 자신을 완전히 이성적이고 심지어 철저히 과학적이라고 여기면서도 외계 세계의 존재 가능성에 관해 그렇게나 안달하고 초조해하는 사람들을 본다는 것은 꽤 놀라운 일이다. 이러한 현상은 완전히 종교적이다. 그뿐만 아니라, 마약, 유행음악 같은 것들도 똑같이 전형적으로 종교적임을 언급해야만 한다.

다른 말로 하자면, 우리는 확실히 인간의 종교적인 표현으로부터 탈출할 수 없다. 한 사회에서 종교는 매우 잘 알려졌고 엄청나게 정밀한 기능들을 가지고 있다. 종교는 한 사회를 붙들어 주는데 도움을 준다. 사람이 한 종교를 파괴할 때, 그는 그 사회집단을 박살 내고 있다는 것을 알게 될 것이다.

종교는 사람들에게 세계에 대한 전반적인 설명을 제공해 주는데, 사실 이 점은 매우 중요하다. 사람은 순전히 논리적이고 이성적인 과학, 또한, 자신이 제한되어 있다는 것을 아는 과학에 만족할 수 없다. 이것이야말로 과학이 제한되어 있다는 사실을 과학자들이 어떻게 아는가에 대한 이유이다. 비록 일상적인 사람들이 종교적인 수준에서 과학을 믿고 있지만, 과학은 우리에게 절대적인 설명을 제공해 줄 수는 없다. 우리는 어디서 왔으며, 어디로 가고 있는지, 우리가 어떻게 자리매김하였는지, 우리의 미래가 무엇인지를 알 필요가 있다. 이러한 해답들은 종교에 의해 제공되고, 더 나아가 종교에 의해서만 제공된다. 그렇지 않다면 인간성은 완전히 상실될 것이다.

종교는 또한, 우리로 하여금 살도록 격려해 준다. 산다는 것은 쉽지 않다. 우리는 격려를 받을 필요가 있고, 도움을 받을 필요가 있다. 이러한 모든 것은 순전히 사회학적이고 심리학적이고 자연적이다. 이 수준에서 종교는 하나님, 완전히 초월적인 하나님에 대하여 어떤 종류의 필연적인 언급을 하지 않는다.

반대로, 우리가 여기서 이야기하는 하나님은 매우 가까이 있어야 한다. 그것이야말로 왜 우리가 우리의 신들이 우리에게 보일 수 있게 하려고, 신에 대해 인간적 표현들을 하고 있는가에 대한 이유이다. 달리 표현하면, 종교적 감정이 존재한다는 것이 하나님이 존재함을 의미하지는 않는다.

그러므로 나는 내가 이미 묘사한 것과 같은 종교와 기독교 계시 사이에는 차별성, 심지어 대립이 있음을 입증하고자 한다. 접미어 티ty는 이미 사회학적이기 때문에, 나는 그것을 기독교Christianity라기 보다는 '기독교계시' 또는 '기독교신앙'이라고 부르겠다. 나는 두 가지 사이의 차이를 칼 바르트의 설명에 따라 보여주고 싶다. 성서 안에서 우리에게 주어진 계시와 예수 그리스도 안에 있는 계시는 다른 모든 신과는 다른 하나님, 절대 타자라고 불리는 하나님을 우리에게 말해주고 있다.

하나님은 우리와 완전히 다르며, 우리의 인간적인 수단, 지성, 과학적인 수단, 또는 우리의 느낌으로는 하나님에 대한 어떤 것도 이해할 수 없다. 그가 자신을 우리에게 계시하지 않는 한 우리는 그분에 대하여 아무 것도 알 수 없다. 하나님이 진정한 하나님이라면, 그분은 우리와는 동떨어져 있으며 다르다는 것을 우리는 이해해야 한다. 우리는 그분을 파악할 수 없으며, 우리는 단지 그분 자신이 우리에게 말하는 것 속에서만 그분을 알 수 있다. 바르트가 가장 큰 명성을 누리고 있던 프랑스에서 사용되던 속담에 따르면, "오직 하나님만이 하나님에 관해 말할 수 있다"라는 것이다.

그러므로 이러한 하나님과 인간성 사이에는 어떠한 공통적인 수단도 없으며, 예수 그리스도 외에는 어떠한 공통분모도 없다.

따라서 성서 속에 계시된 하나님은 어느 면으로 보나 우리의 자발적인 종교적 감정과는 일치되지 않는다. 예를 들자면, 예언자가 하나님을 대신하여 말할 때의 성서 본문들은 매우 설명적이다. "나의 사상은 너의 사상이 아니며, 나의 행동은 너의 행동이 아니다." 달리 표현하면, 예수 그리스도 안에 나타난 하나님의 계시는 종교에 반대되는 것이다. 예수 그리스도 안에서의 하나님의 계시와 종교 그 자체 사이에 존재하는 이러한 대립은 두 가지 중요한 점에서 내가 받아들일 만하다.

우선, 종교는 근심이나 부족함과 같은 인간 감정으로부터 나온다. 여기서 우리는 종교적 감정에 대한 포이에르바하Feuerbach와 마르크스의 온갖 종류의 설명들을 만나게 되는데 나는 그것이 옳다고 믿는다.

두 번째로, 종교는 하나님을 향하여 솟아나는 경향을 보인다. 그것은 항상 같은 유형이다. 인간 영혼은 하나님이 있는 곳에서 그분과 결합하려고 하나님을 향하여 상승한다.

그리하여 수많은 종교적인 기념물들, 모든 탑, 첨탑들, 성당들, 갈대아인의 지구라트들은 신을 향하여 높이 솟아 있다. 이것들은 바벨탑을 특징지어 주는 요소 중 하나이며, 이것이야말로 왜 바벨탑이 저주받았는지에 대한 이유이다.

그리하여 우리는 종교에 대한 두 가지 측면을 가지고 있다. 한 가지는 사람의 감정으로부터 나오는 것이고, 다른 한 가지는 하나님에게 향하는 하나의 운동을 그려주는 경향을 보인다. 그러나 예수 그리스도 안에서 나타나는 하나님의 계시는 이러한 두 가지 경향과는 반대된다. 그것은 우리의 종교적 감정과 반대되며, 종교적 단계에서는 인간을 전혀 만족하게 하지 못한다. 왜 그런가? 우리가 다양한 종교들을 검토해 볼 때, 남자들과 여자들에 의해 발명된 신들은 항상 인간들에게 봉사하는 신들이다. 사람들은 실제로 이러한 신들의 주인이 되기를 원한다.

신들은 예상된 봉사를 제공해야 한다. 이것은 기독교 종교의 몇몇 측면들에서나 이방 종교들에서 신에 대한 금지로 이어진다는 것을 우리는 안다. 신이 사람들의 기대에 부응하지 않을 때는 처벌된다. 프랑스의 몇몇 시골 지역에서는 기도에 응답하지 않았다고 해서 신상의 앞면을 벽 쪽으로 돌려놓음으로써 처벌하는 이교도적인 관습이 존재했다.

이것은 아주 전형적인 유형이다. 우리는 신들을 이용하기를 원한다. 그러나 성서에는 우리가 처벌하기는커녕, 절대로 영향을 미칠 수 없고 지배할 수 없으며, 우리를 완전히 피하시는 하나님을 발견한다. 그분은 자신을 계시하시기를 원할 때 자신을 계시하신다. 그분은 기대되지 않는 곳에 자주 나타나시며, 기대되는 곳에는 거의 나타나시지 않는 하나님이며, 진정으로 우리의 이해를 초월하여 존재하시는 하나님이다. 따라서, 인간의 종교적 감정은 이러한 상황에서는 전혀 만족스럽지 않다.

또 하나의 다른 점은, 예수 그리스도 안에 있으면서 성육신 속에서 자신을 나타내신 계시는 위에서부터 아래로 진행한다. 앞에서 우리는, 종교는 우리가 있는 아래로부터 하나님이 있는 위를 향해 가기를 추구한다고 말해 왔다.

그러나 성서는 반대되는 것을 우리에게 보여준다. 성육신이 무엇인지를 우리에게 말해주는 빌립보서에 나타난 위대한 구절 그리스도는 하나님의 형상으로 존재하고 있으며, 인간이 되려고 그의 신성을 벗어버렸다을 나는 생각하고 있다. 한 인간으로서 그리스도는 가장 낮은 위치인 종의 위치를 차지하셨고, 그는 하나의 종으로서 가장 가혹하고 굴욕적인 처벌이었던 종에 대한 처벌, 즉 십자가의 처벌을 받아들였던 것이다.

다른 말로 하자면, 구원의 길은 내려온다. 하나님은 인간으로 내려오셨고, 우리가 있는 곳에서 우리와 결합하셨다. 이것은 사람들이 신이 있는 곳을 향해 올라가기를 원하는 종교적 동기와 반대된다. 그러므로 우리는 모든 종교와 구원의 근본적인 길 사이에 있는 근원적인 차이를 본다.

그러나 그리스도인들은 계시에만 머물러 있는 것이 아니다. 그들은 자기들의 신앙을 엄격하고 정확하게 고수하지 않는다. 모든 사람처럼, 그리스도인들도 종교적 감정들을 지니고 있다. 일반 역사와 교회의 역사 그리고 기독교 역사를 통해, 일반적으로 우리는 자신을 그리스도인이라 부르는 자들이 항상 기독교 계시를 기독교 종교로 변화시키는 경향을 보아 왔다. 이러한 기독교 종교가 바로 '기독교' Christianity이다. 그 안에서 우리는 모든 종교와 정확하게 같은 종류의 구조를 지닌 종교적 감정, 의례, 신화들을 발견할 수 있다.

신자들은 기독교가 모든 종교의 사회학적 기능들을 받아들이게 만들려고 노력했다. 결과적으로, 기독교는 다른 어떤 종교와 같은 종교라고 말해지거나, 반대로 어떤 그리스도인들은 기독교가 다른 종교보다 더 좋은 종교라는 점을 드러내려고 노력했다. 이런 것은 별로 문제가 되지는 않지만 말이다.

그러므로 관습상 우리가 한 사회에 살면서 종교적 감정을 품기 때문에, 하나님에 의해 계시가 된 세상은 다시 한번 하나의 종교로 변화되었으며, 사람들은 거기서 하나님을 소유하려고 시도했다. 예를 들어, 당신이 선하기 때문에 하나님으로 하여금 당신을 구원하게끔 고안된 선행신학theology of good에 기반을 둔 운동은 하나님에 대한 인식을 시도했다. 또 다른 시도는 희생들에 가치를 두려는 것이다. 내가 희생제물을 드리기 때문에 하나님은 나를 구원해야 한다. 신학은 하나님의 존재를 포함한 모든 것을 설명한다고 주장했다. 이것 역시 하나님을 설명해 보려고 시도하는 종교적 경향이다. 이러한 계시를 넘어 우리가 파악할 수 없는 하나님의 신비가 있다는 것을 우리가 아는 한, 하나님이 우리에게 주는 계시를 설명하는 것은 물론 가능하다.

사람들이 기독교를 하나의 종교로 변화시키려고 시도하는 것은, 기독교 신앙이 확실히 인간을 매우 불안한 자리에 위치시키기 때문이다. "내가 거룩하므로 너희도 거룩해라"라고 성서는 우리에게 말한다. 일말의 오해를 피하려고 나는 거룩이 전통적인 가톨릭에서 말하는 성인에 대한 개념들과 전혀 상관이 없다는 것을 설명해야만 하겠다. 거룩은 구별을 의미한다. "나는 세상과 다른 신들로부터 분리된 하나님이다. 그러므로 너 역시 사회와 역사의 일반적이고 관습적인 과정으로부터 구별되었다."

이러한 요구는 매우 준엄하다. 이러한 요구에 직면하여 사람들은 자유, 사랑, 거룩함에 대한 요구를 하나의 도덕으로 변화시키려고 한다. 그러므로 기독교 계시가 종교로 변화되었으며, 우리의 삶에서 하나님의 요구는 도덕으로 변화되었다. 나는 기독교가 궁극적으로는 반도덕적이라고 말하고 싶다. 그러나 우리는 기독교 윤리를 배척하지는 않는다. 도덕은 사람이 순종해야 하는 일련의 규칙들의 목록이다. 윤리학은 우리의 모든 가능성을 발전시키도록 우리에게 요구하는 삶에 대한 오리엔테이션이다.

종교와 기독교 신앙의 대립에 관하여, 우리는 이러한 구별이 신학적인 기초가 아닌 다른 곳에서도 만들어질 수 있다는 점을 똑같이 지적할 수 있다. 우리는 아주 흥미로운 제안을 카를 마르크스에게서 발견한다. 기독교, 교회, 하나님에 대한 마르크스의 견해를 우리는 알고 있다. 마르크스는 기독교가 사회의 상층구조 안에서 순전히 사회적 기능을 가지고 있다고 느낀다. 종교는 실제로 지배 계층이 그 지배를 공고히 하는데 도움을 준다고 마르크스는 믿는다.

그럼에도, 그는 생을 마칠 무렵에, 친구 막스 루즈Max Rugge에게 보낸 편지 가운데서 아주 주목할 만한 말을 했다.

"종교의 모든 정치적인 기초들이 제거되고 교회 조직과 제도적 구조들이 파괴될 때, 그때는 일반적으로 종교적 신앙, 기독교 신앙은 사라져야 할 것이다. 그러나 기독교 신앙이 어쨌든 살아남을 것이라는 것은 불가능한 것이 아니다. 이것은 종교적 실재가 존재한다는 것을 의미하며, 종교가 순전히 사회적인 기초와 제도적인 기초 위에만 의존하지 않는다는 것을 보여주는 것을 의미한다. 그리고 이런 상태에서 우리는 전통적인 종교의 범주에 들지 않는 실재reality에 귀를 기울여야 할 것이다."

이것은 우리에게 하나의 문제를 남겨 놓는다. 마르크스는 결국 신앙은 하나의 사실인데, 사회학적 치장이 제거될 때까지는 신앙이 하나의 사실이라는 것을 우리는 알지 못한다고 말한다. 그리고 신앙이 사실이라면, 성실한 마르크스주의자들은 사실에 관심을 기울이기 때문에 이점을 주목해야 한다. 그리하여 마르크스의 솔직한 지적 입장이 그로 하여금 최소한 어떻게 그 문제를 생각하게 하였는지를 우리는 알게 되었다.

계시와 신앙이 '기독교'로 변질하는 일은 항상 일어났다. 그러나 지금은 기술 때문에 그 변질이 어느 때보다도 심각하다. 기독교 현상에 끼친 기술의 보완적인 영향이 있다. 이러한 변형은 세 가지 측면에서 분석될 수 있다.

첫째로, 기술이 기독교를 내적인 삶, 영성, 그리고 영혼의 구원으로 축소했다는 점은 확실하다. 이것은 이미 기독교 가운데서 널리 퍼진 경향이지만 지금도 굉장히 강조되고 있다. 본질적인 논의는 다음과 같이 진행된다.

"우리 기술 전문가들은 사회와 모든 사람의 삶이 의존하는 중요한 일들을 한다. 우리는 지식, 방법, 수단, 그리고 힘을 발전시킨다. 다른 모든 것은 피상적이며 그렇게 중요하지도 않다. 사람들이 종교적 감정을 필요로 한다면, 종교적 감정이 기술의 전개에 간섭하지 않는 한, 그리고 정부가 자신을 스스로 기술화시키고 기술화의 요구를 점차 강하게 한다고 해도 종교적 감정이 간섭하지 않는다면, 우리는 당연히 사람들이 종교적 감정을 가지는 것을 개의치 않는다. 그래서 이러한 종교적 감정은 영적인 영역에 머물러야만 한다."

이러한 논의는 동시에 다른 관점에서 보면 매우 파괴적이다. 나는 다음과 같이 자신을 정당화시키는 기술 전문가들을 종종 만난다.

"기술 때문에 인간은 모든 물질적인 문제와 기계적인 부담에서 풀려날 것이며, 놀랍게도 영적인 삶에서도 해방될 것이다. 그러므로 그리스도인들이여, 즐거워하라. 우리가 당신들의 기본적인 필요를 돌볼 것이며, 당신은 더 높은 차원으로 올라갈 수 있을 것이다."

우리는 성육신을 진지하게 받아들이며, 기독교 신앙이 소멸할 것이라는 점을 받아들일 수 없어서, 사실 우리는 이것을 계시에 대한 부정이라고 본다. 예수 그리스도께서 이 세상에 내려오셨다. 이것은 성육신을 함축하며 삶의 구체적인 조건들에 끼치는 영향을 담고 있다.

기술이 계시를 이렇게 포장해 버리는 두 번째 측면은, 기술이 기독교에 침투하는 것이다. 나는 완전히 다른 두 가지 예를 생각하고 있다. 하나는 선전과 광고 기술들 같이 기독교를 전파하기 위해 사용된 기술들이다. 물론 누구를 탓하려는 것은 아니다. 그러나 우리는 몇 년 전, 빌리 그래함이 한 것과 같은 복음 캠페인을 기억할 수 있다. 이와 같은 조직들은 순전히 기술적이다.

그것은 거대한 정치 조직들을 본뜬 것으로, 그들의 목적은 스탈린주의나 나치즘, 또는 다른 운동들이 전파된 것처럼 기독교를 전파하는 것이다. 이것은 정확히 같은 종류의 것이다.

그러나 예수 그리스도 안에 나타난 하나님의 계시는 특정한 오리엔테이션, 특정한 형태를 취하기 때문에 단순히 어떤 방법으로만 전해질 수 없다는 점을 깨달아야 한다. 심지어 기술적 방법들이 미리 정당화되어 있을 때도, 그 수단들을 구별하고 평가할 필요가 있다.

기독교에 대한 기술 침투의 다른 예는 성서를 분석하기 위해 사용된 구조 언어학이다. 이것은 이전의 성서해석 방법과는 완전히 다른데, 매우 엄밀하게 읽는 기술을 가지고 성서본문을 파악하는 방법이다. 이 기술은 엄격히 중립적이며 본문을 의미가 없거나 구조들로 이루어진 하나의 대상으로 다룬다. 우리는 대단히 많은 해석과 구조 언어학에 의해 흥분된 신학자들을 볼 수 있다. 그러나 실제로 그들은 성서의 의미를 죽이고 있는데, 그 이유는 다른 모든 기술과 마찬가지로 이 기술의 큰 영향은 의미 전체를 제거하는 것이기 때문이다. 성서가 의미가 없다면, 우리가 왜 수고스럽게 성서를 읽어야 하는가? 이 결과는 아주 개탄할 만하다.

마지막으로, 초점을 맞추어 볼 세 번째 측면이 있다. 사람들은 기술 발전에 우리가 책임을 지고 있다는 희망으로 종종 기술에 대하여 끝없이 칭찬을 한다. 그것을 부정할 수는 없다. 우리는 모두 발전한 의학적 기술 덕분에 암이 곧 퇴치될 것이라 확신한다. 다른 말로 하자면, 우리 희망은 기술의 발전 위에 놓여 있다. 그러므로 우리는 기술에 대해, 기술의 위대한 업적들을 절대적이고 조건없이 칭찬하거나, 또는 내가 이미 언급하였듯이 기술의 발전에 대한 희망을 품는 등, 기술에 대한 종교적인 태도를 지니게 되었다.

결과적으로 우리는 계시가 아닌 다른 어떤 것을 향한 신앙을 가지게 되었다. 비록 이러한 예가 오늘날 서구에서는 일어나고 있지 않지만, 나는 이러한 방향 바꿈의 구체적인 예들을 제시할 수 있다.

1920년 초에 소련 정부는 학교에서 다음과 같은 반종교적인 선전을 했다. 선생들은 두 개의 화단을 만들었다. 한 화단에 선생들은 씨를 뿌리고 씨들이 자랄 수 있는 필요한 모든 조처를 헌신적으로 취했다. 그러나 다른 화단에 그들은 아무것도 하지 않았다. 그러나 선생들은 무엇인가를 자라게 해 주도록 하나님께 기도하면서, 아이들에게 말했다.

"너희는 알겠지? 기술이 우리에게 무엇인가 자라게 해주는 수단을 줄 때 그것이 자란다. 그러나 우리가 어떤 것이 자라기를 위해 기도할 때는 아무것도 자라지 않는다." 여기서 우리는 확실히 계시가 아닌 어떤 것을 향해 신앙의 방향을 바꾸는 것을 본다.

그러나 기독교 계시가 정말 종교와 대립한다는 것을 성공적으로 보여 왔다면, 이는 기독교 계시가 세상에서 담당할 역할이 있다는 것을 함축한다. 왜냐하면, 우리가 이미 언급하였듯이, 기독교 계시는 우리 시대에 일어나는 일들로부터 동떨어진 것일 수 없기 때문이다. 그러나 이러한 역할은 종교의 사회적인 기능과는 다르다. 이것은 결정적인 점이다. 우리가 기독교 신앙을 하나의 종교로 변화시키고 기독교 신앙을 '기독교' Christianity로 변화시킬 때, 기독교 신앙은 다른 종교와 같은 기능을 한다.

기독교 계시와 신앙이 대립한다면, 이러한 계시에 대한 견해에 따라 그들은 다른 기능을 갖는다. 이러한 다른 기능에 대하여 세 가지 중요한 오리엔테이션을 제시해 보도록 하겠다.

기독교 계시의 첫 번째 기능은 기준criterion과 우리가 처음부터 말했던 비판적인 관점, 즉 체계 내에 포함되어 있지 않은 준거점을 제공해 준다는 점이다. 기술이 전체적이고 모든 것을 포괄하고 기술 체계는 발생하는 모든 현상을 자신 속에 통합시키는 것이라면, 또한, 기술이 모든 혁명적인 운동들은 궁극적으로 동화된다는 의미에서 "동화력이 있다면" 기술 체계를 피해 갈 수 있는 것은 무엇인가?

인간적인 관점에서 보면, 피할 수 있는 것은 아무것도 없다. 그러므로 우리는 그것을 피하고자 초월적인 존재를 필요로 한다. 오직 우리의 역사나 세계에 속해 있지 않은 것만이 이러한 기술 체계를 피할 수 있다. 가장 멀리 떨어진 행성도 점차 우리 체계의 일부가 되어가고 있기 때문에, 물론 나는 '본질적으로' 그것에 속해 있지 않은 어떤 것을 의미하는 것은 아니다.

우리는 초월적인 것을 필요로 한다. 이것을 말할 때 나는 변증법적인 것도 아니고 기독교를 옹호하려고 하는 것도 아니다. 그것은 나에게 조금도 문제 되지 않는다. 신의 존재를 증명할 필요조차 없다. 나는 단지 둘 중의 하나만이 가능하다는 점을 말하고 싶을 뿐이다.

하나의 가능성은 기술이 우리의 운명이 되고 있다는 점이다. 우리가 제3세계에서 보아 왔듯이 어떠한 문명도 그 점은 피할 수 없다. 내가 기술이 위기를 발생시킬 수 있다고 설명할 때, 평안한 상황에 결정주의가 있는 것과 똑같이 위기의 시기에도 결정주의가 있다는 것을 뜻했다.

그래서 첫 번째 가능성은 기술이 절대적인 결정론을 우리 사회와 우리의 세계에 도입함으로써 오랫동안 지녀온 종교적 의미에서 그것은 참된 운명이 되었다는 점이다.

다른 가능성은 기술에는 동화할 수 없고 제거할 수 없는 무엇인가가 존재한다는 것이다. 그러나 이것은 초월적일 수밖에 없고 절대로 우리 세계에 속해 있을 수 없다.

지금 나는 선택하려는 것이 아니다. 나는 우리가 이 가능성이나 저 가능성 중의 하나에 직면하고 있다는 것을 말하고 있을 뿐이다.

우리의 운명은 기술에 직면하거나 아니면 초월자의 존재에 직면하는 것이다. 이러한 초월자의 존재는 우리로 하여금 우리 자신이 처해 있는 세계를 평가해 볼 수 있도록 해준다.

이러한 초월자가 진정 존재한다면, 예수 그리스도 안에서 성서적으로 계시가 된 것이 그 초월자라고 가정할 수 있을 것이다. 그분이 우리에게 내려오셨다면, 그분은 우리 체계에 속한 분이 아니다. 그러면 우리는 그분이 우리를 자리매김한 곳에 우리 자신을 위치시킬 수 있다. 그렇다면, 이것은 체계에 대한 비평을 가능하게 해주는 외적인 관점을 우리에게 제공해 주는 것이다. 우리는 기술과 관련하여 어떠한 자유도 주장할 수 없어서, 이것은 또한, 자유를 보장해 준다.

우리는 외부로부터 우리에게 주어지는 자유가 필요하다. 우리에게서 나오는 것이 아니고, 우리가 할 수 있는 것한테서 나오는 것이 아닌 자유가 있어야 한다. 유일한 초월자만이 기술 체계 안에서 인간에게 자유를 보증해 준다.

달리 표현하면, 우리는 하나님에 대한 전통적인 사유방식을 완전히 역전시켰다. 우리가 매우 낡고 일상적인 방법으로 하나님에 대하여 생각할 때, 하나님이 존재하는지 전능한지 또는 우리가 할 수 있는 일은 아무것도 없는지를 논한다. 하나님은 모든 것을 미리 보시기 때문에, 우리는 어떤 것도 변화시킬 수 없다. 우리의 미래는 기록되었다. 여기 "기록되었다"는 표현은 이슬람교에서 흔히 쓰이는데, 기독교권에서도 실제로 널리 사용됐다. 그것은 기록되었거나 예정되었다. 우리가 할 수 있는 일은 아무것도 없다. 이것은 하나님을 일종의 운명으로 만드는데, 이것이야말로 내가 느끼기에 사람이 성서적 하나님에 대하여 가질 수 있는 가장 나쁜 그릇된 개념이다. 왜냐하면, 성서적 하나님은 무엇보다도 해방하시는 하나님이기 때문이다. 그분은 무엇보다 명하시고 지휘하시고 자제케 하시는 하나님이다.

나는 단지 한 가지 예를 들고자 한다. 이러한 하나님이 이스라엘에 가져다준 첫 번째 계시는 애굽으로부터의 해방이었다. 유대 사람들은 이에 관련해서 그들의 과거를 재해석했다. 이스라엘인에게 있어서, 하나님은 그들이 종 되었을 때 자유롭게 하여 자유의 땅으로 인도하신 분이다.

이러한 본문들이 성격상 어느 정도 실존적이라는 것을 보여주는 다른 것을 제시해 보겠다. 일반적으로 출애굽기에서 애굽으로 번역되는 그 단어는 미츠라임mitsraim이다. 그러나 사실 이 단어는 단순한 지리적인 장소 이상을 가리킨다.

미츠라임은 '이중 고통의 나라' The country of twofold anguish를 가리킨다. 그 설화는 한 백성이 속박으로부터 실제적이고 정치적인 해방을 맛보는 것에 대하여 이야기하며, 동시에 삶과 죽음이라는 이중적 고통으로부터 인간 해방을 이야기한다.

그러므로 이것이 계시가 수행한 첫 번째 역할이다. 하나님은 인간을 해방하시는 분이며 그의 백성을 해방하시는 분이다. 이것 역시 해방자이신 예수 그리스도에게서 확증된다. 그분은 성령에 관하여 우리에게 말씀하실 때 성령을 해방자라고 하셨다. 바울이 우리에게 예수 그리스도에 관하여 말할 때, 바울은 그리스도가 우리를 자유롭게 하셨다고 말한다. 그래서 우리는 이러한 초월자를 만나게 되는데, 그의 유일한 행동은 우리를 해방하는 것이며 매번 새롭게 시작되는 해방이다. 하나님이 이러한 초월자일 때에만 이러한 자유는 보증되고 확실해진다. 그렇지 않으면 그 역시 우리의 기술 체계 속으로 포함될 것이다.

이것은 신앙 속에서 받아들이는 기독교 계시에서 내가 중요한 것으로 여기는 기능 중의 하나이다. 그것은 이러한 초월을 기반으로, 우리에게 기준을 제시해 주며 비판적인 관점을 제공한다.

우리가 이미 제기하였던 문제와 관련된 두 번째 기능은, 현실이 아무리 어렵다 하더라도 절망하지 않고 그대로 현실을 볼 가능성을 기독교 신앙이 우리에게 주었다는 점이다. 있는 그대로의 현실 중, 특별히 위협적인 요소 중의 하나인 기술에 관해 나는 꽤 많은 이야기를 해 왔다. 기술 체계에 대하여 이러한 묘사를 하는 나는 비관주의자일까? 몇몇 비평가들은 기술에 대한 나의 해석이, 날카롭고 고압적이고 죄의 편만함을 주장하는 비관주의적 종교인 깔뱅주의로부터 왔다고 본다는 것을 알고 있다. 사람들은 죄인이고, 철저한 죄인이다. 그러므로 인간이 하는 것은 무엇이든지 나쁘다. 그러므로 기술은 인간들에 의해 만들어졌기 때문에 나쁘다.

이에 대한 대답으로, 나는 캘빈주의나 죄에 대한 깔뱅주의자들의 생각 중 그 어느 것도 나의 연구에 조금도 영향을 미치지 않았다고 말하겠다. 칼뱅과 관련하여, 나는 이미 오래전에 칼뱅의 생각들을 거부했다고 이미 말했다. 나는 캘빈주의의 사고방식에 전혀 동의하지 않는다. 죄에 관해서는, 내가 나의 사회학적이고 신학적인 성찰을 계속하면 할수록 죄의 범주가 더욱 덜 중요한 것이 되었다. 이 연구를 하기 전인 20대 초반에는 죄의 개념에 이후보다 많은 영향을 받았다.

몇몇 설교와 깔뱅주의 속에서 발견될 수 있는 죄에 관한 기본적인 생각은, 죄는 모든 것을 포괄하고 있으며 사람이 자기가 죄인이라는 철저한 확신을 하고 있을 때만 구원받을 수 있다는 놀라운 소식을 알 수 있다는 것이다. 그러나 성서 계시는 정확히 그 반대라고 나는 생각한다. 성서가 선언한 것은 죄가 아니라 구원이라는 점을 밝혀온 것은 칼 바르트의 업적이라고 나는 다시 한번 생각한다. 자신이 죄인이라는 사실을 아는 것은, 자신이 사랑받고 있으며 용서받았고 구원받았다는 것을 아는 때이다.

달리 말해서, 우리는 십자가에 있는 예수 그리스도를 바라봄으로써만 죄를 심각하게 받아들일 수 있는데, 그것은 죄의 중요성을 안 것이 바로 십자가이기 때문이다. 내가 구원받았다는 사실을 알게 될 때 나는 죄의 중요성을 깨닫는 것이다. 결과적으로 이것 역시 해방의 소식이며, 인간에 대한 비참한 소식이나 저주는 아니다. 인간의 보편적 구원을 증명하려고 노력한 나의 모든 후기 작품들에 나타난 신학적 발전은 죄의 개념이 나의 기술 분석에 어떠한 영향도 미치지 않았다는 것을 보여주고 있다.

그래도 내가 비관주의자인가? 전혀 그렇지 않다. 인간의 역사가 아무리 비극적이라 하더라도 궁극적으로는 하나님나라에 이르게 된다는 점을 확신하고 있기 때문에 나는 비관주의자가 아니다. 나는 인간의 모든 행위가 하나님의 행위와 재결합되리라 확신하며, 우리 각자는 아무리 죄를 지었다 하더라도 궁극적으로는 구원받을 것이라고 확신한다. 다른 말로 하자면, 역사적으로 볼 때는 상황이 절망적일지 모르지만, 어느 면으로 보나 비관적이지는 않다. 결과적으로 나는 우리가 사는 현실을 매우 진지하게 다룰 수 있으며, 우리의 현실을 구원과 하나님의 사랑과 연결지어 볼 수 있는데 여기에 비관주의 여지는 전혀 없다.

기술에 대한 이러한 분석에 반대하는 사람과 이러한 분석을 비관주의적이라고 부르는 사람은 현실을 거부하고 철저히 자기 자신을 기만하는 것이다. 나는 그들이야말로 환자에게 어디에 이상이 있는지 말해주지 않는 나쁜 의사라고 생각한다.

어떤 내과 의사가 환자에게 그러저러한 병이 걸렸다고 말해줄 때 그 의사가 비관주의적인가? 그 의사는 진단했고, 그 진단에 기초해서 치료한다. 병이 심각할 때, "심각하지 않습니다. 걱정 마십시오. 그 병에 관하여 생각하지 마십시오. 당신이 지금까지 살아왔던 것처럼 사십시오"라고 말하는 의사가 좋은 의사일까? 전자의 의사를 염세주의자라고 부르고자 하는 사람들은 우리 사회와 같은 사회현실 속에서 위험한 인도자들이라고 나는 생각한다.

현실을 있는 그대로 볼 때, 내가 묘사하려고 했던 기술은 우리를 마비시키고 낙담하게 하는 것일 수 있으며, 절망으로 이끌어 줄 수도 있다. 그러나 그와 같은 낙담과 절망이 있는 곳에 약속과 소망과 해방을 선포하는 것이 성서의 계시이다. 아무리 광기 어린 역사가 우리 앞에 나타난다 하더라도 계시는 하나님의 약속 안에 자리잡고 있으며, 정말로 하나님나라로 이끌어 준다는 의미에서 계시는 약속을 배달한다. 이러한 의미에서, 계시는 소망을 배달해 준다고 말할 수 있다. 그것은 기술 분석에 의해 제기된 고통에 대한 해답일 뿐만 아니라, 현대 인간의 고통과 나의 고통에 대한 해답이다.

현대인의 고통은 무의식적이지만 근본적이다. 여기서 우리는 내가 이전에 언급했던 이중적 고통으로부터의 해방을 발견한다. 그것은 고통과 무의미한 역사에 대한 해답이다. 만약 역사가 진정으로 의미를 지니고 있다면, 그러한 의미는 계시와 예수 그리스도에 의해 우리에게 주어진다. 이 역사가 의미가 있다고 말할 때, 이 말을 사람이 모든 사건에서 중요성을 발견할 수 있으며 각각의 사건이 무엇을 의미하는지 발견해야 한다는 것으로 해석해서는 안 된다.

나는 이것을 말하려고 하는 것이 아니다. 우리의 역사는 우리의 책임이다. 그러나 그것은 "바보 천치에 의해 말해진 하나의 이야기"는 아니다. 우리는 시작과 끝을 가지는 어떤 것을 다루고 있다. 예수 그리스도께서 "나는 알파와 오메가이며 처음이요 나중이라"라고 말씀하셨을 때, 모든 사건을 가진 역사는 두 극점 사이에서 펼쳐진다는 것을 의미한다. 그러나 이러한 역사를 만드는 것, 기독교 계시에 대한 소망과 해방에 의해 주어진 용기를 가지고 역사를 만들어 가는 것은 우리의 일이다.

마지막으로, 믿음으로 받아들여진 기독교 계시의 세 번째 기능은, 이러한 일반적인 이해를 하고 '하나님나라'라는 목적을 지니기 시작하면서 우리의 행동뿐만 아니라 수단도 구별하고 평가해야만 한다는 것을 상기시켜 주는 것이다. 우리의 행동에 관한 한, 이것은 전통적이고 도덕적인 태도이다. 사람들은 특정한 평가 체계를 가지고 한 사람의 행동이나 자신의 행동을 평가한다.

그러나 우리는 여기서 주의해야 한다. 도덕이 그것으로 판단할 더 발전한 기준을 세울 때, 기독교 계시는 목적을 가지고 시작한다.

말하자면, 사람은 창조하고 시작하는 것이 아니라 '하나님나라'라는 새 창조와 함께 시작한다. 우리는 그러한 목적을 향하여 가는 반면에 우리에게 계시가 되어 있는 목적은 우리를 현재로 돌아오게 한다. 거기서 우리는 사람들의 행동보다는 수단을 판단할 수 있게 된다.

오늘날의 중심 문제는 수단과 기술의 힘에 대한 문제이기 때문에, 우리는 이제 기술 문제의 핵심 안에 있게 된다. 우리는 지속적으로 정치적인 삶, 경제적인 삶, 우리의 실제적이고 전문적인 삶 가운데서 이용된 수단, 다시 말하면 모든 기술에 대해 의견을 개진하도록 요청을 받는다.

이렇게 하려면 우리는 "목적이 수단을 정당화한다"라는 격언을 확실히 거부해야 한다. 어떠한 목적도 수단을 정당화할 수 없다.

이것은 신학적으로 이해하기가 어려울지도 모르지만, 목적, 종결, 그리고 결론인 하나님나라는 지금 현재에 존재하는 실재이기 때문이다. 하나님나라는 우리가 사용하는 수단 속에, 이미 여기에 존재한다. 그러므로 우리는 이러한 수단들이 하나님나라의 현존을 품고 있는지 여부를 알아야 한다. 기술이 인간을 정당화하는 수단이며, 인간을 해방하는 수단이며, 인간에게 기쁨을 가져다주는 수단일까? 어떠한 역사적인 목적도 수단을 정당화시킬 수 없다는 것을 인식하는 것이 우리가 내려야 할 판단이다.

우리는 점차 정치 체계에 의해 설립된 가장 좋고 웅장한 목적들도 항상 재난으로 변화된다는 점을 깨닫게 되었다. 그러므로 우리는 무한히 성장하는 수단을 거부할 필요가 있다. 우리로 하여금 수단의 이러한 제한 없는 성격을 거부하게 하는 것은 엄밀히 말하면 기독교 신앙이다.

세상에서 믿음으로 수용된 기독교 계시의 많은 기능 중 위와 같은 세 가지 요소를 간략히 살펴보면서, 이러한 기독교 신앙이 한편으로는 사람이 세상 속에서 행동하고 단순히 세상을 피하려고 하지 않는다는 것을 함축하고 있으며, 또 한편에서는 모든 것은 우리가 믿는 사실에 기초하고 있다는 것을 함축한다는 점을 확실하게 이해할 필요가 있다.

그러나 우리는 무엇을 믿는가? 확실히 우리를 위해 모든 것을 조직하는 하나의 섭리자를 믿는 것은 아니다. 모든 것을 하는 하나의 신을 믿는 것도 분명히 아니다. 그리고 그 반대, 즉 인간과 역사에 따라 행동하는 신도 분명히 아니다. 우리가 믿는 것은 하나님의 약속이 진정으로 우리가 살고 행동하는 상태들을 변화시킨다는 점임을, 우리는 매우 명확하게 해야만 한다.

달리 말하면, 예수 그리스도에 대한 신앙이 있기에 현실을 변화시킨다는 것이다. 우리는 소망이 결코 미래를 향한 탈출구가 아니라 오히려 강력한 힘이며, 그리고 사랑이 우리로 하여금 현실을 깊이 이해하게 해준다는 점을 믿는다. 사랑은 우리의 실존에 대한 가장 현실적으로 가능한 이해일 것이다. 그것은 환상이 아니다. 오히려, 그것은 현실 그 자체이다.

그렇다면, 그리스도인들은 기술 사회에서 세상의 소금과 같은 결정적인 역할을 해야만 한다. 나는 기독교권에서 진실한 인격적 신앙을 흔히 보는데 이것에 대해서는 언급하지 않겠다. 그러나 세상과 관련하여, 사회에서 일어나는 것에 대한 완전한 무관심과 철저한 무지, 그렇지 않으면 정치분야에서 예로 들 수 있는 것과 같은 철저히 피상적인 연관성이라는 두 가지 상황이 있음을 나는 인식하고 있다.

불행하게도, 그리스도인들은 사회생활에서는 어떤 종류의 명석함도 가지고 있지 않은 것처럼 보인다. 예를 들어 프랑스에서는 좌익이 되어 혁명적으로 되는 것이 매우 좋고 고결하고 꽤 훌륭하게 보인다. 그것은 풍부한 좋은 감정을 지니고 있다는 것을 보여준다. 그러나 그것은 19세기 도덕주의자가 되는 것과 전혀 차이가 없다. 그리고 그것이 우리가 사는 세계에 대한 기본적인 이해의 부족을 드러내 준다는 점에서 이 두 요소는 정확히 똑같다.

기술이 지배하는 사회에서, 그리스도인들이 믿음으로 계시의 심부름꾼이 된다는 것이 실제로 무엇을 의미하는 것일까? 여기서도 나는 역시 그리스도인들이 담당할 필요가 있는 세 가지 측면의 기능에 초점을 맞출 수 있다고 믿는다.

첫째로, 우리는 절대 기술을 거부해서는 안 된다. 나의 견해는 기술주의에 반대하는 것도 아니고, 기술에 대한 판단도 아니다. 하나님만이 오직 재판관이기 때문에 판단하는 것은 우리의 할 일이 아니다. 인간의 업적은 하나님에 의해 새 예루살렘을 세우는 데 사용된다고 나는 이미 말했다.

요한계시록은 "모든 족속의 영광이 새 예루살렘에 들어갈 것"이라고 말한다. 모든 족속의 영광에는 기술도 포함된다. 그러므로 우리의 태도는 반反기술적인 것이 아니라, 오히려 기술에 대한 비판적 수용이다. 이러한 측면은 두 가지 영역에서 나타날 수 있다고 나는 믿는다.

예를 들어, 우리는 과학과 기술을 계시의 관점에서 비판할 필요가 있다. 성서 본문의 계시 속에 있는 사회학적이고 심리적인 요소들을 과학적으로 비평해야 한다는 데 우리는 이제 동의했다. 우리는 성서 본문에 대한 과학적 비평을 기꺼이 수용하지만, 그 반대도 잊어서는 안 된다. 과학적인 논리는 우리가 상상하는 것만큼 절대 확실하지 않으며, 그들 역시 다른 관점, 즉 계시라는 측면에서 비판받아야 한다.

그러나 무엇보다도 우리의 태도는 소위 우상타파주의적이 될 것이다. 나는 우상타파주의를 그리스도인의 행동에 관한 원칙이나 주요 특징으로 보지 않지만, 그럼에도 그것은 중요하다. 우상타파주의는 종교적인 형상들을 파괴하는 것인데, 그것은 여기서 무엇을 의미하는가? 그것은 순전히 기술의 신성화된 종교적 특징을 파괴해야 한다는 것을 의미한다.

우리가 기술을 단지 유용한 대상으로만 보고 그것들이 정말로 유용한지를 우리는 확인해 볼 필요가 있다. 우리가 기술 그 자체와 사회의 기술을 신봉하기를 그친다면, 그리고 우리가 더는 기술을 두려워하지 않고 다른 여러 가지 중의 하나로 취급한다면, 이는 기술이 인간 위에 군림하게 되는 기반을 파괴하는 것을 의미한다.

기술 전문가들이 이것을 수용하기는 물론 매우 어렵다. 당신이 언론의 광고를 확인해 본다면, 그들이 얼마나 기술 세계를 신성하게 생각하는지 알게 될 것이다. 기술 전문가들이 상대적으로 유용하지만 전혀 중요하지 않은 기계들의 단순한 종이 되는 것을 수용하기는 매우 어렵다. 그러나 나는, 필수적인 우상타파주의와 결합한 이러한 비판적인 수용이 그리스도인들이 떠맡아야 하는 기능의 첫 번째 측면이라고 생각한다.

두 번째로, 그리스도인들은 우리 사회와 같은 곳에서, 우리가 이미 이야기한 고통에 빠져버린 이들과 신경과민에 시달리는 이들, 그리고 우리의 역사와 미래를 위한 소망 espérance, Hope의 전달자가 되어야 한다. 그러나 우리는 경계해야 한다. 그리스도인의 소망은 인간에 대한 신념에 기초하는 것이 아니라 정확하게 그 반대이다. 그리스도인의 소망은 우리가 전혀 우리의 의지대로 하지 않을 것임을 확신하는 것을 의미한다. 그것은 하나님의 사랑에 대한 확증이다.

그리스도인의 소망뿐만 아니라 성서 본문에 나타난 근본적인 소망은 존재 이유와 존재 장소를 가지고 있는데, 오직 거기에는 그 어떤 인간의 희망도 없다. 인간의 희망espoir, hope은 내일이 더 나을 것이라는 느낌이다. 사람들은 경제적 위기의 고통 속에 처할 수도 있는데, 그 위기가 1년이나 2년이면 끝나리라는 희망의 근거를 가질 수도 있다. 이러한 종류의 희망이 존재하는 한, 소망espérance,을 품을 이유가 전혀 없다. 인간적인 희망만으로도 충분할 것이다. 엄밀하게 말하면 인간적인 희망을 바랄 수 있으면, 소망은 존재 이유를 가질 수 없다. 이것은 희망에 반대되는 소망이다.

그렇다면, 소망은 단순히, 하나님이 하나님이고 하나님이 사랑이기 때문에 항상 미래가 존재한다고 하는 사실일 것이다. 심지어 오늘날 미래가 완전히 봉쇄된 것처럼 보이고 심지어는 우리가 더는 어떤 것도 이해할 수 없고 예견할 수 없다고 하더라도이것은 확실히 우리의 상황인데, 우리의 미래는 가능하고 긍정적이다. 우리의 미래는 파괴적이지는 않을 것이다. 다르게 표현하면, 소망을 품는 것은 우리에게 오늘을 살 용기를 주는 것을 의미한다.

그리스도인들의 세 번째 기능은, 그들이 이 사회에서 자유의 담지자기술적인 조건화가 점차 격해져서, 사람들에게 결정적인 것이 될 때의 자유의 전달자로 부름을 받았다는 사실에 놓여 있다. 우리가 예수 그리스도에 의해 자유로워졌다는 것을 들을 때, 우리는 그것을 진지하게 받아들여야 한다. 이것은 어떠한 운명도 존재하지 않는다는 것을 의미한다. 그것은 우리를 조건 지우는 것과 관련시켜 볼 때, 우리가 자유로운 사람들처럼 행동해야 한다는 것을 의미한다.

자유로운 사람들처럼 행동하는 것이 하나의 자유로운 구조 안에서는 아무 의미도 없다. 그러나 우리의 상황이 제어되고 결정론적인 상황이기 때문에, 자유로운 사람처럼 행동하는 것은 예수 그리스도에 의해 실제로 해방될 것을 의미한다.

그래서 기독교 윤리가 존재한다. 기독교 신앙이 도덕에 대립한다는 것을 이미 말해왔지만, 그럼에도 불구하고 기독교 윤리는 존재한다. 그러나 이러한 기독교 윤리는 자유 중의 하나이며, 이론적이거나 추상적이지 않다. 이 때문에 그리스도인들은 사람들이 스스로 결정할 가능성을 회복하기 위해 모든 주도권을 사용할 의무를 지게 된다. 일 개인이 개종하든지 개종하지 않든지 간에, 이러한 결정은 필연적으로 종교적인 수준의 결정은 아니다.

이미, 우리 사회에서는 사람들이 스스로 결정할 수 있고 자유의 전달자가 될 수 있다. 일들이 그렇게 조건 지워지고 조직되고 계획되었다면, 거기에는 소위 공백이 늘 있을 것이다. 이 구조 속에서 메커니즘의 부분들 사이에 자유로운 휴식이 있다. 그리스도인은 정부, 관료조직 등과 같이 서로서로 연결된 사회의 모든 부분에 가능한 한 많은 자유를 가져다주는 사람들이다. 유연성이 필요하다. 이것이 단지 구호만은 아니다. 그러나 우리는 우리 자신을 속여서는 안 되며, 한 운동이 일단 권력을 잡게 되면 이전 정부만큼이나 사람을 억압할 것이라는 것이 명확해진다면, 그것이 신성한 해방운동이 아니라는 것을 우리는 확신해야 한다. 그러므로 우리는 우리가 명확하고 확실한 시각을 지녔다면 인간의 자유를 위한 운동에 참여해야만 한다.

기독교 계시의 이 세 가지 이해가 그리스도인들이 하도록 요청받은 모든 것을 요약한다고는 절대 생각하지 않는다. 계시가 단지 이 세 가지 기능만을 요구한다고 말하는 것도 아니다. 그러나 나는 이것들이 우리가 감당해야 할 역할이며, 이것이 그리스도인인 우리가 기술 사회에서 살아야만 하는 방식이라고 생각한다.

부록1, 기술에 대한 일반적 오해 바로잡기

부록2, 총정리

부록1
기술에 대한 일반적 오해 바로잡기

여기에 덧붙인 두 개의 부록[1]은 독자 여러분이 엘륄을 읽는 데 도움을 주려고 추가한 것이다. 그렇다고 행여나 그의 글이 명료하지 않다는 뜻은 절대로 아니다. 엘륄의 글 중에 어떤 것은 프랑스 고등학생들을 위한 현대 프랑스 문학의 명료한 글쓰기 사례에 포함될 정도니 말이다. 나는 다만 두 가지 정도의 이유 때문에 엘륄의 저서를 읽는 데 어려움이 있다는 말을 하고 싶다. 첫째는, 번역 상의 문제가 많다. 예컨대, 네 장의 인터뷰 내용으로 구성된 본서의 번역을 살펴보니 손 볼 곳이 너무도 많다는 생각이 강하게 들었는데, CBC 기획의 편집자가 믿지 못할 정도였다. 하루 정도 함께 내 교정 안 표본을 살펴보고 나서, 나는 어렵지 않게 편집자를 납득시킬 수 있었다. 엘륄 부인도 자신이 살펴본 몇 가지 번역과 관련해서 비슷한 말을 나에게 한 적이 있다. 두 번째로, 기술철학자들은 예외 없이 거의 모두가 엘륄의 작품을 완전히 잘못 읽고 있다. 물론 나는 번역서에서 엘륄의 언어가 영어권 독자들에게 가끔 철학적으로 보일 수 있음을 잘 알고 있다. 하지만, 엘륄은 본래 역사학자요 사회학자였다.

---

[1] 부록 1과 2는 다음의 책, W. H. Vanderburg, *The Labyrinth of Technology* (Toronto: University of Toronto Press, 2000, 2002), *Living in the Labyrinth of Technology* (Toronto: University of Toronto Press, forthcoming 2005)에 기초하고 있다.

오해를 일으키는 여러 원인 중 하나는 프랑스어 중에는 영어 단어, 테크놀로지technology와 정확히 일치하는 단어가 존재하지 않는다는 사실이다. 프랑스어에는 두 개의 단어가 있는데, 하나는 실재reality을 가리키는 technique라는 말이고, 다른 하나는 그 실재에 대한 담론discourse을 지시하는 technologie라는 말이다. 편집자주:프랑스어의 레알(réel)과 레알리떼realite는 현실과 실재(사실)로 구별된다. 둘 다 영어 reality(현실,실재)로 번역되지만, 엘륄은 technique(기술)와 technologie(기술담론)를 구분한다.

2장에서 엘륄이 지적하고 있듯이, 이것은 영어에서 사회society와 사회학sociology을 구분하는 것만큼이나 차이가 크다. 산업화industrialization가 처음 시작될 때부터 프랑스인들은 그것이 단지 공업이 늘어나고 필요한 몇 가지 편의 시설을 만들어 내는 정도에 그치는 것이 아니라 세계 속에서의 인간 생활 전체가 완전히 재편된다는 사실을 잘 알고 있었다. 이 때문에 프랑스어에서 technique의 의미는 영어에서 다음과 같은 문장의 의미와 비슷하다. 즉 그녀는 훌륭한 테크닉technique을 가진 탁월한 스키 선수라거나, 혹은 이 피아니스트는 비범한 실력technique의 소유자라는 식이다. 같은 맥락에서, 프랑스어 단어technique는 절대로 테크놀로지와 산업에만 초점을 집중하지 않는다. Technique은 한 민족이 전통적으로 따라왔던 어떤 방식이라기보다는 세계를 이해하고 다루는 여러 다양한 방식을 가리킨다.

어쩌면 기술을 문화와 대조해 보면 도움이 될지도 모르겠다. 여기서 문화란 세계 내에서 인간의 삶을 상징화함으로부터 생겨난 인간 창조물의 총체로 해석된다. 다음 일화는 이러한 나의 접근을 지지해 준다. 나는 1978년 봄까지 약 5년 동안 엘륄과 함께 지낸 적이 있었는데, 그 끝 무렵에 나는 엘륄에게 『정신과 문화의 성장』*The Growth of*

*Minds and Cultures*라는 제목으로 출판하게 될 글의 초고를 보여주었다. 내 원고를 읽어보고서 그는 자신이 전에 그 전반적인 내용에 대해서 얼마간이라도 말한 적이 있지 않으냐고 물었다. 나는 충분히 가능한 일이라고 대답했는데, 이는 내가 그의 글을 전부를 읽은 것이 아니었기 때문이었다. 그리고는 그에게 참고할 만한 조언을 부탁했다. 그는 흔쾌히 수락했고, 며칠 뒤 우리는 다시 만났다. 그는 나에게 말하기를 사실상 자신은 어디에서도 그러한 식으로 문화의 개념을 명백하게 발전시킨 적이 없었다고 말했다. 하지만, 나는 이러한 식의 문화의 개념은 그의 교과 과정 및 저술 중에서 내포되어 있었으리라고 생각한다. 나는 문화의 개념을 다음의 질문을 통해서 어느 정도는 발전시켜왔다. 곧 사람들이 기술 이전before에는 어떻게 살아왔는가 하는 것과 어떻게 기술 이전의 삶의 양식이 현대의 기술과 공존하고 있는가 하는 것이다. 이에 대해서 엘륄은 동의했으며, 내 책의 서문에서 자신의 몇 가지 다른 관찰 정보를 잘 설명해 주었다. 그래서 나는 삶에 대한 기술적 접근이라고 부르는 것을 문화적 접근과 대조하는 방식을 통해서 기술의 개념에 대한 혼돈을 말끔히 정리해 버리고자 한다.

엘륄은 기술을 정의하기를 "인간 활동의 모든 영역에서 특정한 단계의 발전을 목표로 하여, 절대적 효율성을 가지는, 그리고 합리적으로 도출된 방법들의 총체"라고 했다.[2] 이러한 정의는 인간의 삶과 세계에 대한 새롭고, 매우 다른 접근법에 대해서 암시한다. 사용하는 방법들은 더는 경험과 문화를 바탕으로 결정되는 것이 아니게 된다. 여기서

---

2) Jacques Ellul, *The Technological Society*, Trans. John Wilkinson (New York: Vintage Books, 1964), XXV.

문화라 함은 오랜 세대를 통해 전수된 것으로서, 축적된 체험이 집단적 지혜로 변화된 것이라고 할 것이다.

반면에 새로운 방법은 합리적으로 결정되는데, 다시 말해서 '삶의 정황' context이 아니라 비율 곧 효율성에 의해서 결정된다. 그뿐만 아니라, 이들 새로운 방법은 인간의 필요나 욕구, 혹은 열망을 우선으로 고려하지 않으며, 그런 이유로 모든 종류의 인간적 가치에 대해서 관심을 기울이지 않는다. 이제 그 방법이 문제 삼는 것은 소요되는 입력치input와 희망하는 출력치output 간의 비율로 산정된 최대 효율성뿐이다. 인간 삶의 의미나 가치에 대해서는 아무런 관련도 없다. 개별적으로 봤을 때, 이들 방법은 직접적 환경 및 세계를 소요되는 입력치와 희망하는 출력치로 제한한다. 집합적으로 보면, 이들 방법은 입력치를 출력치로 변환하는 기술 공정processes에 의해서 생겨난 기술적 질서로만 관심을 엄격히 제한한다. 이때 이들 공정은 물질, 에너지, 노동력, 자본, 그리고 정보 등과 또한 생산품 및 모든 종류의 서비스 입출력 교환에 의해서 연결된다. 이러한 기술 기반적 연속성은 사회의 조직적 관계의 일부를 형성하며, 모든 영역의 인간 행위를 아우른다.

지난 두 세기 동안 삶에 대한 문화적 접근에 우선으로 의존해왔던 사회는 기술적 접근에 우선으로 의존하는 대중 사회로 전환됐다. 각 접근법의 장단점은 이러한 전환이 있기 전과 도중에, 그리고 있고 난 후의 인간의 삶과 세계에 지대한 차이를 만들어 냈다.

삶에 대한 문화적 접근

삶에 대한 문화적 접근은 중심 역할을 하는 이성logos에 기반을 두고 있으며, 전통적으로 문화는 인간의 삶에서 중대한 역할을 감당해 왔다. 이성적 인간은 도구적 인간 보다 앞선다. 나뭇가지는 그것이 활이나 노로 써먹기 전에 먼저 인간과 비슷한 어떤 존재로 상징화돼야 했다. 식물이나 동물도 집에서 키우기에 앞서 단순히 생태계를 형성하는 구성물 이상의 것으로 상징화돼야 했다. 죽음은 제의적 매장이 필수적인 것으로 여겨지기 전에 먼저 다른 뭔가로 상징화돼야 했다. 그러한 상징화의 실례들은 세계 속에서 의미를 창출하면서 살아가려는 체계적 시도의 한 부분이었다. 그러니까 각자의 직접적인 체험을 다른 모든 사람과 연결된 삶의 한 순간으로 상징화함으로써 집단 내에서 살아가는 인간 생활의 순간들로 만들었던 것이다. 그리하여 사회적이고 물리적인 환경들과의 모든 접촉은 다른 모든 사람과 연결되는 것으로 상징화되었으며 세계 속에서의 삶의 각각의 순간들로 여겨졌다.

상징화는 이러한 방식으로 생물권의 생태계 내에서 우리의 생태적 지위를 상징적 우주로 변환시켜 나갔던 것이다. 이러한 상징적 우주 안의 모든 것에게 이름 붙이는 행위는 개인의 삶-의미와 가치가 부여된 세계에서의 생활 방식을 통해서 집단의 한 구성원으로서 살아가는 삶- 에서의 모든 것의 위치와 중요성을 다른 모든 것과 관련해서 나타내 준다.

따라서 상징화는 먼저 세계에 대한 인간 인식의 표현이다. 또한, 상징화는 세계가 인간의 인식 즉 특정 시간, 장소, 문화에 대한 세계 인식에 미친 영향의 표현이다. 문화와 그 문화에서의 생활 방식은 수많은 세대의 체험을 삶을 위한 '기획' project과 '설계' design로 표현하였다.[3] 이들 모든 "기획"이 공통으로 가지는 것은 앎과 행함이다.

이 앎과 행함의 기초는 이름, 의미, 가치 등의 수단을 활용하여 인간 삶의 모든 것을 서로 관계 안에서 위치시킨다. 그리고 여기에는 미지의 것도 포함되어 있다. 이러한 식으로, 상징화는 인간의 능력을 신장시켜서 삶을 살아내고 역사를 만들어 가게 한다. 그래서 이러한 상징화는 자연적 진화 과정에 그저 순응해 가는 것이 아니다. 매 순간은 한 개인과 개인이 속한 공동체의 삶에서 필수 구성 요소가 되며, 궁극적으로 알 수 없는 실재와의 접촉은 살 만한 세계에서는 없어서는 안 되는 필수 구성 요소가 된다. 세계 내에서의 앎 및 삶의 전략으로서의 삶에 대한 문화적 접근은 '삶의 정황' context을 최대한 활용하는 것을 바탕으로 한다.

이것의 중요성은 "삶을 산다"는 통상적인 표현에도 반영되어 있다. 삶의 연속성은 당연한 것으로 여기지만, 단기 기억상실증이나 알츠하이머 병이 찾아오면 사정이 달라진다. 이들 질병은 새로운 경험을 상징화하는 능력이 방해를 받는 병인데, 상징화란 그동안 살아오면서 뇌 속에 구축된 방대한 신경계의 연관 구조 속에 새로운 경험을 연결하는 것을 말한다. 환자들의 뇌-마음 brain-mind, 독립적 역할을 하는 마음과 뇌의 상호 관계의 조직화는 이들 체험을 전혀 새로운 방식으로 상징화한다. 그리하여 새로운 경험은 더는 기존의 삶 속의 한순간으로 살아지는 것이 아니라 분리된 실존의 순간이 되고 만다. 병을 앓는 환자의 시간, 공간, 사회적 영역에서 분리된 존재는 그들을 자신들의 삶에서뿐만 아니라 다른 사람들의 삶 및 주변의 환경으로부터도 단절시켜 버린다. 예컨대, 그러한 환자가 낯선 건물 안에서 한 모

---

3) W. H. Vanderburg, *The Growth of Minds and Cultures: A Unified Theory of the Structure of Human Experience* (Toronto: University of Toronto Press, 1985).

통이를 돌아서고, 그는 걸어왔던 길을 되돌아서 정문으로 돌아오는 것이 불가능하다. 왜냐하면, 그는 자신이 회전한 것도 잊어버렸기 때문이다. 길을 묻는 것도 거의 불가능하다. 왜냐하면, 대화도 금방 잊어버리기 때문이다.

그러한 상태에 있는 사람은 더는 세상에서 삶을 살 수 없다. 그저 미시 세상의 한 사건 속에 거주할 수 있을 뿐이다. 이 미시 세상은 그런 상황이 벌어지기 전까지 살았던 삶과만 겨우 연결된 세상다.

이와 유사한 연관성의 상실이 집단적인 차원에서도 발생할 수 있다. 이것은 진단하기 훨씬 어렵고 논쟁의 소지가 크다. 그럼에도, 문명의 흥망성쇠에는 집단적인 인간 삶의 연속성이 변화되어 온 것이 포함되어 있다. 예를 들어, 문명이 더는 집단 내 구성원들의 삶에 의미나 방향, 목적을 제시하지 못하면 붕괴할 위험에 처하게 되는데, 나중에는 여러 그룹으로 나뉘어 각자 제 갈 길로 가게 할 수도 있다. 몇몇 고대 그리스인들이 이러한 상황에 대해서 했던 반응은 서구 문명에 심대한 표시를 남겨 놓았다. 소크라테스와 플라톤은 타문화와의 접촉을 통하여 그리스 문화가 상대화된 것 때문에 그리스인의 삶의 연속성이 취약해진 것을 간파했다. 그들은 자신들 문화의 논리적 기초를 수립하기 위해서 일상생활의 경험 배후에 놓여 있는 합리적 규칙을 발견하려고 노력했다.[4] 훨씬 뒤에 카를 마르크스는 인간 삶의 구조를 왜곡하는 것과 소외 및 허위의식의 문제를 제기했다.[5] 에밀 뒤르껭Emile Durkheim은 연속성을 취약하게 하는 산업화 사회의 근

---

4) 이 점에 대해서는 에릭 보겔린(Eric Voegelin)이 가장 강력하게 주장하였다. 그의 책, *Plato* (Baton Rouge: Louisiana State University Press, 1966)을 보라.
5) Bertell Ollman, Alienation: *Marx's Conception of Man in Capitalist Society* (Cambridge: Cambridge University Press, 1971).

본적 변화에 주목했으며, 그로 말미암아 초래되는 아노미현상에 관심을 기울였다.[6] 막스 베버는 합리성의 증가와 그것이 인간 삶에 미치는 영향에 주목했는데, 그는 세상의 탈마법화disenchantment of the world라고 불렀던 현상에 대해 관심을 기울였다.[7] 아놀드 토인비는 새로운 환경에서 집단적 삶의 연속성을 모색할 필요가 남아 있었다는 관점에서 문명의 흥망성쇠를 설명하고자 했다.[8] 엘륄은 그가 기술technique이라고 부르는 것의 영향 아래 일어나는 인간 삶의 사물화reification에 대해서 경고했다.[9] 가장 최근에는 인공지능 연구원들이 규칙, 연산, 미시세계 명령문, 프레임, 그리고 구성단위 역할을 하는 것들entities의 관점으로 일상적 경험의 연속성을 기술하는 데 실패했다.[10] 20세기를 지나면서, 전에는 언제나 당연하게 생각했던 실재와의 상징적 연관성은 사회과학 및 인문학의 연구 주제가 되어가고 있다.

과거에는 모든 집단이나 사회의 문화적 접근 안에 과학과 테크놀로지가 일부 포함되어 있었는데, 당시 이들 과학과 테크놀로지는 매우 독특한 것이어서 문화적 접근 전반에 유포되어 있었다. 이는 세

---

6) Emile Durkheim, *Selected Writings*, ed. And trans. with an introduction by Anthony Giddens (London: Cambridge University Press, 1972).

7) Max Weber, "Science as a Vocation," in *From Max Weber: Essays in Sociology*, eds. H. H. Gerth and C. Wright Mills (New York: Oxford University Press, 1963), 129-56; Rogers Brubaker, *The Limits of Rationality: An Essay on the Social and Moral Thought of Max Weber* (London: Allen and Unwin, 1984).

8) Arnold Toynbee, *A Study of History*, abridgement of vols. 1-10 by D. C. Somervell (London: Oxford University Press, 1946).

9) Jacques Ellul, *The Technological Society*; Jacques Ellul, *The Technological System*, trans. Joachim Neugroschel (New York: Continuum, 1980); Jacques Ellul, *The Technological Bluff*, trans. Geoffrey W. Bromiley (Grand Rapids, MI: W. B. Eerdmans, 1990).

10) Hubert Dreyfus, *What Computers Still Can't Do: The Limits of Artificial Intelligence* (Cambridge, MA: MIT Press, 1992).

계의 상징화에 과학과 테크놀로지가 필수적이었기 때문이다. 결과적으로, 과학과 테크놀로지는 집단적 생활 방식과 맞아떨어졌으며 지역 생태계가 그러한 생활 방식을 유지하도록 도움을 주었다.

20세기 초반, 과학과 테크놀로지가 기술의 보편적인 구성 요소가 되었을 때, 그것들은 문화 기반적 상징화를 깨뜨렸으며, 특정 시간, 공간, 그리고 문화와 맞지 않고 지역 생태계와도 맞지 않는 생활 방식을 창조해내고 말았다. '적정 기술' appropriate technology과 '지속 가능한 생활 방식' sustainable way of life과 같은 개념들이 20세기 후반부에 만들어져야 했다는 사실은 삶에 대한 문화적 접근이 쇠퇴하고 있다는 징후일 것이다.

삶에 대한 기술적 접근

과학과 테크놀로지의 보편화는 두 가지 상호 의존적 발전을 수반한다. 첫째, 서구 과학과 테크놀로지가 자신들이 속해 있던 주인 문화host culture로부터 분리되자, 결과적으로 생활 방식은 문화적이고 지역적인 것이 아니라 과학과 테크놀로지에 적응해야만 했다. 다음으로, 이것은 삶의 다른 영역으로 확산하였는데, 이것은 소위 기술 즉 삶에 대한 기술적 접근으로 창조된 기술이라고 불리는 훨씬 더 큰 뭔가의 출현 원인 및 결과가 되었다. 문화적 접근과는 반대로, 이러한 기술적 접근은 '삶의 정황'의 최소 활용에 기초한 세계에서의 앎과 삶의 방식을 표현한다. 우리 자신과 세계에 대한 새로운, 객관적이고 신뢰할 만한 접근법으로서의 과학은 문화가 수행했던 방식으로 자신의 과제와 씨름하지 않는다. 이것은 반생명과 반세계적 방향성을 갖는다. 과학은 마치 현실이 손을 쓸 수 없을 정도로 복잡하며 그 자체만으로는 도무지 알 수 없으므로 과학이라는 도구가 꼭 필요한 것처럼 행동한다. 반대로 연구 대상과 현실 간의 대부분의 연관성은 추상적 공정 때문에 단절된다. 따라서 연구 대상은 통제 가능한 개별 과학 분과 및 하위 전문 분야의 지적知的 '삶의 정황'에 놓이게 된다. 이것이 갖는 부족한 면은 또한 소수의 변수 검증될 수 있으면 한 번에 한 개씩을 목표로 하는 실험실에서의 실험과 같은 제한된 물리적 환경context에 의해 보완된다.

이러한 방식으로 우리 자신과 세계를 알아가는 과업을 분배하는 것은 매우 다루기 쉽고 또한 효율적이어서 과학은 경합하는 문화 기반적 접근보다 우월하다고 여겨진다. 여러 발견물을 과학적으로 통합할 수 있는 과학 중의 과학이 없는 가운데, 각각의 모든 분과는 따로따로, 극히 제한된 정황 내에서 사물에 대한 지식을 기하급수적으로 늘려나가고 있다.

이런 종류의 지식이 전통적인 지식보다 훨씬 더 높이 평가될 때, 이는 동시에 기하급수적인 무지의 증가를 가져오는데, 사물이 어떻게 맞아 들어가는지, 어떻게 상호 이바지하며, 어떻게 상호 의존하며, 또한 사물이 어떻게 다른 것들로부터 분리될 수 없는지를 알지 못하게 된다. 분과에 기초하는 지식은 다른 모든 분과에서 발견한 내용을 외부적인 것으로 취급한다. 이러한 방식으로, 각각의 분과는 지식 간의 경계를 무시한 채 독단적 권위를 내세우며, 그래서 모든 발견물을 인준하는 사람은 오로지 그 분야의 종사자들에게만 엄격히 한정되게 되는 것이다. 범학제적 연구는 수많은 학문 분과들을 공통의 컨텍스트 안에 둠으로써 외부적 지식을 줄여나가려고 노력한다. 그렇지만, 이러한 연구의 영향력은 매우 미진해서 각 학문 분과들은 고도로 제한된 지적, 물리적 정황 내에서 발전을 거듭하고 있다.

정황context의 활용을 최소화함으로써 세계에 작용하려는 유사한 접근법이 테크놀로지 분야에서 먼저 출현하고 있다. 그런데 이러한 접근법은 삽시간에 현대인의 삶의 거의 모든 영역으로 빠르게 확산하고 있다. 그리하여 전통과 문화의 역할을 거의 대체해버리고 있다. 모든 종류의 전문가들은 현대적 생활 방식을 채택하고 그것을 발전시키는 일에 동참하고 있다. 다시 또 이들 전문가는 자신들이 다루는 것과 세계 사이의 연결을 끊어내고 있는데, 이 일은 삼중의 추상적 공정을 통해 이루어지고 있다. 첫째, 그들은 월권적으로 오로지 소요되는 '입력치'와 희망하는 '출력치'라는 관점으로만 세계를 이해한다. 둘째, 더욱 진전된 추상화가 요구되는데, 이는 어떤 기술 분야도 세계라는 전체 '덩어리'chunk와 일대일 관계로 대응되지 않기 때문이다. 예컨대, 어떠한 전문가라도 환자를 받아들여서, 치료하고, 다시 그들을 세상으로 돌려보내는 프로세스의 측면에서 병원일 전반을 모두 아는 사람은 없다. 의사, 간호사, 약사, 기술자, 사회복지사, 영양사, 사무실 직원, 세탁부 직원, 자원봉사자, 그리고 친지와 친구들 모두가 환자라는 '입력치'를 환자의 완쾌라는 '출력치'로 변환하는 일에 각자 다른 방식으로, 그리고 부분적으로 참여하는 것이다. 전문가의 지식이 더 전문화될수록, 그들은 과거 기술의 "기술적 결함"이라는 관점으로 모든 것을 취급한다. 극도의 중압감이 가해지면 1번 방-'맹장', 2번 방-'담낭' 등과 같은 식으로 될지도 모른다. 분야 간의 겹쳐진 공통부분은 관계의 구조로부터 계속 추상화되어 왔다. 이 관계는 '입력치'를, 원하는 '출력치'로 변환시키는 것과 연결되어 있다.

셋째, 인간의 삶이나 사회, 혹은 생물권에서 무엇이 가장 최선인가라는 관점에서 대안이 결정되어서는 안 되게 되었다. 왜냐하면, 이는 전문화의 영역이 다른 모든 것과의 관계 안에 있어야 하기 때문이다.

최선에 대한 지식이 없는 상태에서는 '좀 더 나은 것' better이 수행된다. 물론 이러한 수행은 세계 '덩어리'의 기술적 결함이 소요 '입력치'를 가능한 최대의 희망 '출력치'로 바꾸는데 어떻게 이바지할 수 있는가, 혹은 소요 '입력치'를 줄여나가면서도 어떻게 같은 '출력치'를 얻을 수 있도록 그것이 어떻게 도울 수 있는가 하는 견지에서 이루어진다. 다른 모든 내포한 뜻들은 이 세 번째 추상화에 의해서 하나씩 떨어져 나간다. 성공 여부는 출력 대 입력비로 산정된다. 여기에 효율성, 생산성, 수익성, 비용 편익 비율, 위험 수익 비율, 국내총생산 등도 포함되는데, 이것들은 상대적으로 '고정된' 입력치로부터 구해지는 것들이다. 그러나 그러한 수행 비율은 기술적 개선이 전부든 부분적으로든 희생해야 할 것들에 대해서 전문가들에게 아무런 지침도 제공해 주지 않는다. 이러한 희생해야 할 것들에는 '좀 더 낫게' 만들어진 것의 완전성, '좀 더 낫게' 만들어진 것과 그것이 작동하는 더욱 광범위한 정황context의 양립 가능성, 그리고 '좀 더 낫게' 만들어진 것이 부정적 피드백을 통한 자기 조절 방식을 바탕으로 진보하고 적응하는 것 등이다. 물론 성과 '시스템'이 어떤 경우 우연하게 그것을 곧바로 성취할 수 있는 것도 사실이다. 그러나 대부분의 '좀 더 나은 것'은 정황의 양립가능성을 희생한 대가로 얻을 수 있다. 전문가는 "어떻게 이것이 우리의 삶을 개선할 수 있는가?"라는 질문을 "소요 입력치를 희망 출력치로 변환하는 방식을 통해서 최대한의 효력을 발휘하려면 어떻게 이것이 만들어질 수 있는가?"라는 질문으로 전환해야만 한다.

　요약하면, 기술적 접근은 모든 종류의 '좀 더 낫게' 만들어질 수 있는 것을 뽑아냄으로써 출발한다. 나머지 세계도 오로지 투자해야 하는 '입력치'와 얻을 수 있는 '출력치'라는 관점으로만 표현하면서 말이다. 그다음 이러한 방식으로 추상화된 모든 것은 입력치를 출력치로 변환하려는 목표와 직접적으로 연관된 그러한 양상들을 한 단계 더 추상화함으로써 연구될 수 있다. 그래서 추상화된 것은 특정한 모델 안에 포함할 수 있는데, 포함되지 못한 나머지 양상들은 전부 배제된다. 그리고 나서 그 모델은 '주변 정황'context이 없이 어떻게 하면 그것이 보여주는 모든 것이 입출력 비율이라는 관점에서 '좀 더 낫게' 기능을 하게 할 수 있는지를 결정하기 위해서 다루어진다. 이전에 무시되었던 '주변 정황'들은 계속 배제된다. 그리고 종국에는 산출된 결과물이 최초로 추상되었던 현실을 고치는 근거로 활용된다. 기술적 접근은 인간의 삶 및 세상를 하나하나씩 단편적으로 고치는 전략인데, 이들 '단편들'이 발생하는 '주변 정황'에 대해서는 최대한 고려하지 않는다. 그 전략은 진행하는 각 단면을 구체화reify한다. 예를 들어, 누군가의 작업이 기술적 접근에 근거하여 재편성될 때, 그 작업은 개인 삶의 한 활동으로 취급되지 않는다.

　이와 비슷하게, 생명공학으로 유기체를 변형할 때 그 유기체가 포함된 생태계의 전체성과 변형으로 생겨나는 유전자 오염 등에 대해서는 고려하지 않는다.[11] 사실, 이 문제는 단순하다. 어떤 기둥이 전

---

11) Miguel A. Altieri, "Genetically Engineered Crops: Separating the Myths from the

체 구조 속에서 감당하는 기능에 대해서 알아보지도 않고 이 핵심 기둥을 고층건물 구조물에서 함부로 없애버리려고 할 사람은 없을 것이다. 그런데 생명공학에서 우리는 전체 생명을 지탱하는 그 구조를 함부로 건드리려고 하고 있다. 생명 구조 내에서 특정 유전자나 기타 부분이 전체를 어떻게 유지하고 있는지를 거의 알고 있지 못하면서 말이다. 이들 부분은 기술적 조작의 대상이 될 수 있는 것처럼 다루어진다. 삶에 대한 기술적 접근은 새로운 질서를 수립한다. 만일 새 질서가 하나의 질서로 여길 수 있다면 그것은 무의미non-sense의 질서이다. 왜냐하면, 그것은 의미의 영역, 곧 문화의 영역 밖에 세워지고 발전하는 질서이기 때문이다. 여기서 헛소리nonsense와 무의미non-sense의 차이점을 짚고 넘어가야겠다. 문화의 영역 안에 속하기는 하지만, 문화의 의미와 가치의 질서를 해치는 것을 "헛소리"라 하고, 인간창조물이기는 하지만 문화의 범위에 속하지 않은 무언가를 "무의미"라고 한다. "무의미"는 문화 안에 "무질서의 질서"를 창조해 낸다. 그리하여 문화적 질서 속에서 공해가 된다.

   우리 대부분은 기술적 접근 없이 우리가 어떻게 일을 하고 또 그것을 이루어낼 수 있을지를 상상조차 못한다. 정말로 현대의 생활 방식은 광범위하게 기술적 접근에 의존하고 있으면서도 문화적 접근에는 거의 의존하지 않는다. 기술적 접근은 자기 확증적이기때문에, 그것은 전문가가 한 사람의 인간으로서 그 "시스템" 안에 참여

Reality," *Bulletine of Science, Technology & Society* 21 (April 2001) : 122-51; Miguel A. Altieri, *Genetic Engineering in Agriculture: The Myths, Environmental Risks and Alternatives* (Oakland, CA: Food Fist Books, 2001); Daniel Charles, *Lords of the Harvest:Biotech, Big Money and the Future of Food* (Cambridge, MA: Perseus, 2001); Brac de la Perrièe, Robert Ali, and Frank Seuret, *Brave New Seeds: The Threat of GM Crops to Farmers*, trans. M. Sovani and V. Rao (London: Zed Books, 2000).

하는 것을 허용하지 않는다. 전문가는 자신이 내린 결정의 결과에 대해서 알지도 못하고 책임을 질 수도 없다. 왜냐하면, 이것들 대부분은 전문가의 권한 밖에 속하기 때문이다. 또한, 그들은 통상적인 의미에서, 곧 경험과 문화를 수단으로, 모든 것을 자신들의 삶 및 '공동체 전체의 정황' context 안에 위치시키는 방식으로 이들 영역 안에 참여할 수 없다. 대신에 그들은 정황의 활용을 최소화하는 앎과 행함을 바탕으로 하여 모든 것을 다룬다. 따라서 그들은 스스로를 경험과 문화로부터 분리시킨다. 그래서 그들은 문화적 가치들과도 결별해야만 한다.

기술적 접근의 결과들

사회에 의한 기술의 창조는 다음의 사건을 포함한다. 곧 삶에 대해 문화적 접근에만 거의 전적으로 의지하던 사회가 문화적 접근을 희생하고 삶에 대한 기술적 접근에 우선으로 의존하는 대중사회로 전환된 것이다.

두 접근법의 장단점은 우리의 최근 여정을 이해하는 열쇠를 제공한다. 이들의 장단점은 무엇인가?

경험과 문화를 삶에 대한 기술적 접근으로 대체하는 것은 사람과 삶을 다음과 같은 방식으로 다루게 된다는 뜻이다. 곧 목표에 직접적으로 상관이 없는 모든 것을 일단 배제하는 것이다. 하지만, 전 공정에 걸쳐, 추상화되고, 연구되고, 모델화되고, 모의실험의 대상이 되고, 인식되는 모든 것은 배제된 다른 모든 것과 여전히 관련성을 가질 수밖에 없다. 결과적으로, 기술적 접근은 생산에 소요되는 모든 것으로부터 최대로 가능한 원하는 결과물을 획득하는 데는 매우 효과적이다. 그러나 동시에 현실의 구조 속에서 수많은 관계를 긴장시키고, 왜곡시키고, 깨뜨리는데도 대단히 효과적이다. 그리하여 이러한 접근법으로 말미암아 현실의 구조는 무시되고, 축소되고, 바깥으로 내몰린다. 그것은 또한 인간의 가치에 의해서 이끌림을 받을 가능성도 거부한다. 이는 인간의 삶 및 세계의 정황이 희망하는 출력치와 소요되는 입력치라는 관점으로만 전적으로 표현되기 때문이다. 유일하게 가능한 것은 소위 가치라는 허울 좋은 명분에 의해서 인도함을 받는 것인데, 실은 이것도 입출력 비율 이외의 아무것도 아니다. 결과적으로 그것은 역사적이고 자연적 과정—이 과정을 통해서 인간의 삶, 사회, 그리고 생물권에 속하는 모든 것은 다른 모든 것과의 관계 속에서 발전을 이룬다.—을 통해 형성된 모든 질서를 교란한다. 결과를 산출하는 데 있어서 삶에 대한 기술적 접근을 따를 만한 것은 없다. 하지만, 그것은 인간 및 자연 세계의 필수 구성 요소를 희생함으로써 가능하다. 문화적이고 자연적인 질서라는 견지에서 보면 그것은 어떤 면에서 수많은 "발암요소"를 만들어내는 것이라고 할 수 있다.

 기술에 대한 정의에서 엘륄이 암시했듯이, 삶에 대한 기술적 접근은 부분적으로 적용될 수 없다. 산업화가 시작된 이래, 그것은 항상 "도 아니면 모"식이었다. 인간의 삶이나 세계의 한 측면을 조금 더 낫게 향상시키는 것은 일부 혼돈의 요소가 들어오게 하는 것, 그 이상의 결과를 가져온다. 각각의 기술적 개선은 반드시 소요 입력치로 채워져야 하며, 아울러서 기술적 개선이 만들어내는 출력치로 산출되어야 한다. 기술적 개선은 필시 다음과 같은 방식으로 이루어지게 되는데, 곧 한 가지 기술적 개선을 통해 산출되는 출력치는 입력치를 또 다른 기술적 개선 안으로 구성해 넣는다. 이로 말미암아 그 모두는 기술적 질서로 연결된다. 이때 이 기술적 질서는 문화적이고 자연적 질서 가운데 혼돈을 만들어 낸다. 매개 역할을 하는 문화적, 혹은 자연적 과정들은 존재하지 않는다. 왜냐하면, 이것들의 역할이 기술적으로 향상된 영역에서 잘 맞아떨어지지 않기 때문이다.

따라서 기술적 질서는 효율적 변환의 네트워크 형태-입력치를 출력치로 변환하는 것과 연관된-를 취한다. 기술적 질서가 문화적이고 자연적 질서와 만나는 곳에 병목 현상이 일어나는데 이는 네트워크 내에서 일어난 변환은 선행하는 것들보다 더 효율적이기 때문이다. 그래서 그것은 그것 바깥에 있는 것, 즉 기술적 접근이 아직 닿지 않는 곳에 남아있는 문화적이고 자연적 과정과 양립할 수 없다. 이들 병목현상은 더 나은 기술적 개선을 요청하게 하는데, 이로 말미암아 무한히 확장되는 기술적 질서가 강요된다. 기술적 체계는 문화적, 자연적 질서와 공존할 수 있을 만큼만 확장되어야 하지만 실제로는 기술적 질서가 앞의 두 질서를 침식함으로써 성장하는 고로 양측에 지속적인 긴장이 존재하는 것이다.

반대로, 세계에서 인간의 삶에 대한 문화 기반적 접근은 원하는 결과물을 얻는 데에는 성공률이 훨씬 낫지만, 이것은 모든 것이 상호작용하고, 상호의존하며, 다른 모든 것과 함께 발전하는 방식을 최대한 반영한다. 결국, 이러한 접근법은, 문화가 세계의 구성물을 인간의 삶, 사회, 그리고 생물권의 구성물로 상징화해서 들여오는 방식에 뿌리를 두고 있다. 이런 점에서, 이 접근법은 모든 생태계의 구성물들이 엄청나게 오랜 시간 동안 다른 것들과의 관계 속에서 발달을 거듭해 오면서, 생명의 다양성을 유지하는 데 꼭 필요한 조건들을 형성하도록 돕는 방식과 유사하다. 이것은 또한 생활 방식을 만들어 내는 모든 관계가, 전체와 부분이 모두 연관된 정황 내에서 발전하는 방식과도 유사하다. 예를 들어, 발명은 특정한 정황에 대한 반응으로서, 이 정황의 발전에 이바지하며, 그것이 얼마나 제 구실을 하느냐에 따라서 파급되어 나갈 것이다.

삶에 대한 기술적, 그리고 문화적 접근의 장단점에 대한 간단한 이 분석은 현대적 생활 방식의 성패에 대해서 조명해 줄 것이며 전통적인 방식과의 차이점을 드러내 줄 것이다. 우리는 문화적, 자연적 관계의 효력power과 실행을 개선하는 데에는 탁월한 능력을 발휘한다. 대신에 우리는 인간의 삶, 사회, 생명권에서 필수적이고 본질적인 것을 희생하는 대가를 지급해야 한다. 이러한 예는 부지기수다. 우리가 창조해 낸 도구는 원하는 기능을 기가 막히게 잘 수행한다. 그러나 전체적으로는 생태계의 건강을 침식하며, 나아가 우리 인간의 건강도 해친다.[12] 우리는 시간 절약형 장치들에 둘러싸여 있지만, 점점 더 우리 자신을 위해 낼 시간이 없어지고 있다.[13]

통신 기술의 폭발적 증가는 여전히 "고독한 군중"을 극복하지 못하고 있으며, 과거 전통적 사회에서는 일상적으로 경험할 수 있었던

---

12) Barry Commoner, "The Environmental Costs of Economic Growth," in *Energy, Economic Growth and the Environment*, ed. Sam Shurr (Baltimore: Johns Hopkins University Press, 1971), 30-65: Theo Colborn, Dianne Dumanoski, and John Peterson Myers, *Our Stolen Future: Are We Threatening Our Fertility, Intelligence and Survival? A Scientific Detective Story* (New Your: Dutton, 1996); Deborah Cadbury, *The Feminization of Nature: Our Future at Risk* (London: Hamish Hamilton, 1997); David Weir and Mark Schapiro, *Pesticides and People in a Hungry World* (Oakland, CA: Food First Books, 1981).

13) Juliet B. Schor, *The Overworked American: The Unexpected Decline of Leisure* (New Your: Basic Books, 1991]; J. Gershuny, "Are We Running Out of Time?," *Futures* (January/February, 1992): 3-22; Benjamin Hunnicutt, *Work Without End: Abandoning Shorter Hours for the Right to Work* (Philadelphia: Temple University Press, 1988).

개인에 대한 지지를 대신하지 못하고 있다.[14] 컴퓨터는 다양한 업무를 처리하는 데에는 훌륭하지만, 이 기계 앞에서 너무 많은 시간을 보내는 것은 인간적인 것에 대한 우리의 이미지에 부정적인 영향을 미치게 되며 결국 타인과의 관계에도 좋지 않은 영향을 미치게 된다.[15] 교통수단은 우리로 하여금 어디로든 여행할 수 있게 해주지만, 점점 더 늘어나는 '비어가는 땅'만 보게 될 뿐이다.[16] 첨단 테크놀로지는 굴뚝 산업으로부터 우리를 구해내어 환경 문제를 해결해줄 것처럼 약속한다. 그러나 기껏 방출되는 오염 물질의 양과 종류만 바꿀 뿐이다.[17] 녹색혁명은 광합성으로 얻을 수 있는 생물자원을 증가시키지는 못한 채 식용 식물의 비율만 증가시켰다. 하지만, 이

---

14) Hubert L. Dreyfus, On the Internet (London: Routledge, 2001); Scott Lash, *Critique of Information* (London: Sage, 2002); Laura Pappano, *The Connection Gap: Why Americans Feel so Alone* (New Brunswick, NJ: Rutgers University Press, 2001); Pippa Noris, *Digital Divide: Civic Engagement, Information Poverty and the Internet Worldwide* (New Your: Cambridge University Press, 2001); Sherry Turkle, *Life on the Screen: Identity in the Age of the Internet* (New Your: Simon & Schuster, 1995); Sherry Turkle, *The Second Self: Computers and the Human Spirit* (New York: Simon and Schuster, 1984); Craig Brod, Technostress: The Human Cost of the Computer Revolution (Reading, MA: Addison-Wesley, 1984); C. A. Bowers, *Let Them Eat Data: How Computers Affect Education, Cultural Diversity and the Prospects for Ecological Sustainability* (Athens, GA: University of Georgia Press, 2000); Orrin E. Klapp, *Overload and boredom: Essays on the Quality of Life in the Information Society* (Westport, CT: Greenwood Press, 1986).

15) Sherry Turkle, *The Second Self*.

16) James Howard Kunstler, *The Geography of Nowhere: The rise and Decline of America's Man-made Landscape* (New York: Simon & Schuster, 1993); James Howard Kunstler, *Home From Nowhere: Remaking Our Everyday World for the 21st Century* (New York: Simon & Schuster, 1998); James Howard Kunstler, *The City in Mind: Meditations on the Urban Condition* (New York: Free Press, 2001).

17) Faye Duchin, *The Future of the Environment: Ecological Economics and Technological Change* (New York: Oxford University Press, 1994); Michael Redclift, *Wasted: Counting the Cost of Global Consumption* (London: Earthscan, 1996). 아울러 Barry Commoner, "The Environmental Costs of Economic Growth," 30-65과 Theo Colborn, Dianne Dumanoske, and John Peterson Myers, *Our Stolen Future*를 보라.

를 위해서는 다른 기능의 비율을 포기해야 하며, 덕분에 토양과 생태계에 부정적인 영향을 미치는 살충제와 제초제를 더 많이 사용하게 되었다.18) 생명공학은 생물권의 유전자 풀DNA pool의 전체적 완전성을 간과함으로써, 유전자 오염을 일으키기 시작했는데 이는 상상할 수 없는 결과를 수반할 수 있다. 우리의 무기 시스템은 너무도 강력해서 그것들을 모두 사용했을 때 끝내 우리는 모두 공멸하고 말 것이다.19) 초고속 정보 통신망은 재택근무를 가능하게 함으로써 출퇴근 교통 혼잡에서 벗어나게 해 줄 것이며, 도시 오염도를 낮추고, 더욱 살 만한 곳으로 만들어 줄 것처럼 약속한다. 또한, 그것은 정보 접근성을 쉽게 하고, 민주화를 촉진하며, 기타 수많은 일을 해줄 것처럼 했다. 그러나 그것은 우리에게 넘치는 광고, 포르노그라피, 그리고 고독감만을 선사하고 있다. 교육학 및 교육의 혁신은 청소년들로 하여금 새로운 현실에 더 잘 적응하도록 도와줄 것처럼 하지만 그들은 부모들의 삶을 점점 더 이해할 수 없게 되었다. 한편, 부모들은 세계의 새로운 유대관계가 그들이 따라잡을 수 없는 방식으로 그들 앞을 신속하게 지나가 버리고 있음을 눈치 채고 있다.

이러한 패턴, 곧 문화적, 자연적 질서를 침식함으로 얻어지는 특수한 결과물로서의 이러한 광경을 창출해 내는 테크놀로지의 유형

---

18) Miguel A. Altieri, *Genetic Engineering in Agriculture*, Brac de la Perrière, Robert Ali, and Frank Seuret, *Brave New Seeds*. 아울러 다음의 책을 보라. Vandana Shiva, *Tomorrow's Biodiversity* (London: Thames and Hudson, 2000); Vandana Shiva, *Monocultures of the Mind: Perspectives on Biodiveristy and Biotechnology* (London: Zed Books, 1993).

19) Robert Jay Lifton and Richard Falk, *Indefensible Weapons: The Political and Psychological Case Against Nuclearism* (Toronto: CBC Enterprises, 1982); Peter R. Beckman, *The Nuclear Predicament: Nuclear Weapons in the Cold War and Beyond* (Englewood Cliffs, NJ: Prentice Hall, 1992).

은 대략 100년 전으로 거슬러 올라간다. 인간은 뭔가를 전망할 때 '그늘진 면'에 대해서는 고려하지 않은 채 이것들의 성과에만 기초하는 경향이 있다. 배전망은 가정이나 소규모 사업장으로 산업 생산을 분산시킬 요량으로 건설되었다. 이렇게 함으로써 산업 사회의 여러 부정적 측면들을 제거할 수 있다고 기대되었다.20) 핵발전은 '너무 싸서 산정할 수도 없을' 저렴한 비용으로 이들 배전망에 전기를 공급할 것으로 기대되었다.21)

노동자가 필요 없는 공장은 노동과 여가의 비율을 뒤바꿀 것이며, 그래서 이제 우리는 우리의 자유시간을 어떻게 보낼 것인지를 염려하게 될 것으로 전망했다.22) 교육 텔레비전은 모두에게 최상의 교사와 교수를 제공할 것이며, 그리하여 빈부 간, 남북 간23)에 정보의 격차를 줄여서 더욱 공정한 세계 질서가 창조될 것으로 기대되었다. 마이크로프로세서는 민주주의를 활성화할 것이며 거대 기구들을 분산시킬 것으로 전망되었다. 아주 잠깐, 이상의 모든 것은 합리적이고 세속적인 사회로 나가는 움직임이라고 해서 환호의 대상이 되었다. 기술 및 경제 성장의 '신호음'과 함께 '잡음'이 포착되기 전까지 말이다.

현재까지 이러한 패턴은 계속되고 있다. 공학자, 경영자, 관리인들은 소요되는 입력치로부터 희망하는 출력치를 입출력 비율 산정

---

20) Neil Freeman, *The Politics of Power: Ontario Hydro and its Government 1906-95* (Toronto, University of Tronto Press, 1996); Jesse H. Ausubel and Cesare Marchetti, "Electron: Electrical Systems in Retrospect and Prospect," in *Technological Trajectories and the Human Environment*, eds. Jesse H. Ausubel and H. Dale Langford (Washington, D.C.: National Academy Press, 1997).
21) Neil Freeman, *The Politics of Power*.
22) Juliet B. Schor, *The Overworked American*.
23) [역주] 남북 간이란 통상 선진국과 후진국 간의 관계를 말함

으로 얻어내는 데 성공하는 근사한 광경에 익숙해 있다. 그렇지만, 우리가 산업 경제 시스템 전반을 고려해 볼 때, 상황은 크게 달라진다. 국내총생산GDP에 대한 대안지표는 부의 창출 과정에서 입은 손실액을 빼서 구해지는데, 경제에 의해 생산된 전체 상품 및 서비스의 총가치로부터, 창출된 최종 순 자산 창출을 뺀 값이다. 그런데 이 지표는 수십 년 동안 순 자산 창출 값이 하락하고 있음을 보여주고 있다.[24] 미국 공학 아카데미가 추산하기에는 생물권으로부터 추출된 93%의 원료가 판매 가능한 상품에까지 이르지 못한다고 한다.[25] 얼마 전의 보고에 의하면, 블루 크로스Blue Cross,[26]가 GM사의 주요 납품업체였다고 한다.[27] 현대적 생활 방식이 어떻게 우리를 잘살도록 도울 수 있을 것인지에 대한 서로 다른 관점은 다음과 같은 방식으로 조화시킬 수 있을 것이다. 곧 성공을 다음과 같은 식으로 이해하기 시작하는 것이다. 그러니까 성공이란 바라는 것의 신호음 대 잡음비가 아니라, 설계에서나 의사 결정에서 원치 않은 효과로 보자는 것이다. 전자는 현실로부터 추상된 것, 그리고 모델 안에 포함된 것으로부터 얻어진다. 반면 후자는 프로세스 중에 나타난 것으로부터 얻어진다. 전자는 경제적 성공에 이바지하지만, 후자는 실패, 곧 원치 않는 결과를 예방하거나 최소화하는 데 이바지한다. 결국, 우

---

24) Herman Daly and John B. Cobb Jr., *For the Common Good: Redirecting the Economy Toward Community, the Environment, and a Sustainable Future* (Boston: Beacon, 1989); Clifford Cobb, Ted Halstead, and Jonathan Rowe, "If the GDP Is Up, Why Is America Down?," *The Atlantic Monthly* (October 1995): 59-78.

25) Braden R. Allenby and Deanna J. Richards (eds.), *The Greening of Industrial Ecosystems* (Washington, D. C.: National Academy Press, 1994), Introduction.

26) 「역주」 Blue Cross는 미국의 비영리 건강 보험 조합을 말함

27) Robert Karasek and Töres Theorell, *Healthy Work: Stress, Productivity, and the Reconstruction of Working Life* (New Your: Basic Books, 1990), 11.

리가 실패의 대가를 치른다는 점에서, 그것은 직접적으로 부의 총생산을 침식할 것이다. 다른 말로 기술적, 경제적 성장의 신호음은 원치 않고 기대하지 않았던 효과인 잡음에 의해서 위협받게 될 것이다. 이는 현대 경제에서 우리가 상품 및 서비스의 생산 증가를 위해서 일하면 일할수록, 우리는 더 가난해지는 것이다. 그래서 경제 발전은 거꾸로 가는 것처럼 보인다.

산업적으로 선진화된 사회가 기술 및 경제 성장으로 말미암아 생겨난 원치 않은 효과를 어떻게 다루는지를 살펴볼 때도 같은 종류의 결론에 도달하게 될 것이다.

현대 사회는 노동의 지적이고 직업적 구분을 기초로 하고 있는데, 바로 이 구분 안에서 모든 분야의 전문가들은 결정을 내리고 있다. 하지만, 그들이 내리는 결정의 결과는 대부분 그들 분야의 영역 밖에 떨어진다. 이러한 결과는 다른 사람들에 의해서 사후 처리 방식 after-the-fact으로 다루어지는데, 바로 그 다른 사람들의 전문 영역으로 원치 않는 효과가 떨어지게 되는 것이다. 따라서 시스템은 먼저 문제를 발생시키고 그다음 그것을 "해결"한다. 그다음에 문제를 예방하거나 최소화하기 위해서 문제의 근원에 도달하는 것은 불가능하다. 시스템은 그것이 발생시키는 문제들을 해결하기보다는 옮겨 놓을 뿐이다. 그로 말미암아 자체의 오류를 키우고, 테크놀로지의 미로 안에 우리를 가두어 두는 것이다.[28] 예를 들면, 우리가 오염물질을 만들어내고 나면 통제 장치를 가동시켜서 폐기물 waste streams에서 가장 위험한 물질을 제거하고 난 뒤, 그것을 땅에 묻어 버린다.

---

28) W. H. Vanderburg, *The Labyrinth of Technology* (Toronto: University of Toronto Press, 2000).

이것은 진짜 문제를 전혀 해결하지 않은 채 오염물질을 그저 중간 단계에서 다른 곳으로 이동시키기만 하는 것이다. 또한, 우리는 노동 생산성을 개선하기 위해서 회사를 혁신하는 데 끊임없이 열을 올리고 있다. 그 결과 사회생태학이 보여 주는 대로, 사람의 일이 신체적, 정신적 질병의 가장 큰 원인이 되어 가고 있다.29) 이러한 상황은 우리로 하여금 사회복지 서비스와 보건 서비스를 추가하도록 강요하고 있다.30) 이러한 것들이 문제를 전혀 예방하지 못하는 까닭에, 비용은 올라가기만 하고 있는데 이것이 회사, 종업원, 그리고 사회에 손해를 끼칠 수 있다. 이 때문에 다음과 같은 의문이 생겨나는 것이다. 결국, 기술적, 경제적 성장의 최고의 결과물은 쓰레기와 병든 노동자뿐이란 말인가. 이러한 난점들은 계속 커가고 있으며, 이와 함께 사회는 모든 문제에 대해서 모종의 조처를 함으로써 대응하고 있다. 딱 하나, 문제의 근원에 다가가는 것만은 빼고 말이다. 예컨대, 공공 의료 서비스를 어느 정도 민영화할 것인지, 정보 시스템을 향상시켜 의료진 및 의료 설비의 생산성을 어떻게 극대화할 수 있을지, 수술실의 스케줄링에 OR 이론operational research, 31)의 적용을 어떤 식으로 최적화할지 등에 대해서 우리는 많은 논쟁을 한다. 혹 이것이 스트레스 지수를 크게 상승시킬 경우, 우리는 계속되는 연쇄 보

---

29) Robert Karasek and Tres Theorell, *Healthy Work*.
30) U. S. Department of Health and Human Services, *Mental Health: A Report of the Surgeon General* (Rockville, MD: 1999).
31) [역주] Operational Research:어떤 시스템을 수행하는 데 있어서 최적의 조건을 찾는 것과 연관된 광범위한 연구를 말한다. 이 연구의 응용범위는 물리학과 자연과학을 비롯해 기계공학, 산업공학, 항공우주학, 컴퓨터 언어론 등 다양한 공학분야와 경영학 등에서 활용되고 있다. 저자는 종합병원의 수술실 일정표에도 이 이론이 도입되고 있음을 지적한다. 쓰임새가 광범위한 만큼 운영연구, 경영과학, 운영과학, 기계공학, 작전연구, 등으로 번역된다.

상 추가ongoing chain of compensation additions의 원칙을 따라서 스트레스 관리 클리닉을 추가로 신설할 것이다. 의사들은 혈액 검사나 혹은 기타 검사를 명령하지만, 그들 중 태반의 의사는 직장이 우리에게 심리사회학적으로나 신체적으로 어떤 영향을 미치는지를 알지 못한다. 사회생태학을 통해 알 수 있는 것은 인간의 건강이란 질병 치료를 통해서 '생산' 될 수 없다는 것이다. 반대로, 그것은 의미 있고, 만족스러운 일, 균형 잡힌 영양 섭취, 적합한 주거 환경, 사회적 지원, 사랑하고 사랑받고자 하는 욕구의 충족 등을 통해서 유지된다. 이러한 관점에서 봤을 때, 우리가 건강관리 시스템이라고 부르는 것은 사실상 뒷북치기식 질병 치료 시스템일 뿐이며, 이것은 사실상 건강관리가 무엇인지에 대해서 완전히 망각해 버린 것이나 다름없다.[32]

요약: 지금까지 나는 기술 기반으로 발전하는 대중 사회가 가져오는 삶에 대한 기술적인 접근과, 전통적인 사회와 문명을 가져오는 문화적 접근의 차이점을 체계적으로 전개해왔다. 지금쯤이면 테크놀로지technology가 더 큰 현상인 기술technique의 한 갈래라는 사실과 기술은 테크놀로지와는 다르게 문화와 공존하는 것이라는 사실이 분명해졌을 것이다.

기술의 자율성

우리의 모든, 그리고 각각의 경험은 뇌-마음의 조직화에 의해서 상징화된다는 사실을 우리는 알고 있다. 비록 그 조직화의 더 고등한 상징적 기능에 대해서 우리가 아는 것이 전혀 없지만 말이다. 자,

---

32) W. H. Vanderburg, *The Labyrinth of Technology*.

이제 독자 여러분의 가장 가까운 주변 환경의 모습을 살펴보자. 우리의 거주 공간 속으로 알맞게 끌어들여 온 온 몇 가지 자연적 요소들을 제외하면 모든 것은 직접적으로나 간접적으로 기술의 산물이다. 이러한 새로운 거주 환경은 그 자체로 우리와 자연 간의 관계뿐만 아니라, 우리와 다른 사람들 간의 관계 안에도 들어와 있다. 예를 들어, 우리는 휴대전화기를 사용하거나, 텔레비전을 보거나, 컴퓨터로 커뮤니케이션을 한다. 이때 이러한 매체는 중립적이지 않다. 고로 우리의 이 새로운 거주 환경은 우리의 뇌-마음의 조직화에 엄청난 영향을 미치게 될 것이다. 마치 선사시대에 자연이 그랬듯이, 또 역사 시대에서는 사회가 그랬듯이 말이다. 사람이 기술을 변화시키듯이, 동시에 기술도 사람을 변화시킨다. 만일 후자의 영향력이 전자보다 더 크다면, 기술은 인간의 삶과 관련하여 자율성을 획득하게 된다.

간단히 말해서, 이것은 인간 조건에 대한 현대적 이해에 도달하게 된다. 곧 우리의 경험 속에 미치는 것은 무엇이든 그것은 끝내 우리의 뇌-마음과 문화도 지배하게 되리라는 것이다. 이것은 무슨 신新깔뱅주의 교리가 아니라 심리학, 사회 심리학, 사회학, 문화인류학, 종교사회학 등의 학문 분야로부터 알게 된 내용을 되새기는 것일 뿐이다. 이것은 또한 세계 속의 인간 삶에 대한 결정론적 해석도 아니다. 속박이 없다면 인간 자유에 관해서도 할 말이 없다. 우리를 지배하려는 것으로부터 자유롭도록 투쟁해왔던 장소는 바로 이 속박이었다. 엘륄이 지속적으로 주장했던 것은 우리 세계에서 가장 큰 속박은 기술과 국민국가에 의해서 가해지고 있다는 것이다.

이것들은 우리를 소외시킨다. 그리고 그 결과 우리는 기술에 의해서 지배를 당한다. 그리고 이는 19세기와 20세기 초 자본주의가 민중들을 지배했던 것과 똑같은 방식이다.

   이것들은 또한 우리를 사물화시킨다. 그리하여 우리와 세계를 끊임없는 기술적 조작의 대상으로 만들어 버린다. 이것을 제대로 이해하지 못하면, 이러한 소외 및 물화와 투쟁하여 인간성을 실현하는 일이 불가능해지고 만다. 여기서 우리는 엘륄 작품이 또 다른 부분으로 출발하는 지점을 만나게 된다. 이것이 두 번째 부록의 주제다.

부록2
총정리

    자끄 엘륄의 저서는 크게 두 부분으로 나뉜다. 한 부분은 20세기 후반 인간과 사회에서 일어나는 사건들을 기술하고, 다른 부분은 기독교가 과학과 기술의 시대와 관련성을 지닐 수 있는지를 다루고 있다. 다음 일화는 이러한 두 부분의 구분에 관해서 우리의 지적 호기심을 자극한다. 엘륄의 죽음을 기리는 심포지엄을 개최하고 나서, 내가 초대했던 연사 중 한 사람을 제외한 모든 사람이 엘륄의 글을 읽고 기독교인이 되었다는 사실에 나는 놀라지 않을 수 없었다. 엘륄과 마찬가지로 그들의 지성과 신앙은 오늘날 소위 기독교라고 부르는 것과는 거의 공통점이 없었다. 간단히 말해서, 엘륄에게 있어서 기독교는 반종교요, 반도덕이다. 우리가 이렇게 부를 수 있을지 모르겠지만, 그의 신학은 우상파괴적인 특징 때문에 홀로 동떨어져 있다. 그리고 이것은 그의 작품의 두 부분 사이에 존재하는 독특한 관계와 결정적인 연관성이 있다.

    엘륄은 자신의 회심에 대해서 책을 한 권 쓴 적이 있는데, 이 책은 그가 죽은 후까지 출판되지 않았다. 내가 엘륄과 마지막으로 만났을 때 그는 한 번 더 이 이야기를 했다. 나중에 그는 그 책이 절대로 출판되어서는 안 된다고 결심을 내렸던 모양이다. 그래서인지 그 원고를 파기해 버린 것 같다. 기독교 우파의 힘과 영향력을 생각해 본다면 그의 이러한 행동을 이해하는 것이 그리 어렵지 않다.

우리는 먼저 문화 인류학, 심층 심리학, 그리고 종교 사회학을 통한 인간 삶의 이해 방식을 연구해 봄으로써 그의 신학적 저술에 다가갈 수 있다. 이들 학문 분야는 오늘날 우리가 어떤 식으로 세속화된 신성함과 신화에 사로잡혀 있는지를 보여준다. 사실 이것들은 이미 20세기를 뒤흔들었던 세속적 정치종교의 기초가 되어 버렸다. 이러한 고찰은 엘륄이 창세기부터 요한계시록까지 성서 전체를 어떻게 해석했는지 이해하는데 도움을 줄 것이다. 엘륄은 우리가 과학과 기술의 시대에 인간성에 대한 새로운 이해와 직면하고 있음을 알리고자 노력했다.

모든 그리고 각각의 문화는 궁극적으로 따를 기준점이 필요한데, 이것은 종교를 통해서 일상의 삶 속에 스며들어 있다. 이러한 점에서는 해 아래 새 것이 없다. 오늘날 우리가 이것을 세속적 방식으로 수행한다고 해서 차이가 생기는 것은 아니다. 종교는 계속해서 인간의 삶이 세계 속에서 가능한 것이 되도록 만들어 오고 있다. 하지만, 동시에 종교는 항상 높은 비용의 대가를 요구한다. 이러한 인간 조건의 핵심적 측면을 이해하지 못하면 기독교는 불가피하게 종교와 도덕으로 변질하고 말 것이다. 과거에 유대 선지자들이 이 모든 것에 대해서 말한 바 있다. 하지만, 그들의 메시지는 너무도 자주 귀가 둔해서 듣지 못하는 자들에게 전해졌는데, 이는 그들이 자신들 시대의 정신에 완전히 사로잡혀 있었기 때문에 들을 수가 없었던 것이다. 우리의 지금 상황도 비슷하다. 이는 우리 역시 절대적 준거점에 함몰되어 있으며 그것은 우리를 소외시키고 물화시키고 있기 때문이다. 다른 점이 있다면 우리의 수단이 가지는 위력 때문에 훨씬 더 위험하다는 것뿐이다.

이성적 인간

과학, 기술, 이성 중심적인 우리 문명에서 "삶을 살다"라는 이 간단한 말의 의미는 점점 더 이해하기 어려운 것이 되고 있다. 내 삶의 매 순간과 전체로서의 삶 사이의 관계는 몸에서의 관계와 상당히 비슷한 면이 있다. 신체를 구성하는 세포에는 DNA가 들어 있는데, 이 DNA는 전체 신체에 대한 생물학적 설계도 역할을 한다. 이 비유는 훌륭한 장점을 가지고 있는데, 왜냐하면 내 DNA는 우리 부모의 것 중 일부를 물려받은 것이고, 같은 방식으로 그것은 다시 그분들의 부모로부터 일부를 물려받은 것이기 때문이다. 그리하여 나무 모양의 유전자 관계의 구조를 창출해 낸다. 이 구조는 종국에는 나를 인류 전체에까지, 어쩌면 인류를 넘어 다른 생물로까지 연결한다. 만일 내 DNA가 뇌의 설계도를 포함하고 있고, 또 나의 이 뇌는 새로운 경험들로 말미암아 조금씩 수정되고 있다면, 각각의 세포 역시 자연 진화와 문화의 역사 간에 모종의 상호작용을 저장하는 것은 아닐까?

이 비유는 다음과 같은 사실 때문에 그 타당성이 더욱 커진다. 곧 내 DNA는 새로운 세포가 닳아빠진 옛 세포를 교체하는 것을 돕는 역할을 하는데, 그 때문에 뇌 세포를 제외한 내 몸의 모든 세포가 최소한 7년에 한 번씩 완전히 교체된다. 그럼에도, 나의 신체적 연속성이 유지된다. 이 비유는 나의 신체적 연속성이 어떻게 나의 전 존재—시간, 공간, 문화를 가진 한 사람으로서—의 연속성을 포함하고 있는지를 이해할 수 있도록 해 준다.

그렇다면, 이 비유가 다음과 같은 것도 설명해 줄 수 있을까? 그러니까 인간 존재에서 신체의 필수 구성 요소는 어떻게 과거와 현재의 수많은 다른 것들과 연결되고 있는 것일까? 또한, 나는 어떻게 그러한 설명을 나의 전 존재의 필수 구성 요소까지 포함할 정도로 확장시킬 수 있을까? 인간 지식과 행동이 거의 전적으로 삶에 대한 과학적, 기술적 접근에 기초할 때 그리하여 문화적 접근에는 거의 의존하지 않을 때, 앞의 세포 비유의 설명은 주류의 흐름–이 주류의 흐름 안에서는 모든 지식과 행동이 최소한의 컨텍스트에 기초한다–과 정면으로 충돌한다. 앞의 방식으로 설명해 내는 것은 무척 어렵지만, 문화의 발명이 우리를 "말할 수 있는 동물"이 되게 하였을 뿐만 아니라, 개인 및 집단이 최대한 통합성을 가지고 세계 가운데 살도록 지원하는 것 같다.

어느 사회의 구성원이든, 문화를 통해서 자신들의 경험을 해석하며, 세계와 자신들 간의 관계를 형성하고, 그것을 일관성 있는 생활 방식으로 통합하는 법이다. 문화의 엄청난 다양성이 말해주는 것은 무엇인가? 그것은 인간이 현실과 연결되는 방식은 매우 제한된 수준에서만 유전적으로 결정된다는 것이다. 오랫동안 아동 발달은 일반적인 형태의 정신 및 정서가 자연적으로 발현한 결과라고 믿어져 왔다. 본성과 양육의 역할은 둘 다 인정되었지만, 문화의 학습은 일차적인 요소로 받아들여지지 않았다. 하지만, 나는 문화인류학자들과 같이 다음과 같이 주장하는 바이다. 아이들은 문화를 습득함으로써, 태어나는 순간부터 세계를 이해하고, 개인적으로는 독특하지만 문화적으로는 전형적인 방식으로 행동할 때까지 계속해서 배운다.

따라서 문화에 기반하는 상징화는 현실에서의 개인적 실존을 위한 기초로서의 역할을 감당한다.

문화와 개인의 삶

문화는 우리가 오감을 통해서 외부 세계와 접촉하는 방식에서 중요한 역할을 한다. 내 이전의 연구에서 논의한 적이 있는 몇 가지 내용을 살펴보자.[1] 시각 경험에서의 이것을 알아보는 실험을 했는데, 실험 대상자는 좌우가 바뀌어 보이는 보안경을 착용했다.

처음에는 이 안경이 엄청난 혼란을 만들어 냈다. 예컨대, 두 친구와 대화할 때 실험자는 친구가 말을 하면 말하는 사람이 아닌 다른 사람을 쳐다보았다. 저녁 식탁에서 나이프를 보고 집으면 포크를 집었고, 포크를 보고 집으면 나이프가 잡혔다. 여자가 향수 냄새를 풍기고 구두 소리를 내면서 왼쪽으로 지나갔지만, 오른쪽으로 지나가는 것처럼 보였다. 마침내 뇌-마음은 시각 경험을 재해석하여 시각을 다른 감각과 조화시키는 방법을 터득하는 데 성공했다. 망막에 비친 이미지는 여전히 반대로 보이지만 말이다. 실험이 끝나고, 실험대상자들이 보안경을 벗었을 때, 같은 혼란이 한 번 더 찾아왔다. 이는 뇌-마음이 다른 차원과 관련하여 시각 체험을 재해석하는 법을 다시 학습해야만 했기 때문이다.

이 실험과 다른 실험을 통해 봤을 때, 시신경을 통해 받아들인 것에 대한 해석은 개인의 삶에서의 의미를 결정하는 것을 목표로 하여 이루어지는 것 같다. 대부분의 이러한 해석은 선천적이기보다는 학

---

[1] W. H. Vanderburg, *The Growth of Minds and Cultures* (Toronto: University of Toronto Press, 1985).

습이 된다. 예컨대, 신생아는 움직이는 것을 좇아서 볼 수는 있지만, 초점을 맞추지는 못한다. 초점을 맞출만한 뭔가가 존재한다는 사실을 배우기 전까지는 말이다. 뇌-마음의 조직화에 의한 시각적 해석은 유아가 자신이 경험한 것을 말로 표현할 수 있을 때 더욱 세련되어진다. 이러한 해석을 공동체의 언어와 문화의 방식에 맞도록 정렬하는 것은 그들로 하여금 세계를 이해하고 살 수 있게 만들어 준다. 이 같은 사실은 다음과 같은 중요한 문화적 차이를 통해서 확인할 수 있다. 색깔의 세계를 조직하는 방식이나, 야생의 세계에서 자란 아이들이 자신들의 세계를 이해하는 방식 등이 그 예이다. 성인의 시각 체험은 과거의 경험에 의해서 유사하게 영향을 받는다. 예를 들어, 의대생이 엑스레이 사진을 이해하는 법을 배울 때 이는 분명해진다. 즉 그들은 전에는 그저 무의미한 얼룩들로 보였던 것들, 곧 "시각적 노이즈"visual noise 같은 것으로 보았던 것들에서 뭔가 의미 있는 것을 보게 되는 것이다.

우리의 일상 경험을 통해서도 다음의 사실을 확인할 수 있다. 즉 우리가 보는 것은 우리의 망막에 맺히는 상들이 아니라, 우리의 삶에서 의미 있는 것들이다. 우리가 보는 상과 망막이 탐지하는 것을 대충 재현해 주는 헬멧에 부착된 비디오카메라의 출력 영상을 비교해 보면 더욱 분명해진다. 비디오 출력 영상에는 프레임이 있지만, 우리 시계視界로는 어떤 경계도 인식할 수 없다. 우리가 보는 것은 실제 상과 전혀 일치하지 않으며, 상징화의 과정을 통해서 "해석되어 나온 것"이다.

그래서 우리가 고개를 올렸다 숙였다 하거나 뛰어다닐 때, 실제 우리의 망막이 감지하는 상과는 다르게 우리는 세계가 똑바로 서 있으며 흔들리지 않는 것처럼 상징화하여 본다.

문화는 또한 우리의 경험을 상징적으로 통합하는 데 있어서 중요한 역할을 한다. 이 경험이란 오감을 통해서 세계에서 얻은 것들이며, 이것 외에 몇 가지 추가적인 경험의 차원을 통해서 몸과 마음으로부터 생겨나온 것들이다. 모든 경험에서 전경foreground과 배경background을 구분하는 것은 인간이 반응의 순간을 살아가는 방식에 따라 좌우된다. 그러한 경험은 뇌-마음의 조직화에 수정을 가하는데, 그래서 사람들은 경험이 '기억'에 "저장된다"고 말하는 것이다. 영어에서 이것의 의미는 다소 모호하다. 이는 인간의 기억과 기계의 메모리를 같은 단어로 표현하기 때문이다. 하지만, 얼마나 많은 경험적 증거들이 이 둘은 근본적으로 다른 것이라고 말해주고 있는가. 기계의 기억 장치는 '삶의 정황'context으로부터 일절 분리된 '정보'를 저장하는 것인데, 이것은 그전에나 혹은 나중에 저장되는 정보에 의해서 전혀 영향을 받지 않는다. 이는 '삶의 정황'이 없는 기억이다. 기계의 기억 장치가 마치 신경망인 것처럼 모방하여 활용되기도 하지만, 이러한 방식으로 만들어진 '삶의 정황'은 우리의 뇌-마음이 할 수 있는 것과 비교해보면 극도로 제한적이다. 후자는 삶을 살도록 한다. 무슨 뜻이냐면, 뇌-마음의 조직화로 상징적으로 도식화함으로써 각 사건은 삶-시간, 장소, 문화면에서 개인적으로 독특하지만 동시에 전형적인 방식으로 산-의 한순간으로 상징화된다는 뜻이다. 인간에게 있어서 그것은 아무 생각 없이 사실들을 저장하고 불러내는 문제가 아니라, 세계 속에서 신중하게 삶을 살아가는 문제이다. 뇌-마음의 더욱 고등한 상징적 기능에 대해서는 알려진 바가 거의 없지만, 경험에 대한 기억은 이전의 기억에 의해서도 영향을 받으며, 심지어 나중의 기억에 의해서도 영향을 받는다는 무시할 수 없는 증거가 존재한다. 인간의 기억은 '삶의 정황'을 최대한 활용한다. 뇌-마음의 이러한 특성은 살아 있는 세계에 대처해 나가려고 지금껏 진화해왔다. 여기서 살아 있는 세계라 함은 완전히 똑같은 방식으로 반복되어 일어나는 것은 전혀 없는 세계라는 뜻이다. 이와는 대조적으로 기계의 기억 장치는 기계 세계에 극단적으로 잘 대응해 나가는데, 이 기계 세계는 모든 것이 반복과 연산을 바탕으로 서 있는 세계다. 만일 인간의 기억이 기계의 기억 장치와 같이, 유전적으로 기능적 한계가 주어져 있다면, 아마 인간은 생존하지 못했을 것이다.

나의 문화이론에서, 다음의 지극히 단순한 비유 관계를 통해서 인간의 삶의 많은 부분을 설명하는 방법에 대해서 말한 바 있다. 실험으로부터 자료를 구성해 내는 것과 마찬가지로 뇌-마음의 조직화도 매 번의 경험을 상당히 "구성plot한다".

이는 모든 각각의 경험이 삶이라는 '실험'에서 '데이타 포인트' data point, 2)와 같이 볼 수도 있다는 뜻이다. 뇌-마음의 조직화에서의 시냅스 및 신경의 변화를 통해서, 각 경험은 경험 구조 안에 상징적으로 도식화된다. 앞으로 우리가 보게 되겠지만, 이러한 경험 구조는 인간 삶의 "인지 지도"mental map와 비슷하다고 할 것이다. 즉 지도에서 길과 도시가 연결되는 것과 마찬가지로 삶은 뇌-마음의 조직화와 연결된다. 과학 실험에서, 각각의 데이터 포인트는 개별적으로 거의 의미가 없는 정보를 우리에게 제공한다. 아무리 많은 양의 데

---

2) [역주] 여러 번의 실험을 통해서 얻은 결과들을 좌표상에 점으로 표시할 때 이를 데이터 포인트, 혹은 자료점이라고 한다. 실험자는 이러한 점들을 연결하여 직선이나 곡선의 그래프를 그려 봄으로써 그 실험의 의미를 파악할 수 있다.

이터 포인트를 그린다해도 이것은 마찬가지다. 우리가 데이터의 범위를 넘어서 데이터 포인트를 연결하는 곡선 그리기[3]로 증거를 내삽하고 외삽[4]하려고 하지 않는 한 말이다. 우리가 주어진 '사실들'을 뛰어넘으려고 하지 않는 한 자연에 대한 의미 있는 정보는 분명히 드러나지 않는다. 만일 곡선이 데이터를 통과하여 맞아떨어지지 않는다면, 우리는 실험 설계에 문제가 있다고 볼 수 있을 것이다.

 이러한 종류의 행동이 의미하는 바가 무엇인지에 대해서 잠시 생각해 보는 것이 중요하다. '곡선 그리기'을 위한 과학적 기초는 무엇인가? 우리는 과학의 영역을 떠나서 사색의 영역으로 들어가려고 실험실의 증거를 넘어선 적은 없는가? 왜 이것은 우리로 하여금 자료에 대해서 더욱 신빙성을 갖게 하는가? 곡선을 실험실의 데이터 포인트를 통과하도록 맞추는 것은 세계에 대한 우리의 선입견을 더욱 강화시킨다. 즉 세계는 연속적이며, 무작위적이지 않으며, 혼란스럽지 않게 움직인다는 것이다. 곡선이 이러한 선입견과 일치하기 때문에 데이터에 대한 우리의 확신이 더욱 강화되는 것이다.

 만일 내면화를 뇌-마음의 조직화 안에 경험을 '구성하는 것'으로 본다면, 전에 내가 메타의식적[5]지식이라고 불렀던 지식을 엄청나게 많이 개발해야 할 것이다. 한 개인의 삶의 다른 모든 경험과의 관계

---

3) [역주] 곡선 그리기(curve-fitting)은 실험을 통해 얻어진 여러 개의 데이터 포인트들을 서로 연결하는 최적의 곡선을 찾아내는 작업을 말한다. 이를 위해서 내삽, 외삽, 회귀분석 등의 작업이 필요하다.

4) [역주] 여러 번의 실험결과를 통해서 데이터 포인트를 얻고 이를 좌표에 찍어 그래프를 구했다고 하자. 이때 내삽(interpolate)은 실험 결과로 직접 얻은 데이터 포인트 값은 아니지만 그려진 그래프를 통해서 추론하여 값을 구하는 것이고, 외삽(extrapolate)은 그래프에 그려져 있지 않은 값을 추론하여 얻는 것을 말한다.

5) [역주] 메타(meta)란 본래 "~뒤에"라는 뜻의 헬라어 접두어이다. 그러나 아리스토텔레스의 존재철학에 형이상학(metaphysics; meta+physics)이라는 이름이 붙여진 것에서

속에서 그것들을 완전히 컨텍스트화하는 것은 개인의 경험을 넘어서는 것이다. 수많은 인간의 행동은 그러한 메타의식적 지식metaconscious knowledge을 개발하고 광범위하게 활용하고 있음을 확인시켜준다. 과학 실험과 똑같이, 우리가 우리 자신, 사회, 그리고 물리적 환경에 대해서 알 수 있는 것은 특정 시간에 한 번에 하나씩 주어지는 "데이타"가 알려주는 것, 그 이상의 것이다. 다만, 세계 안에서 삶을 살아가는 것과 과학을 실습하는 것 사이의 가장 큰 차이는, 삶을 살아갈 때 뇌-마음이 어떻게 우리 개인의 경험을 넘어서 나아가는지, 그리고 또 우리의 삶에 대한 메타의식적 지식을 세계 속에서 어떻게 구축하는지에 대해서 우리가 의식하지 않는다는 것이다. 그렇게 행동하게 하는 선판단은 건강한 삶이란 혼란스럽지 않다는 것, 그리고 매 순간 우리의 주변 환경 물은 우리의 세계에서 필수 구성 요소라는 것 등에 대한 인식이다.

아기들은 시각 능력이 매우 제한된 상태로 태어난다. 아기들은 반사 신경의 형태로 움직임에 반응할 수 있다. 하지만, 아기들은 초점을 맞출만한, 의미 있는 뭔가를 발견하기 시작할 때에만 눈으로 초점을 맞추는 법을 배우게 된다. 아기들의 선천적 능력은 시각적 '퍼즐판'을 '맞추는 법'을 배움으로써 신장한다. 각각의 시각적 체험은 다른 것—상당히 비슷하지만 같지 않은—을 위한 패러다임으로서의

볼 수 있듯이 메타는 "보다 고차원적인~" 혹은 "초월적인~"이라는 뜻으로 쓰기도 한다. 이와 비슷하게 메타는 종종 "자기 비판적인~," "자기 의식적인~"이라는 뜻으로 쓰이기도 한다. 예컨대 프랑크푸르트학파에서 "메타 이성(meta reason)"이라고 하면 "이성을 비판하는 이성"이라는 말이다. 따라서 저자가 여기서 "메타의식적(metaconscious)~"이라고 말할 때, 이는 의식(consciousness)에 대해서 보다 초월적이고 자기 의식적인 성격의 의식을 말하는 것이라고 볼 수 있다. 저자의 표현을 따르자면 메타의식은 "현실에 대한 직접적인 지식"이 아니라 "현실과 관련을 맺는 방법에 대한 지식"이라고 표현하고 있다.

기능화 역량을 가지는 것으로 보인다. 예를 들어, 고양이를 보는 체험은 네 발 달린 다른 동물을 보는 것과는 처음에는 거의 차이가 없을 것이다. 또한, 하늘에 점박이 새와 비행기가 날아가는 것을 보는 것도 처음에는 차이점보다는 비슷한 점이 더 많아 보일 것이다. 잦은 시각적 노출 및 다른 체험을 통해서 거둔 발전이 서로 조화됨으로써 이것들 사이의 차이점은 점점 커지게 되는데, 나중에는 차이점이 유사점을 압도하게 된다. 이것은 아마도 몇 가지 시각적 패러다임이 해체되어 새로운 패러다임을 위한 새 묶음cluster이 생기는 것으로 볼 수 있을 것이다. 이는 개와 고양이, 그리고 비행기와 새를 구분하는 능력과 함께 나타난다. 이러한 식으로, 각각의 시각적 패러다임은 본래 그것이 유래하였던 다른 패러다임들 사이에서 새로운 자신의 위치를 잡아가게 된다. 그리하여 신생아와 아동이 시각적으로 일관된 세계 속에서 살 수 있게 되며, 자신들 문화권 내의 어른들의 것에 점차 수렴되어 가게 된다. 수렴은 처음 태어났을 때 인간은 세계 속에서 비슷한 조건으로 출생한다는 사실을 통해서 더욱 분명해진다. 그들이 사회체에 참여하는 것의 의미를 발견하게 됨에 따라 그들은 그 세계에 대해서 점점 많은 것을 알게 된다. 따라서 아동의 시각 발달은 오직 한 가지 차원의 학습, 곧 세계를 이해하고 세계에서의 삶을 사는 법을 학습하는 것이다. 이 세계는 그들 자신의 신체적, 사회적 존재에 대해서 성숙해가는 인식과 함께 발전한다. 신생아와 아동이 습득하는 시각적 '기술'skill은 세계를 이해하고, 세계 속에서 삶을 살아가는 그들 능력의 점진적 분화로부터 생겨난다. 이러한 기술은 신생아와 아동의 '시각 기관'으로서 결코 분리될 수 없는 능력이다. 내 말은, 패러다임, 기억, 차이점이나 유사성 등이 뇌-

마음의 조직화 안에 문자적으로 실제로 존재한다는 것이 아니라, 이것들이 상징화 과정의 여러 측면이라는 뜻이다.

세계에서의 삶을 사는 것을 상징화하는 과정은 단편적이거나, 혹은 기계적일 수 없으며, 정보 처리에 기초하는 것도 아니다. 왜냐하면, 이러한 상징화 과정은 모든 것을 삶의 컨텍스트 안에 위치시킴으로써 그 의미와 가치를 얻을 수 있기 때문이다. 이 모든 것은 세계에서 인간으로서 구체화하는 유리한 점, 혹은 선판단으로부터 이루어진다.

나는 다른 곳에서 다음과 같은 내용에 대해서 꽤 자세히 논한 적이 있다. 즉 이처럼 학습이 세계를 이해하고 그 속에서 살게 하는 방식에는 다음의 내용이 포함되는데, 세계 속에서의 우리의 신체적 체현 physical embodiment 문화적 존재로서의 우리의 사회적 자아, 그리고 우리의 현실 체험으로부터 이끌어져 나온 상징적 세계 등에 대한 점증하는 인식의 개발이다.6) 각각의 단계는 배아적 전일체로부터 분화의 과정을 통해서 성장해 나가는데, 이는 세포분열을 통한 배아의 성장과 유사하다.

나는 인간의 기억이 수동적이거나 '삶의 정황'이 없는 형태로 저장되는 것이 아니라 뇌-마음의 능동부라고 늘 주장해왔다. 이는 다량의 메타의식적 지식현실과 관련을 맺는 방법에 대한을 포함하여 보다 큰 패턴으로 기억을 조직한다. 문화적 구성원들끼리 대화할 때, 의식하지 않고 유지하는 대화 거리 distance에 대해서 생각해보라. 만일 우리가 가정하기를, 기억이 그 기억과 가장 닮은 기억들로부터 직접적으로 분화된 것이라면, 이러한 식의 관계로부터 도출되어 나온 분화된 기억 다발의 구조는 다음과 같은 의미를 말해줄 것이다. 즉 누군가에게 너무 가까이 서 있으면 우리는 위협적인 존재로 느껴질 것이고, 반대로 너무 멀리 떨어져 있으며 우리는 친근하지 않게 느껴질 것이다. 그 구조의 다른 부분들과 연합하여 감정적 어조는 문화적으로 정상적인 대화거리를 지시해 줄 것이다. 다발의 구조는 우리가 그것을 깨닫지 못한 채 학습한 규범을 암시해 준다. 그 이유는 우리가 습득한 지식은 메타의식적이기 때문인데, 그러한 의미에서 그것은 어떤 특정 경험으로부터 도출될 수 있는 것이 아니다. 그것은 또 기억으로부터 회상될 수도 없다. 왜냐하면, 그것은 내면화된 경험을 조직적으로 통합하는 과정에서 생겨나기 때문이다. 이는 의식의 차원을 넘어선다.

달리 표현하면, 잠재의식과 메타의식은 구분되어야 하는데, 전자는 억압된 체험과 지식으로서, 뇌 기관 안에 유전적으로 결정되어 저장되어 있다. 반면에 후자는 마음을 구성하는 체험의 구조 속에 내포된 지식이다. 메타의식은, 문화가 개인과 집단적 실존을 구조화하는 방식에서 중심 역할을 감당한다. 이는 문화 속으로 사회화되는 과정 중에 드러날 수 있다. 그리하여 아이들은 메타의식적 지식을 경험의 구조 안에 건축해 나간다. 그들은 은연중에 다음과 같은 것들을 학습한다. 곧 그들 문화에서의 대화 거리라든지, 시선 예설, 시간, 공간, 물질의 개념들, 자신들이나 타인들의 사회적 자아상, 그리고 자신들 문화에서의 가치와 생활 방식 등을 배우는데, 여기에는 신화나 신성한 것도 포함된다.

사회 구성원의 경험 구조는 메타의식적으로 각 개인의 사회적 경험들로부터 도출되어 나온 사회적 자아, 곧 지도 판독자를 가진 일종의 인지 지도라고 할 수 있다. 만일 지도와 지도 판독자가 개인의 뇌-마음 안으로 상징적으로 결합하여 들어가는 것이 분명하다면 말이다. 이들 인지 지도는 사람들로 하여금 자기 자신을 사회적이고 물리적인 주변 물들 내에서 방향정위를 할 수 있게 만들어 준다. 다른 말로 하면, 사회 구성원의 경험 구조는 상징적 매개체를 형성한다고 할 수 있는데, 이 매개체를 통해서 그들은 현실을 경험하고 그것에 영향을 미친다. 우리의 많은 일상의 일상적 행동은 유형적으로 더욱 과거의 경험을 모방한다. 물론 이것은 우리가 과거에 의해 결정된다는 뜻은 아니다. 우리의 경험 구조는 우리의 삶의 모든 측면을 포함하고 있으며, 여기에는 미래에 대한 우리의 희망과 두려움, 야망과 계획, 꿈과 환상, 확신, 사고, 사상 등이 포함된다. 그리고 이러한 인지 지도의 반복적인 활용은 충분한 숙고를 통해서 언제나 뒤바뀔 수 있다. 지도는 연산이나 프로그램과는 다른데, 이는 그것이 누군가 그 지도를 읽고 활용할 수 있는 사람을 필요로 한다는 점에서 그렇다. 이러한 가능성은 경험 구조 안에 암시된 한 사람의 사회적 자아에 대한 메타의식적 이미지에 의해서 확실해진다. 삶은 절대로 반복되지 않기 때문에, 지도에 포함된 각각의 모든 패러다임은 새로운 상황에 창조적으로 적용되어야 한다.

결과적으로, 인간 삶의 많은 부분은 일상적인 문제들에 그럭저럭 대처해 나간다. 그렇게 함으로써 개인으로 하여금 특별히 비범하고, 흥미있고, 위협적인 측면들에, 혹은 특별한 의미나 가치의 이유로 말미암은 측면들에 초점을 맞출 수 있도록 해준다. 예를 들면, 마주 보는 소통에서의 시선 예절, 대화 거리, 신체 언어, 감정 표현 등은 굳이 신경을 쓸 필요가 없다. 그래서 사람들로 하여금 가장 본질적인 문제에 집중하게 하여 준다. 물론 가장 상투적인 행위마저도 그러한 행동을 다시 생각하게 하는 뜬금없는 생각으로 말미암아 멈추어질 수 있다. 하지만, 그 모든 행위는 인간 경험의 놀라운 복잡성과 다양성을 유지할 수 있도록 도와준다.

문화와 사회

지금까지 우리는 개인의 관점에서 문화 기반적인 상징화에 대해서 분석했다. 하지만, 개인의 특성으로부터 사회의 특성을 도출할 수 없다. 만일 개인과 현실이 유전적으로 결정된 관계가 아니라면, 사회와 현실도 마찬가지다. 다른 말로 하면, 문화는 사회의 개인 구성원과 현실 사이에서 상징적으로 매개할 뿐만 아니라, 개인의 행동을 일관된 생활 방식 안으로 통합하기도 한다.

어떤 문화에서든 구성원들이 자신이 사는 현실에 대해서 전부 다 알고 있지는 못하다. 현대 과학은 현실에 대한 새로운 발견의 지속적 흐름—이 흐름이 언젠가는 끝나게 될 것이라고 믿을 수 있는 근거는 없다—을 만들어냈다. 다른 말로, 우리는 한 사회가 사는 현실 reality과 현실 자체는 구분되어야 한다는 말이다. 하지만, 그들의 일상의 삶 속에서, 사회 구성원은 마치 현실이 자신이 아는 대로 전적으로 믿을만한 것이요, 현실 자체는 아직 발견되지는 않았지만 발견해야 할 과제로 남아 있는 몇 가지 사소한 세부 사항에서만 차이가 날 뿐이라고 여기며 행동을 한다. 사실 이것은 그다지 놀랄만한 것이 아니다. 우리의 지적 전통은 오랫동안 우리에게 다음과 같이 말해왔기 때문이다. 곧 지식이란 축적적이며, 따라서 지식은 기본적으로 현실에 대한 우리의 지식의—본질적으로 정확한—게슈탈트상 gestalt에 추가적 세부사항을 덧붙이는 것이라는 것이다. 이러한 관점은 토마스 쿤Thomas Kuhn에 의해서 커다란 도전을 받았는데, 특히 과학적 지식은 더욱 그렇다. 그는 물리적 현실에 대한 우리의 지식을 고려해 볼 때 다음과 같이 요약될 수 있다고 주장했다.[6] 서구에서, 물리적 현실세계physical reality에 대한 개념화는 근본적으로 다른 방식을 통해서 이루어져 왔다.[7] 먼저 아리스토텔레스의 견해가 있었고, 그다음에는 뉴튼적 견해가 뒤를 이었으며, 다시 이는 아인슈타인의 관점으로 이어져 내려왔다. 물리적 세계에 대한 이들 세 가지 각각의 "그림들"은 현실 세계에 대한 지식이 축적적인 시기에 한해서만 정교하게 그려질 수 있었다. 하지만, 물리적 현실 세계에 대한 기본 개념이 더는 적합하지 않게 되자 축적적인 시기는 끝났다. 이는 새롭게 발견된 현상이 그 그림과 모순을 일으켰기 때문이다. 이러한 모순은 혁명적이고 비축적적 전환의 시기로 이끈다.

따라서 물리적 측면에서 현실 세계에 대한 우리 지식이 순수하게 축적적 과정으로 성장한다고 볼 수 없다. 지식의 기본적인 형태는

---

6) Ibid.
7) Thomas S. Kuhn, *The Structure of Scientific Revolutions*, 2nd ed. (Chicago: University of Chicago Press, 1970).
[역주] 오랫동안 서양 철학의 전통은 지식을 축적되는 결과물로 이해했다. 그러니까 통상 우리는 초등학교 수준에서 중학교 수준으로, 다시 고등학교 수준에서 대학교 수준으로 지식이 "쌓여간다"고 말한다. 이와 같은 식으로 역사 속에서 지식은 고대에서 중세, 근대, 그리고 현대에 이르기까지 점차 쌓여 왔다고 말한다. 이러한 지식의 축적 과정은 전체 상의 대략적 윤곽과 의미를 보여주는 밑그림(심리학에서는 이를 게슈탈트상이라고 함)에 세부적인 디테일을 채워가는 소묘 과정과도 비슷한 것으로 이해할 수도 있다. 그러나 20세기 중반, 이러한 지식의 축적적 과정을 근본적으로 부정한 사람이 나타났는데 그가 바로 토마스 쿤(Thomas Kuhn)이다. 쿤은 『과학 혁명의 구조』라는 유명한 책에서 과학의 역사를 면밀히 검토해 보면, 지식은(최소한 과학의 지식의 경우) 축적되는 과정이 아니라고 주장했다. 대신에 그는 어느 순간에 큰 틀(paradigm)에서 혁명적으로 변화되는 과정을 통해서 과학적 지식이 변환을 이룬다는 것이다. 그래서 그는 과학의 역사를 지식의 축적, 내지는 발전의 모델보다는 패러다임의 혁명적 변화의 모델로 이해해야 한다고 주장했다.)

종종 바뀌어 왔다. 그리고 현실 세계에 대한 완벽한 지식이 부재한 상태이기 때문에 그러한 비축적적 기간에 생겨난 상像이 이전보다 더 정확한 상인지의 여부에 대해서도 단언할 수 없다. 축적적 기간에는 과학자들은 현실이 정확히 자신이 아는 그대로인 것처럼 여기며 행동한다. 그리고 미지의 세부 사항 및 더욱 정교한 개선의 여지가 있는 것에 대해서는 예외로 여긴다. 그들은 자연 법칙에 대해서 말한다. 이 자연법칙은 특정한 때에 현실 세계에 대한 자신들의 체험을 설명할 수 있는 모델이다.

나중 세대 과학자들은 통상적으로 이들 현실에 대한 이전의 개념이 특정한 전제와 가정을 구체화한 것에 불과하다는 사실을 발견한다. 이런 전제와 가정은 나중에는 오류로 판명이 난다. 이것은 불가피한 일인데, 과학자들은 자신이 아는 대로의 현실이 현실 세계 자체인 양 여기며 행동할 수밖에 달리 방도가 없다. 따라서 '알려지지 않은 것'은 '이미 알고 있는 것'과 같은 '본성'을 가지고 있을 것이라고 암묵적으로 전제하게 되는 것이다.

특정 분야에서의 과학 지식의 발달은 예술 분야의 것과는 다르다. 예술학과 학생들은 모델을 그리는 법을 배운다. 예술학과 학생들의 경우, 자세를 오래 취할수록 정교함을 더 잘 다듬을 수 있다. 형태가 오류―가령 학생이 비례를 잘 파악하지 못하는 경우―가 아닌 한 그 과정은 철저하게 축적적인데, 이는 과학 지식이 증가하는 양상과는 사뭇 다르다. 더구나 과학의 다른 분야에 의해서 그려진 세계의 '그림'을 더욱 큰 그림 안으로 통합하는 것도 불가능한데, 이는 과학 중의 과학이 존재하지 않기 때문이다.

만일 과학 지식의 성장이 축적적이 아니요, 문화 기반적 지식의 성장도 축적적이 아니라면, 이질적인, 혹은 연속적인 문명들이 세계에 대해서 습득한 지식을 비교하면 명백하게 나타난다. 이러한 상황은 다음 몇 가지 중요한 의문을 제기한다. 만일 우리가 미지의 것이 단순히 기지의 것의 덧붙임이거나, 혹은 찾아내고 또 살아내야 할 것이라고 가정할 수 없다면, 과연 지금 우리가 가지는 지식은 어떻게 신뢰할 수 있을까? 또한, 새로운 발견이 우리가 가지는 기지의 지식에 의문을 제기하지 않으리라고 어떻게 확신할 수 있을까? 우리는 세상이 우리가 잘 아는 대로의 세상이라고 어떻게 알 수 있을까? 우리는 현실과 제대로 만나고 있는지, 그래서 우리가 미치지 않고 제 정신인지를 의심하지 않아도 되는 이유는 또 어디에 있는가? 어찌하든 간에 우리는 세계에 대한 우리의 지식을 신뢰할 수 있어야 한다. 그리고 이것은 미지의 것으로부터의 위협을 약화시켜 달라고 요구한다. 철학자들이 지적 훈련을 위해서 토론하는 문제 중 하나는 과연 우리가 정말로 지금 이곳에 있는가, 혹은 세계는 정말로 "저 밖에" 존재하는가 하는 것이다. 하지만, 그러한 식으로 삶을 살면서 정신적으로 건강한 상태를 유지하는 것은 불가능하다. 생각해 보라. 당신이 인식하는 것이 정말로 존재하는지를 늘 걱정을 해야 한다면, 걷는 것, 운전하는 것, 혹은 시험 문제를 푸는 것 등의 모든 행위를 어떻게 할 수 있겠는가? 유한성을 가진 우리 인간이 현실을 우리가 알고 또한 사는 그대로일 것이라고 믿지 않으면서 사는 것은 불가능한 일이다.

  이 모든 것은 우리에게 다음의 필요가 있음을 말해 준다. 곧 시간적, 공간적, 사회적 영역에서의 여정을 안내받으려고 공동체는 반드시 준거점을 가져야 한다는 것이다. 이것이 어떻게 성취되느냐 하는 것은 앞에서 우리가 논했던 것, 즉 뇌-마음의 조직화가 경험 구조-즉 우리의 각각의 삶의 경험들이 엄청나게 많은 메타의식적 지식을 양산해 내면서 다른 모든 것과 상징적으로 연결되는 구조-를 상징화하는 방식으로부터 자연스럽게 도출된다.

그러한 지식은 우리 삶에서의 특정한 경험을, 미지의 것은 같은 '본성'을 가진다고 암시하는 방식으로 내삽하고 외삽한다. 사실 이러한 메타의식적 지식은 모든 특정한 경험을 세계 내의 삶으로 조직해 넣는다. 그래서 세계는 터진 구석 하나 없이 완전한 것으로 보이게 되는 것이다. 미지의 것은 이제 마치 기지의 것을 내삽하고 외삽한 것인 양 메타의식적으로 상징화된다. 그래서 상징화가 그 온전한 깊이에 도달할 수 있는 것은 오직 지금뿐이다. 이것은 각각의 상황을 먼저는 개인 삶의 순간으로 상징화하고, 또한 사회의 집단적 생활에서의 사건으로 상징화하며, 그 사회 세계의 필수 구성 요소로 상징화한다. 이것은 과학 실험에 대한 메타의식적 등가물인데, 과학 실험에서는 곡선을 통하여 그 온전한 의미를 상징화하기 위해 실험 데이터를 내삽하고 외삽한다.

한 사람의 경험을 메타의식적으로 내삽하고 외삽하는 것은 문화인류학, 종교사회학, 그리고 심층심리학에서 신화라고 하는 것과 일치한다. 신화는 개인의 경험을 삶 속으로, 또한 많은 사람의 삶을 사회 안으로, 그리고 많은 접촉을 그 사회를 넘어서 세계 안으로 모아들이도록 한다. 이렇게 상호 간의 연결된 것이 전통적이고 세속적인 종교로 제도화되는 것이다.

메타의식적 신화의 실제적 의미는 대단히 광범위하다. 이것은 일상생활에서의 우리의 태도와 이전 시대 사람들의 태도를 비교해 보면 분명해진다. 그들은 우리와는 "전적으로 다른" 신화를 가지고 있었다. 내가 볼 때 현대문화라 하더라도 신화를 가지고 있다는 것은 불가피한 사실인데, 이는 현대과학과 기술도 궁극적으로 알 수 없는 실재에 대한 인간 유한성의 조건을 근본적으로 개선하는 것은 불가능하기 때문이다. 우리의 지식은 또한 감춰진 메타의식적 내삽 및 외삽 과정에 기초할 수밖에 없는데, 이러한 내삽과 외삽은 현실과 우리 실존의 본성에 대한 전제 및 가정이 된다. 이는 사회의 신화와 일치한다.[8] 우리는 과거 사회의 삶의 방식이 어떤 식으로 신화 위에 기초하여 수립되었는지는 잘 알고 있지만, 일반적으로 우리의 신화에 대해서 의식하지 못한다. 이것은 미래의 세대들도 마찬가지 사실이 될 것이다. 그러는 동안 우리는 계속해서 우리가 살아가는 현실 세계가 현실 자체인 양 여기며 살아간다. 이것은 우리가 익히 아는 방식대로 현실을 절대화함으로써 우리의 지식의 상대적 성격을 제거해버린다는 것을 뜻한다. 또한, 이것은 우리의 문화가 현실을 상징적으로 지배한다는 것을 뜻한다.

다른 말로 하면, 미지의 것, 곧 우리의 지식과 삶의 안정성을 위협하는 것은 우리가 알고 또 살아가는 모양대로 현실을 내삽하고 외삽

---

[8] 다음 예들을 보라.: Roger Caillois, *Man and the Sacred*, trans. M. Barash (New York: Free Press, 1959); Mircea Liade, *The Sacred and the Profane*, trans. Willard R. Trask (New York: Harper and Row, 1961); Mircea Eliad, *Patterns in Comparative Religion*, trans. Rosemary Sheed (Cleveland: World, 1970); Jacques Ellul, *The New Demons*, trans. C. Edward Hopkin (New York: Seabury Press, 1975); Claude Levi-Strauss, *The Raw and the Cooked*, trands. John and Doreen Weightman (New York: Harper and Row, 1969); Richard Stivers, *Evil in Modern Myth and Ritual* (Georgia: University of Georgia Press, 1982); Paul Ricoeur, *The Symbolism of Evil*, trans. Emerson Buchanan (New York: Harper and Row, 1967); W. H. Vanderburg, *The Growth of Minds and Cultures*.

한 것으로 바뀐다는 뜻이다. 사회에 의해서 현실이 이미 알려진 것인 양 절대화함을 통해서, 신화 체계는 미지의 것을 기지의 것의 잃어버린 한 부분이나 단편 정도로 바꾸어 버린다. 그것은 삶의 한 가지a 방식을 삶의 유일한the 방식으로 바꾸도록 도와주는데, 모든 다른 대안들을 생각할 수도, 신뢰할 수도 없는 것으로 만들어버리고 마는 것이다.

요약하면, 삶의 경험을 일관성 있는 전체 안으로 통합하는 메타의식적 공정은 현실 자체와 사는 현실 세계 사이의 틈을 메워버리며, 현실에 대한 대안적 해석 및 대안적 삶의 모든 가능성을 의식에서 효과적으로 제거해버린다. 미지의 것은 그저 잃어버린 세부사항들의 창고 정도가 되고 마는데, 이들 세부사항은 이미 알고 있고 또 사는 그대로 현실에 덧붙여지는 것으로 여겨진다. 따라서 한 사회의 신화 체계는 그 사회의 문화적 통일성을 창조하는 데 있어서 중요한 요소가 된다. 이는 세계에서의 인간 삶에 대한 다른 인식은 존재할 수 없기 때문이다. 결국, 신화는, 현실이란 접할 수 있는 모든 체험에 기초하는 것이 거의 확실하다고 말해 준다. 신화는 우리의 모든 접할 수 있는 체험들 사이에서 우리의 삶, 우리의 사회, 그리고 우주에 대한 일관성 있는 그림을 만들어 내려고 외삽하고 내삽한다. 그렇게 하지 않는다면 우리의 인지 지도는 그저 일관성 없는, 느슨하게 연결된 조각 모음이 되고 말 것이다. 개인 경험들을 메타의식적 패턴으로 연관시키는 은유는 우리로 하여금 신화가 세계 내에서의 인간 삶에 얼마나 중요한 역할을 하는지를 이해할 수 있도록 도와준다. 각각의 경험-뇌-마음의 조직화에서 변형되어 상징화되는 경험-은 한 사람의 삶을 상징화하는 더욱 큰 '유형'의 한 계기가 된다. 타인과의 만남의 체험은 그들의 삶의 순간들로 상징화되며, 물리적 환경물에 대한 체험은 의미 있는 세계에서의 체험이 된다. 이러한 식으로 문화는 개인 및 집단적 삶을 유지하고 강화한다. 타인 및 세계와의 구별되고 분리된 접촉은 의미 있고, 목적이 있으며, 신뢰할 수 있는 세계 속으로 변형되어 들어간다. 신화는 이러한 접촉들을 연관시키는 것일 뿐만 아니라 이 접촉이 가능하게 만드는 바로 그 삶이다.

신화에 대한 지금 우리의 이해는 19세기 이해 방식과 완전히 반대다. 19세기에는 신화를 먼 과거로부터 내려오는 종교적이고 미신적인 잔여물로 여겼는데, 이는 개인적이고 집단적인 삶에서 신화가 자리할 곳이나 역할이 금방 사라질 상황이었기 때문이었다. 하지만, 신화는 여전히 '영적인 힘'으로 활동하고 있는데, 이 힘이 하는 일은 우선으로 공통의 준거점을 통해서 사람들을 함께 묶는 것이다.

그러나 영적인 힘을 소유함으로써 개인적, 집단적 인간 삶을 소외시키는 대가를 치르게 된다. 이는 고대 사회에서 주인이 노예를 소유했던 것과 같은 방식이다. 산업사회에서 변화하는 것은 신화의 역할이 아니라 신화의 내용이다. 이는 사회의 종교적 차원이 어떻게 세속화되어, 어떻게 공산주의, 국가사회주의, 강경한 민주주의와 같은 새로운 정치적, 세속적 종교를 만들어 냈는가 하는 것을 살펴보면 분명히 알 수 있는 사실이다. 신화는 늘 모든 세속적 종교적 표현의 메타의식적 뿌리가 되어 왔다. 경험적 데이터를 넘어서지 않고서는 과학이 존재할 수 없는 것과 같이, 신화 없는 "문화적 영역"에서의 인간의 삶도 있을 수 없다.

가장 깊은 차원에서, 우리는 다음과 같이 말할 수 있다. 한 사회의 신화 체계는 마치 문화적 DNA와 같이 활동한다는 것이다. 따라서 각각의 경험은 우리 삶의 한 계기가 된다. 이는 정확히 모든 체세포마다 우리의 생물학적 전체에 관한 뭔가가 내포된 것과 같은 방식이다. 이와 유사하게, 우리의 외부 세계에 존재하는 모든 것은 우리 문화의 상징적 우주의 한 요소로 변형되어 들어온다. 상징적 우주 안에 존재하는 모든 것의 의미와 가치는 그것들 자신의 위치의 표현이요, 다른 모든 것과의 의미 있는 관계의 표현이기 때문에, 그것은 전체의 뭔가를 내포하며 그러한 식으로 진화해 나간다.

따라서 신화의 체계는 미지의 것에 의한 위협을 줄여나가며, 현실에 대한 사회적 지식의 상대성을 제거한다. 하지만, 이것은 아직도 역사를 통해 볼 수 있었던 사회와 문명의 안정성 및 내구력에는 미치지 못한다. 절대화된 현실에 의해서 가능해진 모든 인간의 행위는 좋을 수도 있고 나쁠 수 있으며, 유용할 수도 있고 무용할 수 있고, 아름다울 수도 있고 추할 수도 있다. 달리 말해서 신화 체계가 뭔가 추가적 기능을 수행하지 않는다면 우리 삶의 모든 계기는 의미가 있거나, 동시에 전혀 의미가 없거나 할 수 있다는 말이다. 모든 선택이 가능하다. 왜냐하면, 의미의 가능성이 존재하지 않기 때문이다. 삶은 사건들의 무의미한 연속이 되고 말 것이며, 실존적으로 참아낼 수 없는 완전한 혼돈이 되고 말 것이다. 이것은 개인적 실존이나 집단적 실존 모두에 해당하는 일이다. 사회 구성원은 모든 가능한 관계에 의해서 창조된 '우주'에서 방향성을 가져야 하며, 그 안에서 어떻게 행동해야 할지 볼 수 있어야 한다. 모든 문화는 신화 체계에 단단히 뿌리를 박은 가치의 서열이라는 수단을 통해서 이것을 성취한다. 가치의 서열은 또한 문화 구성원들에게 살아야 할 이유를 제공하며, 그들로 하여금 자신들을 위한 의미와 가치를 가지는 삶의 방식을 택하도록 동기를 부여한다. 사람들이 알고 또 사는 현실은 사회의 집이 되어야 한다. 우리는 이를 상징적 우주라고 불러왔다.

사회의 가치는 문화의 기초적 생명력을 반영한다. 일반적으로 말해서 경험의 메타의식적 구조는 공동체의 삶에서 어떤 하나의, 혹은 여러 개의 현상과 일치하는 경향이 있다. 이 공동체는 그 현상들을 수용하는데, 그래서 그것 없이는 공동체의 실존이―그 구성원의 삶 역시―상상도 할 수 없는 것이 된다. 선사시대의 집단의 경우, 그러한 현상들은 우리가 자연이라고 부르는 것이며, 역사가 개막될 때 출현하기 시작했던 사회는 그것은 사회 자신이 되었다. 달리 말해서, 이러한 현상들은 인간 삶을 위한 일차적이고, 이차적인 생활환경life-millieus이다.

이러한 현상들에 대한 메타의식적 인식은 곤경에 빠진 공동체와 마주하게 한다. 그러한 현상은 전적으로 결정론적이기 때문에 공동체는 이 운명을 통제할 수 있는 능력이 전혀 없다. 다른 한편, 사실 이것이 실제로 일어나는 일이다 공동체는 궁극적 가치를 그것에 메타의식적으로 부여함으로써 그 현상을 세속화할 수 있다. 따라서 필연성은 "선"으로 치환되며, 사회적 질서는 공동체 구성원이 그 선을 자유롭게 추구한 결과로 표현된다. 따라서 메타의식적으로 창조된 자유와 문화적 생명력은 신성한 것이 실제로 초월적인 것이 되도록, 곧 전적으로 결정론적인 힘이 되게 하며, 인간의 역사가 가능한 것이 되게끔 한다. 설사 아무리 큰 값 지급을 요한다고 하더라도 말이다. 그러한 현상이 개인 및 집단적인 인간 삶에서 대단히 핵심적이며 근본적이어서 그것들이 없다는 것은 생각할 수도 없으며 의지할 대상이 없다고 우리가 생각할 때, 이 모든 것은 전통적인 종교적 언어로 표현된다. 이러한 의미에서, 그것은 살아가는 삶과 세계를 창조한다. 그것은 삶의 창조주요, 떠받치는 자이며, 절대적인 도덕적 권위이다. 이제 앞으로 간단히 살펴보겠지만. 이러한 메타의식적인 종교적 역할은 초월자의 실제 존재 여부와는 아무 상관이 없다. 역사가 개막될 때 우리가 자연이라고 불렀던 것의 압도적 영향력은 서서히 극복되었다. 대신에 사회의 영향력이 사실상 그 자리를 대체했다. 뒤이어 이러한 사회적 영향력은 사실상 기술의 영향력에 의해서 대체되었다.

공동체의 삶에서 가장 핵심적이고 결정적인 것에다 궁극적 가치를 부여하는 것은 구성원들의 경험 구조 속에 다른 가치들을 메타의식적으로 질서를 정하는 것이다. 사람들은 마치 자신들의 삶에서 가장 중요한 것이 "선"인 양 여기며 산다. 그보다 더 가치 있는 것이나, 중요한 것, 그리고 삶을 유지하는 것을 경험하거나 상상할 수 없다. 이것은 신성한 것이 또한 핵심적인 신화인 이유다. 따라서 아는 대로, 사는 대로의 현실을 절대화하는 것은 신성함, 신화 체계, 그리고 가치의 서열을 창조한다. 이 모든 것은 다 함께 문화적 통일성을 구성한다.

그것이 광범위하게 메타의식적이므로, 이러한 문화적 통일성은 자연 진화가 아니라 역사를 제공해 주며, 아울러서 문화에 엄청난 안정성을 부여한다.

모든 구성원의 경험 구조 안에 새겨져 있는 문화적 통일성은 사고 구조, 소통, 그리고 사회적 행동을 돕는다. 이러한 통일성은 사회 질서를 자명하며, 자연적인 것으로 만든다. 그것은 새로운 상황에 반응하는 기본 모델을 제공한다. 신화는 문화 구성원에 의해서 직접적으로 체험되는 것이 아니라, 그 신화를 통해서 세계를 경험한다. 문화의 통일성은 DNA의 상징적 등가물이다.

사회 구성원이 자신들의 메타의식적인 것이 신성한 것지고의 가치를 속성으로 하는 현상이라고 알아차렸을 때, 그들은 그것을 별것 아닌 것처럼 다루는 것이 아니라, 뭔가 대단히 특별한 것으로 여기며, 종교적 경외감을 느끼고서, 가치 중의 가치로 여긴다. 이러한 가장 가치 있는 것entity이 없는 삶이란 상상할 수도 없고, 신뢰할 수도 없고, 참아낼 수도 없다. 누가 그리할 수 있겠는가? 이들의 삶은 무엇과 비슷하다고 할 수 있을까? 그들이 사는 세계란 어떤 세계일까? 신성한 것은 그들이 누구인지, 그리고 그들의 세계가 어떻게 생긴 세계인지를 상징적으로 창조해 낸다. 종교적인 언어로 말하자면, 이러한 신성한 것은 그들과 그들이 사는 세계의 창조자요, 보호자다. 그것에 영향을 미치게 할 목적으로 그들을 신성한 것과 접촉하게 하려고, 문화의 종교는 이 신성한 것들 근처에서 발전한다. 문화적 통일성 없이 사회 구성원은 현실 속에 단단한 뿌리를 내릴 수도 없을 것이며, 자신들의 삶에서 어떠한 질서나 의미도 얻지 못할 것이다. 이렇게 "하늘에 당도"하게 될 때, 그것은 사실을 보장해준다. 곧 그들은 진정으로 우주와 연결되어 있으며, 그들의 삶은 의미 있다는 것이다. 이는 필연적이다. 왜냐하면, 그들이 현실과 맺는 관계는 동물들과 같이 뇌의 선천적인 구조만으로는 충분히 결정적이지 않기 때문이다. 사람들의 경험 구조의 메타의식적 패턴 안에서 문화적 통일성을 수립하는 것은 그들의 삶의 매 순간이 이러한 통일성의 컨텍스트 안에서 살 수 있음을 보장해 준다. 그리하여 그것은 모든 경험 속으로 미친다.

　사회 구성원은 더는 궁극적 질문으로 마음을 빼앗길 필요가 없다. 이런 질문은 상징적인 문화적 통일성을 메타의식적으로 창조함으로써 사라져버렸다. 종교를 통하여 신성한 것과의 관계 맺는 문제를 해결함으로써 사회는 자신에게 다음과 같은 사실을 확신시켜 주었다. 곧 사회는 현실의 한복판에서 길을 잃지 않았으며, 우주는 더는 불가해한 것이 아니요, 통제 불가능한 것도 아니라는 것을 말이다.

　그리하여 삶과 죽음은 참아낼 수 있는 것이 된다. 사회는 신성한 것을 인격화함으로써 사회가 세계의 힘들과 접촉할 수 있도록 한다. 모든 "전적 타자"는 상상할 수 없고 믿을 만한 것도 아닌 고로 미래는 현재의 연장이다. 종교의 이 모든, 그리고 다른 많은 기능은 잘 알려졌다. 우리는 그저 여기서 다음의 사실을 강조할 필요가 있을 뿐이다. 곧 우리는 인간에게 스스로 자신을 계시하시는, 그리고 인간과 교통하시는 초월적인 신 존재 논쟁을 하는 것이 아니라는 것 말이다. 이것은 종교를 문화적 요소로 보는 이론에 의해서 부정될 수 없다. 사실 이는 전혀 다른 문제다. 이는 카를 마르크스조차 은연중에 인식하고 있던 바다.

계시와 종교

　엘륄과 함께 나누었던 대화를 통해 볼 때, 나는 다음과 같은 사실을 믿는다. 곧 앞에서의 인간의 삶 및 세계에 대한 나의 해석은 회심하기 전의 그의 이해와 일치한다. 한때, 그는 종교 현상을 허위의식의 결과로 보았던 마르크스의 해석과 대단히 친숙했다. 그러나 그의 회심은 그가 살던 문화가 만들어 낸 종교적 창작물이 아니라, 거룩하신 분, 하나님의 행위였다. 여기에서 거룩이란 간단히 말해서 엘륄 시대의 문화적 세계 및 종교적 창작으로부터 분리되어 있음을 의미하는 것이었다. 그러한 하나님은 엘륄의 "인지 지도"에 들어맞을 수가 없었다. 물론 그러한 만남의 체험이 다른 경험들과 같이 상징화될 수 있기는 하지만 말이다. 이러한 상징화는 그저 자신들의 문화적, 종교적 의미와 가치들만을 드러낼 뿐이었다. 왜냐하면, 그것들은 그의 문화적 통일을 내포하고 있기 때문이다. 그는 자신의 체험을 하나님과 만났던 다른 사람들의 체험의 정황에서 줄기차게 사고하기 시작했다. 이러한 체험들은 오랜 세대를 통해서 이어져 내려왔으며, 나중에는 유대-기독교의 성서로 수용되고 기록된 것들이다. 엘륄은 이들 기록이 '순수한' 계시가 아님을 알아차렸다. 왜냐하면, 이러한 사람들의 체험들 역시 상징적으로 매개 되었기 때문이다. 그래서 이들 성서 본문은 더욱 나은 인도함을 통해서 의미와 가치가 지면page 위로발화(speaking)의 방식으로떠오를 때에만 계시가 될 수 있었다. 이것 역시 상징적으로 매개 되기는 마찬가지였다.

하나님과의 만남은 엘륄을 매우 어려운 상황에 놓이게 하였다. 계시와 종교 간의 지적 구분을 한다는 것도 문제지만, 그것을 살아내는 것은 전혀 다른 문제였다. 세계를 이해하며 살기 위한 문화가 없이 산다는 것은 불가능한 일이다. 하지만, 이러한 문화는 우리 모두를 우리 시대, 장소, 그리고 문화의 사람들로 만드는 제한적 헌신을 의미하기 때문이다.

즉 계시를 한 사람의 문화로 대체해 버리는 것 역시 불가능한 일이다. 그때까지 엘륄은 자신의 삶과 문화 **속에**in 있되 그것에 **속하지** of 않는 사건을 증언하는 증인이 되어왔다.

유대인와 그리스도인들은, 지금껏 모든 문화가 창조해왔던 신성함과 종교를 "전적 타자"로부터 반드시 구별해야 한다. 전적 타자인 그는 문화적 창조물이 아니며, 그가 사람과 나누는 대화는 종교와는 구별되어야 하는 계시로서 문화의 상징적 우주 안으로 들어온다.

비록 엘륄은 종교와 계시 간의 이러한 기본적인 구분을 받아들였지만, 그는 유대인과 그리스도인들의 삶 속에서 종교와 계시가 불가피하게 뒤섞이고 말았음을 간파한다. 이로써 그는 한 걸음 더 나아간다. 문화 속으로 사회화됨으로써, 유대교과 기독교 신자들도 다른 사람들과 똑같이 문화적 통일을 획득하게 되는데, 그래서 이러한 문화적 통일체는 신성한 것을 포함하게 된다. 하지만, 사회에 소속되는 것은 십계명 중 제1 계명을 어기는 것이다. 다시 말해서, 그렇게 하는 것은 공동체가 알고 또한 사는 현실이 마치 현실 자체인 양 여기는 것이며, 또한 공동체가 가장 큰 선이라고 아는 것을 선 자체인 양 여기는 것이다. 인간의 삶 속에 밀과 가라지가 함께 뿌려진 셈이다. 그래서 어느 하나만 골라서 뽑을 수 없게 되었다.

덧붙이자면, 구어적으로나 기록된 형태로 전해진 계시는 해석을 요구한다. 해석 행위는 신자의 문화를 통해서만 가능하다. 경험이란 일종의 벗을 수 없는 "문화적 안경"을 쓰는 것과 같다. 그런데 자신들 문화에 대해서 우상파괴적 태도를 보이지 않는 신학자들이 계시를 해석할 때 심각한 문제가 생긴다. 신자들은 특정한 한 시대, 장소, 문화의 사람들이기 때문에 그들은 반드시 자신들 문화로 만들어진 절대자들에 대해서 우상파괴적인 태도를 견지해야 하며, 그리고 이러한 우상파괴주의는 반드시 그들이 계시를 읽고, 해석하고, 실천하는 방식에 영향을 주어야 한다. 최근 신학자들은 현대 과학 및 기술에 관해서 특별히 우상파괴적 태도가 부족 해왔다. 이것은 끊임없는 왜곡을 만들어내고 있다. 예를 들어, 창세기 처음 몇 장을 오류투성이의 과학적 기록으로 읽는 것이 유행이다. 하지만, 물어야 할 질문은 이것이다. 도대체 신자들은 무슨 이유로 이 창세기 기록을 이렇게 새로운 방식으로 읽기 시작했는가? 그리고 진화론이 영향력을 가지기 시작한 때는 또 정확히 언제인가? 바로 이것이 이들 창세기 기록을 이전 세대와는 전혀 다른 방식으로 읽게 된 이유가 아닐까.

이러한 사례들은 성서의 본문이 한 가지 과학적 사조에서 새로운 사조로 바뀌는 것에 굴복할 때 배로 증가할 수 있다. 엘륄은 오늘날 기술과 국민국가가 새로운 신성함을 구성하고 있다는 사실과 또한 과학 및 역사가 제1의 신화라는 사실을 지적했다. 19세기의 여러 신학은 문화적 절대자 혹은 과학과 기술이라는 '유사 절대자' near-absolutes를 활용하여 계시를 판단하고자 했다. 그래서 계시를 무의미한 것을 만들어 버리고 말았다. 관련성을 찾고자 필사적으로 노력하는 제도로서 개신교회와 가톨릭교회는 똑같이 새롭게 혁신되는 기술들을 수용하기에 여념이 없었는데, 더욱 중요한 것은 계시를 현대 문화의 준거점에 맞추려고 했다는 사실이다. 현대 대학 내에 존재하는 다른 모든 학문 분야들만큼이나 많은 진보를 이룬 신학은 거의 예외 없이 우리가 따라 살고 있으며, 우리의 여정을 인도해 주는 그러한 준거점에 대해서 우상파괴적이지 않다.

이제 다음의 사실이 분명히 드러났을 것이다. 곧 유대 민족이 자신들의 문화에 대한 욕구 종교에 대한 욕구를 포함하여를 계시와 혼합하는 것은 도저히 피할 수 없는 일이었다. 선지자들은 결말에 대해서 두려운 경고를 함으로써 지속적으로 그들을 되돌이켜야만 했다. 크리스

천들도 예수 시대 이후 얼마가 못되어 같은 압력에 직면하였으며, 기독교는 종교적 기능을 감당하기 시작했다. 먼저는 로마 제국에서, 그리고 나중에는 중세 시대 때 그렇게 되었다. 그 뒤에 개신교인들 역시 계시를 자본주의와 혼합했다. 개신교인들과 가톨릭 교인들은 다 같이 식민지 건설을 통해서 생태학적 족적을 널리 확장하면서 이 자본주의 체제에 크게 이바지를 한다. 가톨릭교회와 개신교회는 정말로 너무도 자주 자신들 문화의 종교적 압력에 굴복해 왔다. 가장 최근의 사례 중 하나는 미국이 주도하는 이라크 전쟁 기간에 나타났다. 보수적인 미국 기독교인들은 여러 매체를 통해서 하나님께서 자신들 대통령의 바로 뒤에 서 계신다고 선언했던 것이다.

 나는 학과 수업이나 공개 강연에서 청중들로 하여금 다음의 실습을 통해 우리 사회 안에도 여전히 신화가 존재하고 있음을 깨닫게 하도록 노력해왔다. 먼저 과학에 가까이하기 어렵게 만드는 다섯 개 항목의 리스트를 만든다. 그다음 기술에 의해서 개선될 수 없는 다섯 개의 항목 리스트를 만든다. 마지막으로 비정치적인 문제들에 관한 다른 리스트를 만든다. 사람들이 그러한 리스트를 채워나가는 데 힘겨워 할 때, 그들의 창조성과 상상력은 제한되어 있다는 증거가 되는 것이다. 이는 그들이 메타의식적으로 지식의 영역에서는 과학을, 행동의 영역에서는 기술을, 그리고 공공 생활의 영역에서는 국민국가를 전능한 존재인 것처럼 여기는 것이다.

 이상하게도 우리는 과학과 기술이 어떤 면에서는 좋지만 다른 면에서는 적합하지도 않고 도리어 해로울 수 있는 것이라고 보는 데 굉장히 어려워한다. 우리가 이러한 식으로 과학과 기술을 바라보지 않는다면, 우리는 유대 기독교적 계시를 이해할 기회를 거의 얻을 수 없게 된다. 내가 믿기로 이것은 엘륄의 사회학적, 역사적 저술을 그의 신학적 저술과 관련하여 이해하는 열쇠다. 그것은 또한 왜 그가 제도화된 기독교와 지속적인 긴장 가운데 있었는지를 설명해 준다.

인간의 삶을 이해하기 위해서 젊은이들이 겪는 여러 곤경에서부터 현대 예술의 메시지까지 엘륄은 다른 사람들처럼 자신의 문화를 활용한다. 이러한 문화의 활용에는 준거점에 대한 헌신이 전제된다. 그래서 그렇게 할 때에는 어쩔 수 없이 그 안에 포함되는 모든 것의 본 모습이 왜곡된다. 이러한 인간 조건의 중요 양상을 다루려면 우리가 헌신하는 것에 대한 우상 파괴적 태도를 요구한다. 그리고 차례로 이는 다른 준거점을 요구하게 한다. 자끄 엘륄의 삶의 경우, 이것은 한편으로는 우리 시대의 신성한 것, 신화, 세속 종교 등과, 다른 한편으로는 자신의 피조물을 조건 없이 사랑하시는 하나님을 향한 엘륄의 헌신 사이의 긴장으로 나타났다. 이러한 긴장은 그분의 사랑의 계시와 기술 및 국민국가에 대한 우리의 세속 종교적 헌신 사이에서 갈등을 일으킨다. 이것은, 서구 문명의 시초부터 있었던 계시와 종교 간의 갈등의 최근 양상이다. 이 갈등은 서구 문명의 역동성을 설명해 준다. 기독교를 개인의 종교로 적응시켜버린 것은 우리에게 애정, 위로, 소망이 없는 시대에 매우 친숙한 애정, 위로, 소망을 제공해 준다. 서구의 가장 영향력 있는 창조물 소위 과학과 기술이 지구의 나머지 지역으로 확산하여 가고 있던 때에 서구는 자신의 활력을 잃어버렸다.

이제 엘륄의 사회학적, 역사적 저서들과 '신학적' 저서들 사이의 관계를 더욱 많이 이해하게 되었다. 우선 사회학자요 역사학자로서 그는 인간 삶의 다음과 같은 점을 이해하고자 노력했다. 즉 인간은 자신이 원하는 바와 달리, 자신이 문화적 우위점과 "심상 렌즈"mental lens를 가지고 있는 한 그것들은 분명한 헌신을 요구하고 있다는 것이다. 한편, 신학자로서 그는 계시의 빛으로 인간의 삶을 이해하고자 노력했는데, 이때 그는 자신이 유대 기독교의 성서를 읽을 때, 그도 유대적, 기독교적 문화적 강점과 심상 렌즈를 가질 수 있다는 사실을 잘 알고 있었다. 하지만 믿음으로 살 수 있기에, 또한 그가 사랑받고 있음을 알고 있었기에, 그는 자신의 발밑의 문화적 기반에 도전을 가할 수가 있었다.

이러한 식으로 산다는 것은 자신의 삶에서 확실하고 신뢰할 만한 것으로 보이는 모든 것을 향해서 의문을 제기한다는 것을 뜻한다. 아노미anomie, 불황, 정신병, 혹은 자살과 같은 것들에 사로잡히지 않으면서 말이다. 우상파괴주의는 자신의 문화에 대한 종교적 확신을 포기할 수 있을 때에만 가능하다. 오로지 의심이라는 대가를 치러야만 믿음에 도달할 수 있다. 고로 인간의 삶과 세계를 이해하려는 엘륄의 이중적 시도는 지속적으로 다른 것에 도전을 가하며, 이것은 차례로 그의 문화적 우위와 심상 렌즈에도 영향을 미치게 된다.

여기서 우리는 왜 기독교의 성서가 신자들에게 어린 아이가 되라고 요구하는지를 이해할 수 있게 된다. 인간의 조건은 인간의 진화 과정에서 방향 착오wrong turn를 일으켜 만들어낸 결과가 아니다. 뇌는 인간 삶이 소외되도록 "명령을 내리지"wire 않았다. 아이들의 행동과 어른들의 행동을 비교해 보면 이것은 명백해진다. 아이들은 자신들이 알게 된 현실이 현실 자체가 아니라고 여기는 듯이 행동한다. 애들은 자신의 인지 지도가 자신이 잘 알고 있지 못하는 세계를 보여주고 있다는 사실을 순순히 받아들인다. 예컨대, 애들은 부모의 손을 잡고 있으면 보무도 당당하게 대형 마트 안을 마음대로 활보할 수 있다. 하지만, 그 애가 부모와 떨어져 돌아다니다가 길을 잃게 되면, 아이는 순식간에 불안해하며 금세 울음을 터뜨리고 만다. 더는 자신들에게 어떻게 살아야 할지를 말해주고 또한 그들이 넘어졌을 때 일으켜줄 부모를 찾을 수 없게 되면, 아이들은 모든 것을 의심하게 된다. 달리 말하면, 아이들은 자신의 인지 지도가 완전하며 믿을 만한 것인 양 행동하지 않는다는 말이다. 그들은 외부의 조언에 열려 있다. 하지만, 어른들은 자신들의 인지 지도가 모든 것에 대한 최종결정인양 여기며 살기로 선택한다. 그리고 이것은 그들로 하여금 더는 어린 아이들과 같이 쾌활함으로 세계 속에서 살지 못하게 만든다. 달리 말하면, 어른들은 자신들의 경험 구조가 마치 연산체계라도 되는 것처럼 산다. 그래서 그들의 인지 지도가 자신들로부터 자유를 빼앗아 가도록 내버려두는 것이다. 만일 우리가 소외의 근원인 문화적 통일성에 의해 포섭되지 않고자 맞선다면, 우리는 일평생 우리 문화에 대한 우상파괴적 투쟁을 감당해야만 한다. 우리의 경험 구조는 인간 유한성의 표현 이외의 다른 것이 아니다. 그리고 그러한 경험 구조에서 어떠한 절대적인 것도 존재하지 않는다.

유대 전통에서, 신들을 만들어내는 것이 가장 위험한 것이었다. 제1계명은 정확히 이 문제를 다룬다. 토라에 따르면, 신과 인간 사이의 단절, 그리고 에덴으로부터의 추방 이후 세계에 대한 집단적인 이해 및 삶에 대한 필요는 필연적으로 바벨탑을 건설하게 하였다.

이 상황은 앞에서 얘기했던 부모와 함께 장을 보러 갔던 아이의 모습과 다소 유사하다. 바벨탑은 다시 한 번 현실과의 관계 속에 있고자 신문화적으로 만들어진의 영역에 도달하는 것을 상징화한다. 탑이 없다면 무엇이든 아무런 확실성도, 서 있을 수 있는 기반도 있을 수 없다. 이는 인간의 삶을 참을 수 없게 만들며, 불가능하게 만들고 만다. 그리하여 바벨탑은 문화의 창조물이 아니라 문화적 통일성 곧 신성함, 신화, 그리고 가치의 서열을 하나님인 것처럼 대체하는 상징으로 보인다. 탑은 본질적 확실성과 인간 삶을 위한 기반을 회복해 주었지만, 죄라는 대가를 치르게 했다. 죄가 노예의 조건에 비교되었다는 사실을 강조할 필요가 있다. 노예가 참된 인간이 되는 것은 불가능하다. 왜냐하면, 주인에 의해서 소유되기 때문이며, 자유롭게 하나님 및 이웃과 사랑의 관계를 맺을 수 없기 때문이다. 채찍질의 위협 아래에서 누군가에 의해 만들어진 사랑의 고백을 누가 진지하게 받아들이겠는가?

이상의 모든 것이 의미하는 바는 서구 문명에서 거의 잊히고 말았다. 하지만, 이와 같은 내용은 루드비히 포이에르바하Ludwig Feuerbach 와 보다 온전하게는 카를 마르크스에 의해 세속적 방식으로 이해되었다. 그들은 인간 삶에서 종교가 차지하는 근본적인 중요성을 알아차렸으며, 그 유익은 죄에 대한 세속적 등가물인 소외라는 끔찍한 값 지급을 요구한다는 사실도 간파했다. 하지만, 기독교 공동체는 우상파괴적 신학자들 거의 양성해 내지 못했다. 엘륄은 나에게 이렇게 말한 적이 있다. 『세상 속의 그리스도인』9)이 출판되고, 20세기의 가장 위대한 신학자 중 한 사람이 기술의 의미가 무엇이냐고 자신에게 물어왔다고 한다. 나는 신학자로서의 엘륄이 우상파괴주의를 두드러지게 나타냈다고 믿는다. 이는 그의 두 분야의 작품에서

---

9) [역주] *Présence au monde moderne* 대장간에서 출판, 제목을 직역하면 『현대 세상에 존재함』

지속적으로 대화하는 중에 표현되었다. 예컨대 인간 삶을 소외시킬 수 있는 현상에 대한 그의 연구에는 기술은 물론이거니와 도시에 대한 신학적 분석, 돈의 역할 등이 들어 있다. 인간 삶에서 계시의 역할은 신학적으로는 왕국Kingdom, 10)의 현존으로 연구되었으며, 사회학적으로는 왕국의의 거짓 현존으로 분석되었다. 현대 생활에서의 정치에 대한 사회학적 분석서인 『정치적 착각』Political Illusion은 『하나님의 정치와 인간의 정치』The Politics of God and the Politics of Man라는 신학적 대응물을 갖는다. 그는 다른 주제들도 이런 식으로 이중적인 방식으로 연구했다. 엘륄이 우리에게 남긴 많은 지적 유산은 오랫동안 신학적인 것으로만, 아니면 사회학적, 역사적인 것으로만 수용되어왔다. 극소수의 사람들만이 두 가지 접근 방식 간의 본질적인 관계를 이해하고 있는데, 이러한 방식은 엘륄의 우상파괴주의와, 계시된 사랑에 대한 응답으로서의 자유를 위한 투쟁의 자세를 유지하고 있다.

어찌 보면 이 모든 것은 죽었다가 깨어난 사람들이 자신의 임사체험에 대한 회상을 설명해 주는 것과 비슷하다. 그들을 안심케 하는 빛을 받으며, 그들의 삶을 "다시 산다." 이 새로운 삶에서는 과거 그들이 헌신했던 신성한 것과 신화의 베일이 벗겨지고 없다. 그들이 타인과 및 자기 자신에게 정말로 무슨 일을 했는지를 이해하는 것은 끔찍한 일이다. 하지만, 그러한 이해의 빛이 없다면 끝내 궁극적인 절망만을 있을 뿐이다. 같은 의미에서, 계시된 사랑이 우리로 하여금 종교적 확실성에 대해서 우상파괴적이 되게 하며, 아울러 진정

---

10) [역주] 여기서 Kingdom은 문자적으로는 왕국을 의미하지만 신약의 맥락에서는 the Kingdom of God, 즉 하나님나라, 혹은 the Kingdom of Heaven, 즉 하늘나라, 혹은 천국(天國)을 의미한다.

우리의 참모습과 직면하게 함으로써 우리의 삶에서 베일을 벗겨 내도록 용기를 준다는 바로 이 점에서, 우리는 또한 우리 세계의 현실을 더 잘 이해할 수 있게 된다. 사랑받고 있다는 궁극적 현실에 대한 믿음으로 우리가 이상의 모든 것을 할 수 있는 만큼, 우리는 문화의 통일성에 대한 종교적 확신을 더는 필요로 하지 않는다. 하지만, 이것은 우리를 문화적으로 본향이 없는 나그네가 되게 한다. 자끄 엘륄의 삶에서, 자신이 속한 사회의 문화적 통일을 명확히 하는 수많은 과학적 풍조들의 속박으로부터의 그가 벗어나 있었기 때문에 그는 우리가 어디로 가고 있는지를 잘 식별할 수 있었던 것이다. 내가 아는 20세기 후반의 다른 어느 사회과학자들보다도 훨씬 더 명료하게 말이다. 그의 경고를 듣는 사람은 거의 없다. 그리고 그 근원을 이해하는 사람은 더욱 적다.

엘륄의 저서연대기순 및 연구서

- *Étude sur l'évolution et la nature juridique du Mancipium*. Bordeaux: Delmas, 1936.
- *Le fondement théologique du droit*. Neuchâtel: Delachaux & Niestlé, 1946.
  ⋯▶ 『자연법의 신학적 의미』, 강만원 옮김(대장간, 2013)
- *Présence au monde moderne: Problèmes de la civilisation post-chrétienne*. Geneva: Roulet, 1948.
  ⋯▶ 『세상 속의 그리스도인』, 박동열 옮김(대장간, 1992, 2010(불어완역))
- *Le Livre de Jonas*. Paris: Cahiers Bibliques de Foi et Vie, 1952.
  ⋯▶ 『요나의 심판과 구원』, 신기호 옮김(대장간, 2010)
- *L'homme et l'argent* (Nova et vetera). Neuchâtel: Delachaux & Niestlé, 1954.
  ⋯▶ 『하나님이냐 돈이냐』, 양명수 옮김(대장간. 1991, 2011)
- *La technique ou l'enjeu du siècle*. Paris: Armand Colin, 1954. Paris: Économica, 1990. ⋯▶ (E)*The Technological Society*. New York: Knopf, 1964.
  ⋯▶ 『기술 또는 세기의 쟁점』(대장간 출간 예정)
- *Histoire des institutions*. Paris: Presses Universitaires de France, plusieurs éditions (dates données pour les premières éditions);. Tomes 1-2, L'Antiquité (1955); Tome 3, Le Moyen Age (1956); Tome 4, Les XVIe-XVIIIe siècle (1956); Tome 5, Le XIXe siècle (1789-1914) (1956). ⋯▶ (『제도의 역사』, 대장간, 출간 예정)
- *Propagandes*. Paris: A. Colin, 1962. Paris: Économica, 1990
  ⋯▶ 『선전』하태환 옮김(대장간, 2012)
- *Fausse présence au monde moderne*. Paris: Les Bergers et Les Mages, 1963.
  ⋯▶ (대장간 출간 예정)
- *Le vouloir et le faire: Recherches éthiques pour les chrétiens*: Introduction (première partie). Geneva: Labor et Fides, 1964. ⋯▶ 『원함과 행함』(솔로몬, 2008)
- *L'illusion politique*. Paris: Robert Laffont, 1965. Rev. ed.: Paris: Librairie Générale Française, 1977. ⋯▶ 『정치적 착각』, 하태환 옮김(대장간, 2011)
- *Exégèse des nouveaux lieux communs*. Paris: Calmann-Lévy, 1966. Paris: La Table Ronde, 1994. ⋯▶ (대장간, 출간 예정)
- *Politique de Dieu, politiques de l'homme*. Paris: Éditions Universitaires, 1966.
  ⋯▶ 『하나님의 정치와 인간의 정치』, 김은경 옮김(대장간, 2012)
- *Histoire de la propagande*. Paris: Presses Universitaires de France, 1967, 1976.
  ⋯▶ 『선전의 역사』(대장간, 출간 예정)
- *Métamorphose du bourgeois*. Paris: Calmann-Lévy, 1967. Paris: La Table Ronde, 1998. ⋯▶ 『부르주아와 변신』(대장간, 출간 예정)
- *Autopsie de la révolution*. Paris: Calmann-Lévy, 1969.
  ⋯▶ 『혁명의 해부』, 황종대 옮김(대장간, 2013)
- *Contre les violents*. Paris: Centurion, 1972.
  ⋯▶ 『폭력에 맞서』, 이창헌 옮김(대장간, 2012)
- *Sans feu ni lieu: Signification biblique de la Grande Ville*. Paris: Gallimard, 1975.
  ⋯▶ 『머리 둘 곳 없던 예수-대도시의 성서적 의미』, 황종대 옮김(대장간, 2013).
- *L'impossible prière*. Paris: Centurion, 1971, 1977.

- ⋯▸『불가능한 기도』, 신기호 옮김(대장간, 출간 예정)
- *Jeunesse délinquante: Une expérience en province.* Avec Yves Charrier. Paris: Mercure de France, 1971.
- *De la révolution aux révoltes.* Paris: Calmann-Lévy, 1972.
- *L'espérance oubliée, Paris:* Gallimard, 1972.
  ⋯▸『잊혀진 소망』, 이상민 옮김(대장간, 2009)
- *Éthique de la liberté,.* 2 vols. Geneva: Labor et Fides, I:1973, II:1974.
  ⋯▸『자유의 윤리』, (대장간, 출간 예정)
- *Les nouveaux possédés,* Paris: Arthème Fayard, 1973.
  ⋯▸ (E)*The New Demons.* New York: Seabury, 1975. London: Mowbrays, 1975. .
  ⋯▸ (대장간, 출간 예정)
- *L'Apocalypse: Architecture en mouvement,* Paris. Desclée 1975.
  ⋯▸ (E)*Apocalypse: The Book of Revelation.* New York: Seabury, 1977.
  ⋯▸『요한계시록–움직이는 건축물』(대장간, 출간 예정)
- *Trahison de l'Occident.* Paris: Calmann-Lévy, 1975.
  ⋯▸ (E)*The Betrayal of the West.* New York: Seabury,1978.
  ⋯▸『서구의 배반』, (대장간, 출간 예정)
- *Le système technicien.* Paris: Calmann-Lévy, 1977.
  ⋯▸『기술 체계』, 이상민 옮김(대장간, 2013)
- *L'idéologie marxiste chrétienne.* Paris: Centurion, 1979.
  ⋯▸『기독교와 마르크스주의』, 곽노경 옮김(대장간, 2011)
- *L'empire du non-sens:* L'art et la société technicienne. Paris: Press Universitaires de France, 1980.
  ⋯▸『무의미의 제국』, 하태환 옮김(대장간, 2013년 출간)
- *La foi au prix du doute: "Encore quarante jours.." .* Paris: Hachette, 1980.
  ⋯▸『의심을 거친 신앙』, 임형권 옮김 (대장간, 2013)
- *La Parole humiliée.* Paris: Seuil, 1981.
  ⋯▸『굴욕당한 말』, 박동열 이상민 공역(대장간, 2014년)
- *Changer de révolution: L'inéluctable prolétariat.* Paris: Seuil, 1982.
  ⋯▸『인간을 위한 혁명』, 하태환 옮김(대장간, 2012)
- *Les combats de la liberté.* (Tome 3, L'Ethique de la Liberté) Geneva: Labor et Fides, 1984. Paris: Centurion, 1984.
  ⋯▸『자유의 투쟁』(솔로몬, 2009)
- *La subversion du christianisme.* Paris: Seuil, 1984, 1994. [réédition en 2001, La Table Ronde]
  ⋯▸『뒤틀려진 기독교』박동열 이상민 옮김(대장간, 1990 초판, , 2012년 불어 완역판 출간)
- *Conférence sur l'Apocalypse de Jean.* Nantes: AREFPPI, 1985.
- *Un chrétien pour Israël.* Monaco: Éditions du Rocher, 1986.
  ⋯▸『이스라엘을 위한 그리스도인』(대장간, 출간 예정)
- *Ce que je crois.* Paris: Grasset and Fasquelle, 1987.
  ⋯▸『내가 믿는 것』대장간 출간 예정)
- *La raison d'être: Méditation sur l'Ecclésiaste.* Paris: Seuil, 1987
  ⋯▸『존재의 이유』(규장, 2005)
- *Anarchie et christianisme.* Lyon: Atelier de Création Libertaire, 1988. Paris: La

Table Ronde, 1998
…▸ 『무정부주의와 기독교』, 이창헌 옮김(대장간, 2011)
- *Le bluff technologique*. Paris: Hachette, 1988.
…▸ (E)*The Technological Bluff*. Grand Rapids: Eerdmans, 1990. …▸ 『기술담론의 허세』(대장간, 출간 예정)
- *Ce Dieu injuste..?: Théologie chrétienne pour le peuple d'Israël*. Paris: Arléa, 1991, 1999. …▸ 『하나님은 불의한가?』, 이상민 옮김(대장간, 2010)
- *Si tu es le Fils de Dieu: Souffrances et tentations de Jésus*. Paris: Centurion, 1991.
…▸ 『네가 하나님의 아들이라면』, 김은경 옮김(대장간, 2010)
- *Déviances et déviants dans notre société intolérante*. Toulouse: Érés, 1992.
- *Silences: Poèmes*. Bordeaux: Opales, 1995.…▸ (대장간, 출간 예정)
- *Oratorio: Les quatre cavaliers de l'Apocalypse*. Bordeaux: Opales, 1997.
…▸ (E)*Sources and Trajectories: Eight Early Articles by Jacques Ellul that Set the Stage*. Grand Rapids: Eerdmans, 1997.
- *Islam et judéo-christianisme*. Paris: Presses universitaires de France, 2004.
…▸ 『이슬람과 기독교』, 이상민 옮김(대장간, 2009)
- *La pensée marxiste*: Cours professé à l'Institut d'études politiques de Bordeaux de 1947 à 1979 Edited by Michel Hourcade, Jean-Pierre Jézéuel and Gérard Paul. Paris: La Table Ronde, 2003.
…▸ 『마르크스 사상』, 안성헌 옮김(대장간, 2013)
- *Les successeurs de Marx*: Cours professé à l'Institut d'études politiques de Bordeaux Edited by Michel Hourcade, Jean-Pierre Jézéquel and Gérard Paul. Paris: La Table Ronde, 2007. …▸ 『마르크스의 후계자』(대장간, 출간 예정)

기타 연구서

- 『세계적으로 사고하고 지역적으로 행동하라』(*Perspectives on Our Age*: Jacques Ellul Speaks on His Life and Work.), 빌렘 반더버그, 김재현, 신광은 옮김(대장간, 1995, 2010)
- 『자끄 엘륄-대화의 사상』(*Jacques Ellul, une pensée en dialogue*. Genève), 프레데릭 호농(Frédéric Rognon)저, 임형권 옮김(대장간, 2011)
- 『자끄 엘륄입문』 신광은 저(대장간, 2010)
- *A temps et à contretemps: Entretiens avec Madeleine Garrigou-Lagrange*. Paris: Centurion, 1981.
- *In Season, Out of Season: An Introduction to the Thought of Jacques Ellul*: Interviews by Madeleine Garrigou-Lagrange. Trans. Lani K. Niles. San Francisco: Harper and Row, 1982.
- *L'homme à lui-même: Correspondance*. Avec Didier Nordon. Paris: Félin, 1992.
- *Entretiens avec Jacques Ellul*. Patrick Chastenet. Paris: Table Ronde, 1994

대장간 『자끄 엘륄 총서』는 중역(영어번역)으로 인한 오류를 가능한 줄이려고, 프랑스어에서 직접 번역을 하거나, 영역을 하더라도 원서 대조 감수를 원칙으로 하고 있습니다.
이 일은 한국자끄엘륄협회의 협력으로 이루어지고 있으며, 총서를 통해서 엘륄의 사상이 굴절되거나 왜곡되지 않고 그의 삶처럼 철저하고 급진적으로 전해지길 바라는 마음 가득합니다.

"Think globally, act locally."